維吾爾雄鷹
伊利夏提②

從中國出走與
在美國重生

伊利夏提——

著

2009年11月，伊利夏提前往帛琉共和國（Republic of Palau），去慰問六名從美國關塔那摩監獄釋放、安置到帛琉的維吾爾人。當時正逢東突厥斯坦兩個共和國成立日（11月12日），伊利夏提代表世界維吾爾代表大會，在帛琉召開記者會，紀念東突厥斯坦共和國日。

伊利夏提在記者會上致詞。

伊利夏提（右坐二），與由關塔那摩監獄釋放出來的維吾爾人並肩坐在一起。

帛琉共和國（Republic of Palau），是離菲律賓很近的太平洋島國，2009年接受了6個關塔那摩監獄的維吾爾人。伊利夏提以世維會代表身分前往慰問，並與帛琉總統陶瑞賓（Johnson Toribiong）會晤、商談。

帛琉總統陶瑞賓，曾於2001年10月至2008年12月，派駐台灣，擔任帛琉駐中華民國大使。

伊利夏提（右一）與帛琉總統陶瑞賓（右二），在會談地點的湖畔船塢上合影。左一是自由亞洲電台維吾爾語部記者薛赫來提．吾修爾（Shohret Hoshur）。左二為負責安置關塔那摩維吾爾人的美國官員。

伊利夏提2011年在美國哈佛大學，向中國民運人士演講。

伊利夏提與星月藍旗。

2014年5月，伊利
夏提到土耳其伊斯坦
堡，與兒子Rafael 合
照。

伊利夏提與伊斯坦堡大學的學生交流。

2016年11月12日，伊利夏提與集中營倖存者 Sayragul Sawutbay，於華盛頓一同參加世維會美國辦公室開幕式。

2016年11月12日，世維會美國辦公室開幕式，伊利夏提（圖右）與世維會主席多力坤·艾沙（圖左）合影。

2018年10月19日，伊利夏提（圖左一）參加美國印第安納大學維吾爾危機研討會後，和朋友們一起吃飯、繼續討論。

和維吾爾問題專家 Gardener Bowingdon 教授合影。

和能唱維吾爾歌曲的維吾爾明星 Alice Anderson 女士合影。

2018年11月11日在紀念東突厥斯坦兩個共和國成立日前，伊利夏提代表美國維吾爾人，向獨立運動老前輩 Gulamidin Pahta 先生（圖右）獻禮裝（Tun）後，與他合影。

伊利夏提在儀式結束後，和美國維吾爾人一起合影。

2020年2月29日伊利夏提和其他民運人士一起，在中國駐美國大使館前舉行抗議遊行。

「反共獨派政黨大會」，在華盛頓特區美國國會山莊的參議院會議室，召開第一次獨派大會，伊利夏提和上海民族黨主席何岸泉先生（圖右）合影。

2018年，伊利夏提參加公民力量舉辦的族裔對話並在會中演講。

參加公民力量舉辦族裔對話並演講，談種族大屠殺之罪的預防與處罰。

2019年10月，伊利夏提在台北拜訪維吾爾老前輩、學者Abdulla Tumen 阿布杜拉‧圖曼先生。

伊利夏提夫婦與女兒於海邊合照。

2018年11月6日，伊利夏提帶著女兒 Ela Kokbore，在日內瓦聯合國總部前，參加聲援維吾爾人大集會。

與女兒攝於朵帕節。

議題：杯葛2022北京冬奧
地點：Washington Square Park, New York City.
時間：2021年8月15日下午
攝影師：Jimin Kim
照片提供：伊利夏提 (已取得 Jimin Kim 授權)。

自序

　　我小時候有過寫書的夢想。我長大後，上高中時，特別想學文科，但當時的口號是「學好數理化，走遍天下都不怕。」我在父親的壓力下，自己也就順水推舟，選擇學理科。

　　我上大學時，又陰差陽錯地，學了自己最不喜歡的化學類專業。我畢業後，又教了十五年的化學類課程，和其他雜七雜八的課程。我一輩子都在學，但都不精，不夠徹底。

　　然而，我寫書的夢，一直沒有放棄過。

　　上個世紀末，伴隨東突厥斯坦政治環境的惡化，維吾爾人的日子，一天比一天更不好過。我作為一個維吾爾人，一個維吾爾知識份子，也未能倖免於難。我歷經了被跟蹤、設套、抓捕、審訊、毆打。總之，我的麻煩不斷。最終我不得不遠走他鄉。

　　馬來西亞，是我從未夢想要去的一個國家。但天意不可違，我竟然來到了這個國家。

　　我待在馬來西亞的三年，既有甜酸苦辣，也有盆滿缽滿的收穫。我人生的重整山河，是從馬來西亞開始的。我重新撿起荒廢了幾十年的英語。經過六個月的語文訓練，我第一次能夠從頭至尾，讀完我曾經盲目崇拜過的英雄——Che Guevara的英文傳

記。這不僅讓我提高英語能力，同時，也讓我對切格瓦拉，及其代表的南美革命，有了重新的認識。

2006年6月9日，我離開美麗的馬來西亞，踏上了實現美國夢的新征途。我以為，我最後落腳美國，即是天意，也是維吾爾人命運的安排。

美國給予我實現夢想的機會，給予我廣闊的天地去馳騁、去飛翔，讓我得以實現母親給予我的厚望；也使我得以毫無顧忌的為維吾爾人發聲、吶喊呼籲。同時美國大公司，及不同的政府部門的工作經歷，使我得以近距離，從最細緻處，觀察美國的民主、自由和平等，當然也包括博愛。

這本書裡的文章，講述的是，從我個人，到我的父母、弟妹，及我遠親近鄰，作為維吾爾人，在東突厥斯坦、在中國的遭遇。這是我的人生點滴，也是維吾爾人的遭遇。這裡，既有撕心裂肺的回憶，也有苦中作樂的敘說。

像我們維吾爾人，這樣的一個民族，不僅被廣袤的戈壁、沙漠隔離起來，遠離了近代文明之橋樑——海洋，而且我們還被一個號稱擁有幾千年文明的崛起大國——中華帝國，把我們與世隔絕，我們要發出自己的聲音，要讓自己的聲音達到世界各個角落，達到不同的語言群體，實非容易之事。

好在，日新月異的高科技，拉近了人們的距離，不僅使我們遠隔萬水千山還能「心有靈犀一點通」；而且還能使我們相互瞭解、交流，相互學習、理解和尊重。

我這些人生的點滴，能得以成書出版，我首先要感謝的是，

我的書稿主編邱斐顯女士。目前我人在美國，每當我下午收到斐顯女士來訊，要求我說明一些用詞用語的問題，我就知道她可能又是挑燈夜戰了。

最後，前衛出版社的林文欽社長，他是我心中的英雄。我相信在台灣，出版有關維吾爾人的書，還是要承擔一定的風險。謝謝你們，謝謝台灣人民。

伊利夏提 於美國 Manassas，Virginia 家裡
2021 年 1 月 1 日

目次

1 ▌寧願在美國受苦，不當中國的主人！

（1）在美國，有努力就有收穫！
　　在中國，再努力仍受歧視！

　　上個星期四，老闆將我叫到他的辦公室，我猜是要告訴我年度評比的結果。我有點緊張，但看到老闆站起來，伸出手對我說：「祝賀你！你升職了。」我感到有點意外，但這是真的！

　　我又升職了！在這裡，在異國他鄉，通過我的努力，我在實現我的生命價值。我不僅在愉快的工作當中，改變自己的生活條件，我還通過我的努力在貢獻！而這個國家、這個制度，認可了我的努力。他們並沒有因為我的膚色，我的政治觀點，我的宗教信仰，而不給我機會！

　　我還根本不是這個國家的公民呢，這個國家卻慷慨地給予我實現我夢想的機會。而我自己的國家——東突厥斯坦，作為法律上的中國公民，經二十多年的努力學習，工作，我卻沒能擁有這種機會！

　　在東突厥斯坦——我的祖國，生我養育我的地方；在所謂的「維吾爾自治區」，按《中華人民共和國憲法》，在法律上，我

還是這個國家的主人！作為一個即便不是最好的老師，也算是優秀的維吾爾知識分子，我努力了十五年，我不但沒有能實現自己的理想，還受到了種種歧視，不公正的待遇。即使是作為一個老師，幾年一次的正常職稱調整，到我們維吾爾老師，就變得很不正常，多了好多軟條款[1]，總是要晚於大多數的漢人老師。

原因很簡單，是因為我的政治立場，因為我不停地對中共的民族政策提出批評。這令他們非常不舒服，但又不便於說，所以他們就用「不給我職稱，不按時升我工資」的方法懲罰我。

在所謂的「維吾爾自治區」，中共對維吾爾人的要求，是需不停地表達忠心、表達立場。硬性規定的每週五下午的學習會議，是各種雜七雜八的漢人領導們，吐沫星子滿天飛地，講民族團結重要性，訓斥我們民族老師，要夾著尾巴做人[2]的重要時刻，卻從來沒有哪位領導，問過我們僅有的幾個民族老師，有沒有什麼問題？

每隔一段時間，我們還要寫總結，表達對中共的衷心，感恩黨國，表達對中華的愛。還要不停地學習：中共總書記的講話，與各級漢人領導對「總書記講話」的講話。好像總書記的話我們聽不懂，還需要這些個小嘍囉們再解釋。有時一開會就是五、六個小時，各位領導輪流上場，說的，都是同樣的廢話。我敢肯

1　**軟條款**：沒有寫在紙上，也沒有辦法量化的條款，如思想先進，愛國愛黨等；只有領導說了算的條款。

2　夾著尾巴做人：隱喻：狗害怕、順從時，尾巴夾在兩腿間；在此引申諭知老老實實聽政府的話，順從政府安排。

定，大多數人都厭煩這些飯桶領導！厭倦了這些人的鸚鵡學舌。這些個沒有靈魂的奴才們的表演！只是大家不吭聲罷了！

（2）離開馬來西亞時，同事溫馨歡送！
　　離開故鄉東突厥，弟妹皆不知情！

自2003年離開祖國——東突厥斯坦以來，爲了生存，我做過不同的工作，但都很愉快，很值得回味，而且我喜歡和在東突厥斯坦——我自己的家鄉時我的工作進行對比。

我離開祖國後的第一站，是馬來西亞。馬來西亞也是一個多民族的國家，華人人口僅次於馬來人口，占第二位。但華人的經濟地位，是第一位的。

馬來西亞華人，有自己組成建制的華文中小學校，還有一所

伊利夏提（圖右）在馬來西亞，和維吾爾朋友在一起。

伊利夏提（圖右）在馬來西亞，和英語老師合照。

伊利夏提在馬來西亞國家劇院前（圖左）和維吾爾朋友。這位朋友去年因心肌梗塞在加拿大去世了。

大學。華人有代表其利益的華人政黨、組織，非常的健全。馬來西亞政府也沒有給華人組織派遣書記什麼的，大家互相尊重，相安無事。

在馬來西亞，我先是在華人穆斯林協會工作，主要從事辦公室事務，兼英漢翻譯。後來我同時在幾處任教、教華語。我和華人同事、老闆，從沒有過矛盾。在這裡，沒有人每天強調建立和諧社會，強調民族團結對人類的意義，也沒有共產黨書記的諄諄教導。我在馬來西亞這幾年，和周圍的人非常和諧，從來沒有過任何的矛盾、糾紛。

我臨要離開馬來西亞時，華人穆斯林協會不僅給我當月的全部工資，還額外獎勵我一個月的工資。老闆——全馬來西亞知名的社會名人拿督Mustafa Ma，親自給我送行，令我至今難忘。我任教的幼稚園也給我當月雙份工資，校長和全體孩子們一塊兒給我送行，送紀念卡。至今我還保存著孩子們送的紀念卡！

而我2003年離開我任教15年的學校時，不說沒有同事送行；連自己的親人，弟弟，妹妹都不知道我要離開！後來，弟弟於2004年被漢人暴徒殘殺，使我永遠失去與弟弟說聲再見的機會，這又成了我終身的遺憾！不僅是遺憾，而且是永遠癒合不了的心病。

沒有能和朋友們告別！不是因為我沒有朋友，而是不敢讓他們知道！因為當時一旦有人知道我要走，我肯定石河子員警會知道，那我肯定就走不成啦！

我一直想出國，但我知道像我這樣的人，按正常手續，是辦

不出護照的。維吾爾人辦護照難；像我這樣反骨的維吾爾人，辦護照難於登天。

我兩次在石河子申請護照，兩次遭拒。更為蠻不講理的是，官方不給我拒絕的理由。當我強烈要求一位姓李的警官，給我書面的拒絕理由時（因為這是《中華人民共和國出入境管理法》的規定），這位李警官說：「你應該知道為什麼不給你護照。」我說：「我不知道。我只知道到目前為止，根據中國的法律，我還是中國公民，根據法律，我有權利知道拒絕的理由。」他最後不耐煩地說：「伊利夏提，請你離開！要不，我會叫人推你出去，或以妨礙公務罪拘留你。」我無奈地離開了，因為我知道和他們鬧是沒有用的。

好在，共產黨的官員貪污腐敗，只要花錢，沒有辦不成的事。我最後不得已換了個地方，花了近一萬塊錢，將護照辦出來了。然後告訴學校，母親病了，我需要回家看護母親，又悄悄地離開了我工作了15年的學校，離開了用心血修築的家，離開了妻兒、朋友、同事。

（3）在美國，只問工作能力
　　在中國，要學馬列主義

2006年，我到美國後的第一個工作，是在一家千人左右的暖氣設備廠。我先是在裝配線檢測閥門，後作電路安裝。工作強度很大，但我還是感覺非常得愉快。同事們都非常熱心。工廠給我配了個師傅，工頭經常跑來關心我，問我有沒有問題。有時老闆

自己親自過來問我怎麼樣，令我受寵若驚。我因此知道了，資本家要比共產黨的官員人性化的多。難怪偷渡到美國的中國人，寧可打黑工，也不願回到中國當主人呢！

　　我進廠工作前，工廠人力資源部對我進行面試時，只問我的英語理解能力，和我的工作簡歷。沒有人要求我寫保證書，保證不參加任何宗教活動，保證不參加法輪功。更沒有人對我進行「愛廠、愛美國、愛共和黨」的教育，也沒有考布希總統最近的重要談話。

　　在東突厥斯坦，我們都被要求學習馬列主義、毛澤東思想、鄧小平理論、江澤民講話，當然現在還要學習胡錦濤的胡說啦！這是要求，特別是針對維吾爾人。

2006年6月，伊利夏提剛到美國水牛城 Buffalo 不久，和一位新認識的巴哈伊教美國朋友合照。

我上班第一天，先由經理領著我參觀全廠，給我指明遇到險境時的逃跑路線及洗手間；而不是如何反對分裂分子、恐怖分子、極端分子，加強民族團結。

工作六個月後，我決定離開巴法羅（Buffalo，水牛城），移居維吉尼亞州。在我要離開工廠的前一天，廠主跑來對我說：「我很遺憾你要離開，任何時候如果你想回來，我都歡迎。」我又一次受寵若驚。我在石河子工作了十五年，從沒有見過校長到老師辦公室。想都沒有想過校長會對我一個維吾爾人，說些什麼暖心的話，不指責我是分裂分子就好啦！（記得有一年，教師節慶祝會上，一位複轉軍人校長[3]當著學生的面，大罵一些老師怎麼不合格，緊接著強調對民族師生，要進行愛國主義，反分裂，反恐怖，反極端勢力教育。）

（4）機場同事，近一半是穆斯林
　　開齋禮拜，沒人阻擋與監督

2007年2月底，我開始在杜勒斯國際機場工作。杜勒斯機場是美國首都三大機場之一，也是九一一劫機恐怖事件中，一架被劫飛機的起飛機場。機場工作也同樣是從面試開始，面試完後，人力資源部的女士告訴我，背景調查大概需要一星期，一旦有了結果，他們會通知我。

3　**復轉軍人**：是指軍官退役後轉到地方擔任官員；這裡是指軍官退役後擔任學校校長。

剛搬到維吉尼亞州，在杜勒斯國際機場聯航公司做櫃台服務。

　　我忐忑不安地等了一個星期，因為我畢竟是穆斯林呀，儘管他們沒有問我信哪個宗教，也沒有問我信不信宗教，但我還是有點擔心。因為在東突厥斯坦，對維吾爾人來說，在機場工作，整個就是個白日夢！整個東突厥斯坦的幾十個機場，在其中工作的維吾爾人數，可以扳著指頭數！據我所知不超過五個人！北京首都機場，維吾爾人更是想都別想！

　　第二個星期的星期一，我就收到了電話通知，告訴我去參加工前培訓。就這樣，我在杜勒斯國際機場上班啦！美國的首都機場！等我工作後才知道，我的同事當中，幾乎有一半都是穆斯林！平時不忙了，我們就在機場一間小屋做禮拜，忙了我們就近在機場大廳做禮拜。齋月，多數時候，我們就在機場大廳開齋、

2007年，伊利夏提參加培訓。

培訓結業之一。

培訓結業之二。

杜勒斯國際機場航站樓前留影。

禮拜。沒有人阻擋也沒有人監督。

我在機場工作了一年，沒有人對我們進行愛機場、愛黨國的教育；也沒有人要我們學習布希總統九一一後所作的重要談話。不知道布希是否發表過重要談話！？也沒有見到機場黨委書記、機場紀委書記、團委書記、工會主席等人員，來教育我們要堅決地反對恐怖主義、極端伊斯蘭主義等等。也沒有召開民族團結大會！要召開的話，應該是叫種族團結大會！因為儘管我們一個班組十二個人，卻來自三大洲，八個國家。

我唯一一次見到公司大老闆，是在年底獎勵優秀員工的慶功會上。我也不知道公司是怎麼進行優秀評選的，我只知道工作第一年，我就被評為優秀員工！我倒是遠距離見過幾次，有人在觀察我們的工作情況。

（5）在美國，我只要努力，就是優秀員工
在故鄉，我無論再努力，也不會優秀

慶功會前幾天，人力資源部的女士告訴我，我被選為這一年的優秀員工，並告訴我舉辦慶功會的地點、時間，讓我去參加。我根本不知道公司大老闆會來。因為公司總部是在亞特蘭大，很遠。

慶功會是在機場附近的一個高級賓館的餐廳舉行的。公司大老闆站在餐廳門口，和我們一一握手，代表公司向我們致謝意。等全部人到齊後，公司老闆走進來隨便找個地方坐下。然後是主持人宣佈慶功會開始，先是老闆上台，再一次地向我們致謝意，

非常的短，大概兩三分鐘。他沒有長篇大論的強調這次慶功會的現實意義，也沒有講它的歷史意義！也沒有要求我們吃水不忘挖井人，幸福不忘共和黨。也沒有講布希總統如何關心我們機場員工！更沒有講老闆自己多關心我們！

老闆講完話開始上菜、吃飯。老闆和我們一樣，沒有單獨設桌子。倒是我們幾個穆斯林特別，給我們的是專門的穆斯林餐。最後是抽獎各種禮物，包括DVD播放器，禮物卡等等。抽到了，就有老闆送到員工手上，優秀員工幾乎人人中獎，非常有意思。老闆和公司高層不參與抽獎。

對我來說，這次當選優秀員工，非常有意義，因為這是我第一次真正被選為優秀員工。在東突厥斯坦，儘管我努力工作，儘管是在我的出生地，但因為對「先進」的第一項要求，就是要愛中共、愛中華，而我，作為維吾爾人，特別是一個不滿意民族間不平等的維吾爾人，我無緣先進，或優秀。

（6）到諮詢公司上班第一天，有辦公室、電腦、電話　東突厥斯坦教書十五年，沒辦公室、電腦、電話

2007年底，我一邊在機場打工，一邊在一個「六個月一期」的辦公室工作培訓班學習。培訓一結束，我就離開機場，轉到BOOZ ALLEN諮詢公司工作。同樣是先面試。面試由部門老闆和另兩位同部門員工分別進行。問的問題，同樣是工作簡歷。最後老闆問我：「你以前是化學老師，你願意放棄你的專業嗎？」

我堅決地回答說：「我不喜歡化學。但在大學裡，我被迫學

了五年化學；然後又教了十五年的化學，我實在是厭倦了化學。我非常非常希望能從事一項新專業。」老闆說：「只要你願意學習，我們會培養你。」我更堅定地說：「我願意學，我一定能學會。」

一星期後，老闆告訴我，辦手續來上班，我週四辦的手續，週五就開始上班了。手續太簡單，簡單得讓我有點懷疑，這是不是真的！

上班第一天，我就擁有單獨的辦公室，一個屬於我個人的筆記型電腦、一個電話。

我在東突厥斯坦，當了十五年老師，從來不曾擁有過自己的辦公室，少則三人一間，多則七、八人一間。電腦，就不用提啦，那是屬於領導的特權，是供他們勾心鬥角累時，玩撲克牌遊戲調節情緒的。電話也是只到中層領導，老師沒有。

一開始的背景調查沒結束，我連上廁所，都要有人陪伴到廁所門口。第二天開始我盡可能不喝水，少吃飯，因為實在是不想麻煩同事們，儘管他們很熱情，但實在是不好意思麻煩老闆、同事。

讓我欣慰的是，很快地，我的背景調查就結束啦。我有了正式的員工證。儘管有些部門我不能進，有些材料我不能接觸。但這不影響我的工作。

背景調查期間，沒有人問我的出身。也沒有問我是否是共和黨員，或民主黨員？是否參加過童子軍？熱不熱愛美國？也沒有考美國歷史，共和黨或民主黨重大歷史事件及其歷史意義，現實

意義！也沒有人強調要學習華盛頓主義、林肯思想、羅斯福理論、雷根談話、布希談話！

（7）在美國工作，有機會跟隨老闆出差
　　在中國工作，倍受阻撓並限制出境

先是三個月的試用期，試用期結束，老闆就讓我辦轉正職手續。辦完手續第二天，參加公司新員工培訓。新員工培訓頭兩天，主要是介紹公司及其運作情況，還介紹如何填寫工作時間，以及員工的正當權利，福利待遇等等，最後是如何利用公司資源，提高自己的知識，專業水準等等。沒有公司老闆、黨委書記等等的領導談話。也沒有學習布希總統的最新重要談話！也沒有要求寫學習心得體會。

轉正職一星期後，老闆要求我和她一起去洛杉磯出差。機票，飯店都是我自己訂，回來報帳。這真的是讓我喜出望外！在東突厥斯坦我工作十五年，在我離開前，沒有一個民族老師有機會出一次差，或出去進修！只有領導的七大姑八大姨，或是親信才能出差、進修。

因公坐飛機，住高級飯店，在東突厥斯坦，這種機會不屬於我們這些普通老師，不管是維吾爾人還是漢人，都一樣！那是領導的特權！至於維吾爾人在中國各省、各市，所遭受的歧視，我就不提了，因為這是一個公開的秘密！

想一想這一切，你說我能不愛美國的資本主義嗎？我能捨得這資本主義嗎？讓我回去當中國《憲法》上的主人，不！做夢

吧！除非這種資本主義，也能在我的祖國出現！

　　我現在明白了中國領導人的良苦用心，這些喜歡讓我們當主人的領導們，紛紛將自己的子女，送到這萬惡的資本主義國家來受苦，是這些領導們寧可自己的子女在這受苦，卻是不想讓我們這些維吾爾及千千萬萬個漢人主人們受苦，所以他們不給我們辦護照，能拖延就拖延，想盡一切辦法阻止我們出境，我終於明白了這一切！你明白了嗎，中國人？

　　　　　　　　　　　（本文發表於 2010 年 5 月 17 日博訊新聞網）

2 | 我的覺悟──我不是中國人，我是東突厥斯坦維吾爾人

　　前言：這是十幾年前[1]，一件我親身經歷的「小事」。是千千萬萬個維吾爾人每天還在經歷的「小事」。在今天的東突厥斯坦大地上，這種小事以更蠻橫、霸道的形式在蔓延，還在持續。每一個維吾爾人在進入自己的祖國時，在進入自己的城市時，在進入自己的村莊時，進入自己的社區時，在進入商場、商店、賓館、飯店時，在進入政府機關時，有的甚至在自己的父母親、兄弟、姐妹家時，就像上世紀法西斯德國統治下的猶太人一樣，遭到中共法西斯侵略政權的侮辱、歧視、虐待。

中共殘暴，鎮壓維吾爾聚會

　　1998年，一個初秋的下午，我和朋友，坐在由伊犁開往烏魯木齊方向的長途臥鋪巴士，正要返家。我沉浸在美麗的果子溝風景中，暫時忘記伊寧市[2]留給我的荒涼、恐怖印象，忘記伊犁維

1　本文寫於2010年。
2　即1997年的2月5日，中共大肆鎮壓維吾爾人民的伊寧事件。

吾爾人淒涼、絕望的表情；暫時忘記伊犂維吾爾人那憂鬱的眼神、那充滿對侵略者仇恨的眼神；暫時忘記車裡彌漫的汗味、異味。40人的大巴士裡，除我們倆是維吾爾人，其它都是漢人。我們倆在這巴士裡也還是少數民族！

我上車後一直不想說話，也沒有心情說什麼。朋友也是一言不發，似乎也陷入了無邊無際的遐想。我一邊欣賞路邊的風景，一邊在想如果不出意外的話，當天晚上應該是可以回到石河子的。在伊犂度過了沉重、煩躁的一個月後，回家的心情相對還算是愉快吧，也很急切。

去年的2月5日，也就是1997年的2月5日，是徹底改變伊犂維吾爾人的一天。東突厥斯坦的歷史上，又增添一個流血的、永遠無法癒合的傷口，被殘暴的中國侵略者劃開了！

那是一個非常寒冷的日子，在伊犂維吾爾人及所有的東突厥斯坦維吾爾人記憶中，一個永遠難忘的、殘酷的日子！

伊犂的維吾爾年輕人在這一天，走上街頭，要求政府給予維吾爾人信仰伊斯蘭教的自由，進行禮拜的自由，以及維吾爾人舉行聚會的自由。

因為此前，中共軍警抓捕了一批參加麥西來甫聚會[3]的維吾

---

3 麥西來甫是一種寓教於樂的維吾爾傳統娛樂方式，主要是在農閒之後，大家輪流一月一次進行聚會。聚會一開始，投票選擇麥西來甫主持人，法官、檢察官等，對違規違反傳統習俗者可以在麥西來甫開始時向主持人反應，由法官聽取雙方意見，進行寓教於樂的懲罰。主持人必須是村子裡有一定影響力的人。麥西來甫有全村參加的，也有

吐魯番麥西來甫聚會。（此處非伊犁麥西來甫聚會，僅提供吐魯番麥西來甫聚會圖片以供參考。）攝影／Yulghun

爾年輕人，並下令維吾爾人不得舉辦、參與麥西來甫聚會。

維吾爾人的和平遊行，被中共軍警強力殘暴鎮壓。中共出動了正規部隊，武警，兵團預備役部隊，對示威的維吾爾年輕人開槍、射殺。之後，再出動多如牛毛，無孔不入的員警、便衣員警、密探，進行了伊犁歷史上最大規模的逮捕鎮壓。上百人被射殺；上千人被抓捕；還有近萬人被「失蹤」。

純男孩子、純女孩們參加的；全村的一般是綜合性的。一般被懲罰的是那些遲到者，說謊者，有時也包括那些對妻子、兒女粗暴不好的行為。被懲罰者可以爭辯，懲罰措施包括背上和麵、烤包子，就是以和麵方式在被懲罰者背上做動作，可輕可重。

伊犁慘案，人民信任感全無

　　儘管我來伊犁時，2.5慘案已過一年多，但伊犁大街仍都是持槍的軍警。這些漢人軍警用懷疑的目光看著每一個過往的維吾爾人。隨便一個維吾爾人，只要他們看不順眼，就大喊：「喂，維吾爾人，過來！」然後就是查身份證，搜身。被查者若稍有不滿，就遭拳打腳踢，遭到拘留。忘記帶身份證的話，不光是要交罰款，還有可能被拘留。當然，這一切只針對維吾爾人。

　　當時伊犁街頭生意蕭條，維吾爾人被迫垂頭喪氣，小心翼翼。因為稍有不滿，就有可能被扣上分裂分子或恐怖分子的帽子，就有可能被捕，可能失蹤。

　　街頭上只要有三、兩維吾爾人聚在一起，軍警就會跑過來大喊大叫，命令維吾爾散開。稍有爭辯，就抓捕入獄！等你親戚找到你在哪兒，將你保出去時，少則一、兩星期，多則個把月。有的就此杳無音訊，被失蹤！

　　除非是你最可信任的親人，2.5慘案是不能問的。就是問，也問不出什麼來的，維吾爾人之間的信任感，也因到處都是共產黨的密探而徹底喪失。

　　伊犁的漢人，有武裝軍警的支持，變得狂妄無比，連剛從中國來打工的漢人，也開始蠻不講理，欺壓維吾爾人了。因為維吾爾人和漢人間一旦有了爭吵，漢人會毫不猶豫地叫員警。員警一來，不問青紅皂白，先將維吾爾人抓捕回警察局，輕則毒打一頓，罰款；重則拘留、逮捕判刑。

我本打算整個假期待在伊犁，探親訪友。可是伊犁維吾爾人悲哀、絕望的表情，伊犁漢人的蠻不講理、狐假虎威，中共軍警歧視性的無理盤查，使我失去了遊玩的心情，無法繼續我這一暑假之行。

我拜訪了兄弟、叔表，岳父岳母後，決定提前回去。

漢警刁難，故意盤查身分證

巴士突然停下了，打斷了我的思緒。我抬頭看，好像到了二台[4]。

還未等我看明白發生什麼事，車門開了，上來兩員警，前面的是漢人，也不過二十幾歲，後面的是個維吾爾人員警。「檢查身份證，把身份證拿出來。」漢人員警喊道。漢人乘客都懶洋洋地看著員警，好像在說：「就兩個維吾爾人！別麻煩我們啦！」

員警也知道該查誰，心中有數啊！我們僅有的兩個維吾爾人，正好坐在第二排。員警看看我們說：「維族啊。」我說：「是，維吾爾人。」

「你們倆下車。」說完，員警再也不看其他漢人乘客的身份證了。其實第一排漢人的身份證，員警也沒有看。很明顯，這檢查是針對維吾爾人的。

我們無奈地下了車。雖然是初秋，山裡的風還是挺大的，也

4　二台是地名。出了伊犁之後是一台，山中有二台、三台，最後一個出山口是四台。出伊犁跨越天山，可能是那幾個台，過去是驛站。

很冷。

這裡已經停了七、八輛巴士。大概其他巴士上，維吾爾人多一點吧，路邊一個三間房的建築物前，維吾爾人排了長長一溜[5]，至少有百十號人[6]。我再回頭看巴士，車裡的漢人趴在車窗上，看我們維吾爾人在冷風中，凍得瑟瑟發抖，等待檢查。

車上漢人的臉上，是一種高傲、冷漠，有些還趾高氣昂地指指點點，好像在說我們維吾爾人，就應該這樣被整。而隊伍中的維吾爾人，大多數極力控制自己的憤怒，在屈辱中無奈地等待。遠處房子旁邊站著一排持槍武警，虎視眈眈地看著我們排隊的維吾爾人。

民族歧視，威嚇維吾爾人民

我看隊伍這麼長，就想試著和員警理論一番。我以平和的語氣，對一位大喊大叫要我們排隊的員警說：

「員警同志，為什麼不能在車上查我們的身份證？為什麼我們維吾爾人被要求下車檢查？這裡挺冷的，你看能不能讓我們在車上等。」

我盡可能試著以幽默的語氣去說：「照顧少數民族，也不是這樣照顧的吧！這不會是中央對我們少數民族的又一照顧政策吧？」我不想太刺激他們。

我繼續說：「按中國《憲法》，我們維吾爾人也是中國公

5　即長長一排。
6　即百十來人。

民，應該享有和躺在車裡的漢人同樣的權利。按中國共產黨的幹部制度，我們這些排隊的維吾爾人裡至少也有七、八個科級、處級幹部。我是大學老師，也是國家幹部。你們是不是應該公正地執行黨的政策呢？」我肯定，至少我的等級，要比這小員警的高。我愚蠢地自以為，這話會起一點震懾作用。

員警連看都沒有看我一眼，吼道：「老師怎麼啦！幹部怎麼啦！不管是誰，都得檢查。少說廢話，要不，就把你按妨礙公務關起來！」我看到遠處，武警開始警惕地看著我的方向，似乎在豎起耳朵，想聽明白我的話。

我一聽員警說不管是誰都得檢查。來了精神，自信抓住把柄啦！可以據理力爭。但我還是盡力壓著我的怒火，對他說道：「員警同志，如果都得檢查的話，車裡的漢人是不是也應該下來，為什麼就我們維吾爾人排隊。你們這不是民族歧視嗎？」

縱使老師，也難逃員警羞辱

「哈，你漢語說得好，你道理講得好，是嗎？真的是老師啊！我告訴你，要嘛閉嘴，老老實實在這兒排隊，等我們一個一個檢查完。檢查誰，不檢查誰，那是我們的事。不用你操心，你想留下是嗎？你是老師，你會說話！是不是？如果想留下，等我們忙完了，明天我們送你到伊犁州公安局去告我們民族歧視。不過你得先在這兒過一晚上。我們只有一間號子[7]，擠了點。不過

7　拘押人的牢房。

擠點暖和。」員警凶巴巴地瞪著我喊道。

員警對我喊叫時，我看到幾個武警端著槍，朝我的方向，惡虎似的撲過來了。

「想幹什麼？老老實實排隊！」武警的槍口對著我，一個帶隊的喊道。

這時，那個員警用嘲諷的口氣對我吼道：「怎麼樣？老師同志？是排隊等候檢查呢，還是要到號子裡，想怎麼爭取你的平等？」

我感覺血液在往上湧。憤怒、屈辱、無奈。朋友拉一拉我的手說：「算啦，別逞強啦，和他們沒有理可講，我可不想在這過

伊利夏提的講師證。身為教師也無奈，漢人員警就是蓄意鄙視維吾爾教師。

夜。」

　　我用祈求的眼光，掃視排隊等待中的人們，巴望著至少有一個人能站出來支持我一下。但沒有人！我再看維吾爾員警，他把臉轉過去，假裝看不見。

　　我無法埋怨排隊的維吾爾人，武警的槍口對著我們呢。在這山裡，就算他們開槍打死我們一、兩個，第二天的中共報紙會說：「打死了幾個逃亡中、打算刺殺執行公務軍警的維吾爾恐怖分子。」誰敢追究呢？這種事在東突厥斯坦比比皆是。

　　此刻，我真想要有一把槍，把這些個王八蛋員警、武警全殺了！我再看車裡的漢人，他們一個個咧著嘴笑著，在看熱鬧呢！屈辱中的我，無地自容！

尊嚴喪失，明白維漢大差異

　　我沉默了！我屈服了！因為這一刻我膽怯了！我沒有了尊嚴，我放棄了尊嚴！我平時自以為自己是大學老師的狂妄沒有了！高人一等的感覺徹底被打碎了！原來在這些漢人眼裡，我們維吾爾人什麼都不是！

　　我不想在黑暗的號子裡蹲一夜，一進去就不一定是一夜！我不想。不想就得忍氣吞聲，就得忍受侮辱，忍受這不平等！就得像奴隸一樣，接受漢人主子的叱吒污蔑。我們是被占領土的主人！但在佔領者眼裡我們是奴隸！「國家的主人」，「國家幹部」那是對漢人而言的，不是對維吾爾人。只有我這樣天真、愚昧、無知、麻木的維吾爾人，以為自己還真是什麼主人呢！

員警還咄咄逼人：「怎麼不說話了！老師同志？我們是在抓捕恐怖分子。恐怖分子是維吾爾人，所以我們查維吾爾人。」

恐怖分子是維吾爾人，所以所有的維吾爾人可能是恐怖分子！就這麼簡單！我是維吾爾人，所以我也是潛在的恐怖分子。在大多數漢人的眼裡，大部分維吾爾人是潛藏的恐怖分子，這也包括我。我明白了！儘管明白得遲了點，但我還是明白了自己的地位、自己的身份！

我繼續沉默，不回答他的挑釁，不回答他的諷刺挖苦。我想儘快離開這裡，我想找個沒有人的地方放聲大哭，將這屈辱哭出來。我想找人打架，將這憤怒發洩出來！我想喊，將這痛苦中的無奈喊出來！

這一刻，如果有槍，我肯定我想當「恐怖分子」！將這些污辱我的員警殺了，將其背後的侵略者趕出我的祖國！

等待時機，不在沉默中滅亡

如果說為了自己的尊嚴，為了爭取自己正當的權利而鬥爭的人，也是恐怖分子的話，我願意當這恐怖分子！寧願戴這恐怖分子的帽子，像人一樣有尊嚴的活一天！也不再想當所謂的「主人」了！讓那些奴才們去當主人吧！

輪到我進入檢查室了。屋裡，一漢人員警坐在桌子後面，旁邊站了一個維吾爾員警。側面是兩個持槍的武警，槍口斜對著我。漢人員警拿著我的身份證，盯著我的眼睛問我：「叫什麼名字？住哪？為什麼到伊犁來？為什麼回去？在伊犁待了多長時

間？住在哪兒、誰家等等。」我在一種無助、絕望中，機械地回答著員警的提問。

我已經快要崩潰了。我在極力忍耐。我也只能忍耐，我還能幹什麼？漢化教育，早已使我失去了維吾爾人的血性、肝膽。這一刻，我發現我好弱小，我好孤獨。他們對我尊嚴的挑戰、侮辱、歧視，對我民族的挑戰、污蔑，歧視，我都忍了，我默默地都接受了。

漢人老師在教我漢語時，也教會了我漢人的忍耐哲學：「君子報仇，十年不晚。」、「留得青山在，不怕沒柴燒。」。忍耐、沉默。「不在沉默中爆發，就在沉默中死亡！」我想到魯迅先生的這句話，心裡默默地對自己說：「要報仇，一定要報此仇。等待時機爆發，但決不在沉默中滅亡！」

徹底覺悟，真正的維吾爾人

我疲憊地走出了檢查室，我已無心搭理外面那個員警繼續的挑釁、侮辱。我只想快快地離開這裡。回到車上，我看著滿車的漢人，雖然他們中大多數都是農民、工人、商人，他們可能到東突厥斯坦來，只是來掙幾個錢的，他們可能沒有參與這種歧視政策的制定，大多數時候，他們也遭受這個政權的壓迫。但他們帶著贊許的表情，欣賞了這無恥的一幕！在我眼裡，他們現在也是敵人！他們也是這個侮辱我的尊嚴，污蔑、迫害我們維吾爾人的政權的幫兇。他們躺在臥鋪車裡，麻木地欣賞我們一個個被侮辱、被迫害的全部過程。

車子開動了，往石河子，往烏魯木齊的方向。儘管車內的窗戶都關著，可是我感覺很冷、很冷！我的身體在顫抖，我的心在哭泣，我的靈魂在燃燒，我的血液在沸騰！

　　車走了，離開了二台，離開了果子溝！我也走了。從這一天的這一刻起，我堅決地不再抱希望於將來可能變成中國人！永遠也不再是中國人！

　　我是維吾爾人！真正的維吾爾人！我的祖國是東突厥斯坦！從這一刻起我走的是追求維吾爾人獨立、自由的路！

　　從這一天起，我的路，是向著自由、獨立的東突厥斯坦！從

伊利夏提與星月藍旗。

這一天的這一刻起，回家的路，變得更遠、更漫長了！我不知道我何時能回到家——回到獨立、自由的家！但至少我找到回自由之家的路，真理之路，尊嚴之路。我相信，我只要堅定地走下去，在偉大真主的保佑、引導下，總有一天，我會回到家的！

（本文發表於 2010 年 6 月 28 日博訊新聞網，
原題為〈改變我人生的一件小事〉）

3 | 我找到終生奮鬥的目標——詳記罕為人知的1985.12.26大連民族 學生運動

人生軌跡的轉捩點

不知怎麼的，年齡過了四十後，總覺得時間過得非常快，特別是離開祖國東突厥斯坦之後的這幾年，時間過得尤其快，真是似水流年。一晃2010年也只剩幾天了。

著名的維吾爾民族主義詩人魯特普拉·姆特利普，在其著名的詩作《對流年的回答中》有一段是這樣寫的（大意）：

詩人魯特普拉·姆特利普／資料來源：維基百科。

青春似幻如夢，
短暫且珍貴，
每當一頁日曆被撕落，
也似青春花瓣在凋落。

當然我已不再青春，我的青春花朵早已凋落完畢，綠葉也已極盡落光。我這棵生命之樹，現在剩下的是深入祖國大地、吸取維

吾爾文化養料的根，和讓敵人感到棘手的刺！

按中國人的說法，我已是快到知天命的時候了。儘管不惑之年即將結束，但不惑之事卻看似無盡！

隨著年齡的增長，人好像喜歡回憶過去。尋找那些青春歲月中難忘的時刻，改變人生軌跡的轉捩點。

我現在也喜歡回憶過去。回憶那「指點江山、揮斥方遒」的青春年華。儘管有歡樂，有成功，當然也有失敗，也有惆悵。但從來沒有後悔過，因為路是我選擇的，當然我還要繼續我的路，「數風流人物還看今朝」嘛。

我今天的路，是在25年前（1985年）12月26日選擇的——「為東突厥斯坦、為維吾爾民族尋求自由、獨立之路」的延續！那時我還在中國的大連讀大學。

1985年的年底，我們在中國各地學習的東突厥斯坦學生，都感覺到似乎祖國發生了什麼事，但我們搞不清到底發生了什麼事。通訊的落後，使我們無法和遙遠的祖國保持聯繫，獲得最新資訊。

遙遠故鄉呼喊自由

慢慢的，一些同學從收到家長、同學、朋友的來信，知道東突厥斯坦首府烏魯木齊的民族大學生舉行「要民主、要自由」的示威遊行。但具體是怎麼一回事，我們還是沒有搞清楚。大家都有點擔心。但不知道該做什麼，能做什麼。

一天，大概是12月22、23日左右，一位住在我隔壁宿舍、和

我非常要好的回族同學，進到我們宿舍來，用我的收音機，無意中找到了美國之音中文廣播。新聞正好是有關上海交通大學民族學生，為聲援烏魯木齊遊行而舉行遊行的報導，報導還介紹了半個月前烏魯木齊示威遊行民族學生的要求及口號。

很明顯，烏魯木齊的遊行已是半個月前的事了，就連上海交大的聲援遊行也已經是一周前的事了。

聽完，大家都默默無語，陷入了沉思中。我想了一下，問說能否把這新聞錄下來？但新聞已結束，還得等重播。我們耐心地等了不知多長時間，最後總算等到重播，我們成功地把這段有關我們祖國的新聞錄了下來。新聞雖然很短，但份量很重。

拿著錄音帶，我們找了幾個高年級的同學，商量該怎麼辦。聽完，大家都覺得作為來自那塊兒土地的學生，儘管離祖國很遠，但我們有義務、也應該表達我們的心聲，聲援這來自祖國的自由、民主的呼聲。

大連民族學生運動

我們的遊行時間定在12月26日，地點從大連市中山廣場出發，遊行到大連史達林廣場。中山廣場外國人多，可以讓我們的聲音傳出去。史達林廣場是大連市市政府所在地，我們可以向大連市市領導遞交我們的要求，要求他們將其轉交北京中央政府。

口號照搬東突厥斯坦遊行、示威學生的口號（可能少有差異）：

1. 實行民主，要求民主選舉「偽自治區」各級領導。
2. 停止在羅布泊的核子試驗，保護東突厥斯坦各族人民身心健康。
3. 停止向東突厥斯坦輸送中國犯人，停止移民政策。
4. 停止對東突厥斯坦各族人民實施的計劃生育政策。
5. 保護東突厥斯坦脆弱的生態平衡。
6. 給予東突厥斯坦經濟上的自主。

　　我們並且找了幾個同學分工，對每一個口號進行詳細解釋，提出我們的理由、要求。這需要資料，大家很快分頭查資料、找數據。我們還安排一部分同學去買遊行要用的橫幅布條，買紙，書寫口號。

　　我和那位回族同學一起拿著那捲錄音帶，幾乎走遍了每一個來自東突厥斯坦的民族學生宿舍，我們重播那段有關烏魯木齊及上海交大民族學生要求民主、自由遊行示威的新聞，讓大家知道。大家都群情激奮，表示一定要參加遊行，幾乎沒有人反對。

　　這裡有一個很有意思的插曲。大連理工大學的「新疆班」，幾乎囊括了生活在東突厥斯坦「少數民族」的每一個民族，除了維吾爾、哈薩克、蒙古族、錫伯族、藏族等之外，還有俄羅斯、回族等等。大家不分民族，都表示要參加遊行。

計畫曝光師長盯上

特別是我們自1983年入學的這屆開始，每一個「新疆班」，也開始有漢人學生了。因為我們餐廳的飯比較好吃，所以這些漢人學生和我們幾乎同吃、同住。這次的事件，他們也堅決地表態要參加我們的遊行示威。

25日晚上，我去工學院院部，安排第二天的遊行事宜。晚上有點晚了，我就住在高年級同學的宿舍。

第二天一大早，我趕緊趕到巴士站，等最早一班開往市內的班車。焦急地等待中，突然聽到有人叫我，順著聲音一看。哇！是大工學生部[1]部長莊青老師[2]，他身邊還停著一輛轎車。

「伊利夏提，快來上車，我們有事要和你談。」我立刻意識到，我們的計畫曝露了。我說：「我要回市內化工學院。」莊青說：「我們跟你一塊兒去，來上車。」

還沒有等我反應過來，我就被拉到了車上。車裡還坐著另外兩個人，他們很巧妙地將我夾在中間，似乎怕我會中途跳車逃跑。但都很熱情。車一開動，莊青就開始不停地問我的學習、生

1　是大連工學院學生工作部部長。1988年，大連工學院改名大連理工大學。

2　中國每一所大學都有學生思想工作部，一般工作人員稱為學生指導員。莊青老師是大連工學院學院黨委領導下，學生思想工作部的部長。中國大學裡，一個學生班，有一個班主任，及一個指導員。班主任負責生活和學習，指導員負責思想政治工作。

活情況，東突厥斯坦的情況等等，但就是不問遊行示威的事。我盡可能少說話，只是哼哼哈哈。我心裡有點怕，不知道他們會把我帶到什麼地方去。另兩位一直沒有說話。

雖然這是我一生中第一次坐轎車，但實在沒有心情、也沒有雅興去享受。

很快，車到了大工化工學院南院。下了車，我才發現學院的領導、各系輔導員都在我們宿舍樓的傳達室裡，坐著等我們。早起的漢人學生都很奇怪，不知發生了什麼事，怎麼突然這麼多的大人物。

沒有經驗計畫失誤

在這裡，院領導將我介紹給和我同車來的兩位人物，其中一位是大連市的領導，似乎是書記；還有一位據說是國家教委[3]來的領導。我突然發現我變得很重要了，被一大群大人物所包圍。我心裡很是慌張，有點怕。也不知該怎麼和他們打交道。

他們開始問我遊行的事宜，我一概一問三不知，裝糊塗。並極力告訴他們，我不是組織者，我也不知道誰是組織者。

談了一會兒，他們大概覺得沒有意思，就說要上去我們的宿舍，看一看學生。

大概是因為第一次沒有經驗吧，我們計畫最大的失誤，是要全部民族學生先到我們化工學院集合，然後再去中山廣場遊行。

3　中華人民共和國國家教育委員會。

所以我們全部的遊行用具，都在我們宿舍，而且這棟宿舍的大門一鎖，我們誰也出不去了。

我們的宿舍在7樓。等我和這些大人物們爬到7樓的時侯，儘管時間已經近9點半，但因為大家寫口號寫到了後半夜，很累，所以宿舍裡的人都還沒有起床。宿舍桌子上，擺滿書寫好的口號、橫幅等等。大家睡眼朦朧地起來，看著這些大人物們。不知怎麼回事兒。

這時，有一位姓張的學生部領導走過來，想嘻嘻哈哈地收拾橫幅、口號什麼的。一位同學快速地站起來擋住她的手，並說：「這是我們的東西，我們自己來收拾。」張很尷尬地走開了。

進到宿舍，見到同學們後，我開始有精神了，也不怕了。我們很快騰出了一間宿舍，要領導們進去坐，等我們民族學生商量的結果。

學生雄辯駁回教委

我們學生在7樓中廳集合，商量該怎麼辦。意見分歧很大，大部分要求：「既然來了，就去遊行，不管什麼領導不領導的。」但一少部分說：「既然領導來對話，就應該和他們對話，取消遊行。」

在大家爭吵的過程中，我記得一位阿克蘇來的高年級同學對我說：「伊利夏提，既然通知了要遊行，還商量什麼。告訴大家能出去，就出去，出不去的，就在校園裡遊行。」

我說：「好，就這麼定了。」大家散夥，開始往外走。這

時，院領導發現勢頭不對，趕了過來，試圖堵住中廳的門，但不成功，大家很快都拿上標語、橫幅、口號跑出去了。宿舍樓的大門這時開著，儘管下面有人試圖阻止，但同學們還是衝出去了。

但是很遺憾，學院的大門被封鎖了。我們出不去了。大家就舉著橫幅、標語、口號站在校園內。學院內的漢人學生都圍過來看發生了什麼事。很快，這裡聚集了很多的人。

院領導趕緊跑過來對我們說，「同學們，請到教學樓的一間大會議室來，談你們的要求，由國家教委的領導給大家一個回答。」

原定遊行計畫不可能實現了，但我們還是整齊地排著隊，昂首挺胸地舉著我們的橫幅、標語，在眾漢人學生、學院領導的目視中，進入教學樓，進到安排好的會議室。

我們在這裡，和市領導及國家教委來的領導，展開針鋒相對的論戰，同學們的雄辯，駁回了國家教委領導對我們所提要求的回答。最後，領導實在找不到什麼藉口了，就承諾以後再答覆我們。就這樣，我們的遊行結束了。

樹立終生奮鬥目標

儘管我們沒有能像烏魯木齊、上海、北京的民族學生一樣，紅紅火火[4]地走上街頭遊行，以表達我們的聲援之意，但我們對自由、民主呼聲的聲援行動，還是驚動了大連、北京的大人物

4　轟轟烈烈之意。

天山雪松。（青松是概稱，雪松是特指某一種松樹。雪松屬於青松之一種。）攝影 / Yulghun

們，還在大連引起了一些騷動。

　　儘管我們的遊行不是很成功，但它表達了我們的心聲。我們用實際行動，表明了「民主、自由」是東突厥斯坦各族人民的共同心聲；表明了不管我們生活、學習、工作在那兒、不管我們是民考民[5]，還是民考漢[6]，我們的目標是共同的！我們的心是相連的！

5　**民考民**：民族學生以本民族語言參加中國高等學校統一考試錄取。
6　**民考漢**：民族學生自小上漢語學校，以漢語參加中國高等學校統一考試錄取。

天山青松根連根，東突厥斯坦人民心連心！

我們用這次不是很成功的遊行，將12月12日開始於烏魯木齊的東突厥斯坦各民族大學生要求民主、自由的呼聲，傳到了中國的大連。這自由、民主的呼聲，由漢人自築邊界的「長城」外──東突厥斯坦，傳到了長城外的東部──滿洲里！更將遊行的時間延續到12月26日。

我們一直沒有查出，誰在最後一天，向學院通報了我們的遊行計畫。但可以肯定的是，我們內部有人通報了。

很快期末到了，系領導、輔導員找我談話，說我學習有點吃力，問我能否將團支部書記及化工學院學生會裡的職務讓出來，我爽快地答應了。

畢業回到東突厥斯坦後，我才真正體驗到這次雖然不成功、幾近流產遊行的後果。我求職時，很多單位先是說可以接受我，但過了一兩天就找藉口拒絕。我後來才知道，是我的檔案裡有什麼東西，讓很多單位對我敬而遠之。但到底我的檔案裡被寫了什麼，我一直也沒有打聽到。不知為什麼，我特別想看看我的檔案，想看看他們到底寫了些什麼！

作為組織者之一，這次的遊行儘管組織得不好，不很成功；但這是我們作為年輕人，第一次站出來，勇敢地面對中共政權，爭取自己的民族、民主權利、爭取自己祖國自由、獨立的一次努力，也是所謂「文化革命」結束之後，對中共暴政的第一次挑

戰，第一次對中共獨裁統治說「不」！

　　這次的遊行，為我樹立了我終生奮鬥的目標，為我終身事業奠定了基礎，也使我由此走向一個漫長的不歸之路！

（本文發表於 2010 年 12 月 30 日博訊新聞網，
原題為〈那一天，我選擇了今天！〉）

4 ‖ 我們會漢語

不尊重維吾爾人宗教習俗

古爾邦節的早晨。

節日禮拜剛結束。清真寺門口，聚集了來自全城各行各業，來禮節日拜[1]的維吾爾人、哈薩克人。寺內寺外，熙熙攘攘。狹小的老街，更顯得擁擠不堪。

幾乎全城的維吾爾男人都在這裡。整個城市，也就這裡，顯示出一點古爾邦節的節日氣氛。大家無論認識不認識，只要是穆斯林，按慣例就都互相握手、擁抱，致以節日問候。

我和幾位熟人打了招呼之後，就急急忙忙往家走去。

離開老街清真寺，轉入市區，就沒有了節日的氣氛。除了偶爾能見到一兩個和我一樣，禮拜完急急往家趕的維吾爾人外，街上就全是行色匆匆的漢人了。

進了家門，妻子正在往桌子上擺節日的饊子、甜點、水

1　穆斯林每天要禮拜五次。節日禮拜，可能會被理解成借用節日進行禮拜。禮節日拜，則是指專門的節日拜，與平時的五拜不一樣。

古爾邦節的早晨，幾乎全城的維吾爾男人都在這裡。

古爾邦節節日的饊子、甜點、水果。

果等。

「薩拉姆・埃萊庫姆（Essalamu Eleykum），古爾邦節快樂！」

「瓦埃萊庫姆埃薩拉姆（We'eleykum Essalam），也祝你古爾邦節快樂！」妻子冷冷地回答，她似乎不是很高興。

妻子接著說：「校辦打電話了，說是校領導要來拜年，讓我們在家等著。」

「什麼？在家等著？幾點來？」我急切地問道。

「不確定幾點來，只說是上午來，可能先到我們家。」妻子不急不慢地回答道。

「不管他們，我們去看電影，難得放一次維吾爾語的電影。」我有點生氣，繼續道：「過年第一天，他們本來就不受歡迎。這是我們的宗教節日，又不是什麼吃喝玩樂的日子。給他們講了，非伊斯蘭教徒不受歡迎，但他們從來就沒有認真對待過我們的宗教習俗！每年都是十來個漢人領導，拿著一塊磚茶、兩包方糖、三十塊錢。我們不需要！我更不想浪費我過年第一天，坐等這些無知白癡！一天到晚喊民族團結，連民族習慣、節日禮節都不知道。除了吃喝，這些狗官懂什麼是古爾邦節、開齋節？！」

想和妻子看維吾爾語電影

我和妻子，是大學畢業後，分配到這個城市的這所中等學校當老師的。這個城市，維吾爾人非常少。不管是古爾邦節、開齋

納吾茹孜（春節，每年3月21日）演唱慶典照片。麥西萊普是寓教於樂的聚會，可大可小，可以定期舉行，也可以在節假日舉辦。有時候麥西萊普可能就和某些節日（如納吾茹孜節）重合了；尤其是在共產黨控制下，政府基本上指定哪天在哪兒舉辦等等。攝影 / Yulghun

節，還是納烏茹孜節[2]，這裡，一點節日的氣氛都沒有。

　　再加上我們兩父母家都不在這裡。過年我們只是休息、休息，給各自父母打個電話，做個豐盛點的飯吃吃，最多和幾位關係好點的維吾爾家庭朋友們聚一聚，僅此而已！

　　我繼續說道：「不管他們，我們去看電影。」

2　納烏茹孜（Noroz，Nawruz）節，是伊朗、突厥民族的春節，每年在3月21日春分慶祝新年到來，萬物復甦；傳統方式以7種穀物煮節日飯，大家聚集一起，以朗誦詠春詩，唱歌、跳舞共慶新春。

幾天前，校辦打電話，要我去領電影票。我問什麼電影，校辦說，他們也不知道是什麼電影，反正是維吾爾語的。校辦告訴我，市政府為了表示對少數民族古爾邦節的祝賀，特別安排了這場維吾爾語專場電影，給全市的少數民族。

想一想，過節我們也沒有什麼特別安排，我就拿了兩張票。

我自離開伊犁家鄉，就沒有看過維吾爾語的電影了，不知能否找到小時候的感覺。但至少是維吾爾語的電影，在這個漢人占94%的城市，儘管過年第一天去看電影，總有點那個，但也是沒有選擇的選擇了，自我娛樂嘛！

我趕緊催妻子：「快點，老婆！一會兒這幫白吃來了，就走不開了。」

「每次我們都不在家，校辦的王主任今天還特別強調，說希望我們能在家等。」

「我早就告訴過王主任，這是我們的宗教節日。根據教規，我們並不歡迎非伊斯蘭教徒來拜年。他們應該知道！」

「就你講究！人家哈米提、茹蘇力家，大早晨煮好了肉、備好了酒，等領導，所以領導也特別喜歡到他們家。領導到我們家，其實只是因為我們家在校園裡，人家領導不好意思跳過去，才來蜻蜓點水的。」

觀眾稀稀落落等電影開演

「我不管哈米提、茹蘇力怎麼樣。這是我的家，我是個穆斯林。在我家得遵守伊斯蘭教規。古爾邦節、肉孜節，非穆斯林在

我家不受歡迎！」

「好了、好了，老婆！我們不爭這個了。走走，去看電影，要遲到了。」

老婆儘管不是很樂意，但還是穿好衣服和我出來了。

電影院門口冷冷清清的，除了賣瓜子的、賣烤紅薯的幾個漢人外，幾乎見不到人。也是，大早晨，除非是什麼美國大片，誰還來看電影呢？

走進電影院，座位大多空著，稀稀落落坐不到五十個維吾爾人。看到了幾個熟人，遠遠地打了個招呼。因為人少，也不對號。我和妻子找了個中間靠前的位子坐下了。

妻子還是有點嘀嘀咕咕，我就裝聽不見。我偶爾說幾句俏皮話，試圖緩和氣氛。心裡急切地等著電影開演！

電影開演了。

唉，怎麼是個看過的電影？破案片。不記得是什麼時候看過的，反正我們看過這個電影的漢語版。

相隔近二十年後，在電影院裡看維吾爾語的電影，還是讓我覺得激動也新鮮！自上學離家以來，幾乎沒有在公共場所，聽漢人講過維吾爾語，儘管是電影配音，但畢竟是漢人在說維吾爾語！相當有趣的呀！

妻子有點失望，我悄悄對她說：「親愛的，高興點！政府這幫漢人，好不容易記起了我們維吾爾人，難得給我們放一次維吾爾語的電影，看吧！算是回憶小時候在村裡，看露天電影的年代吧！享受一下維吾爾自治區難得的維吾爾語權利。再說，你看電

影裡一幫漢人說維吾爾語，不是挺有趣的嗎！」

大概過了15分鐘左右，正當大家都沉浸在起伏跌宕的電影故事情節時，突然，電影停了。

很快，還沒有等我們搞清是怎麼一回事兒，又開演了。

抗議電影偷天換日播漢語

唉？不對呀？仔細聽！怎麼不是維吾爾語？怎麼了？怎麼變成漢語的了？

我愣了一下，看看妻子，她也茫然。

等我轉過彎來，我無法壓住自己的怒火！改放漢語版了，這是在耍我們！

我非常憤怒，這是欺騙！我站起來不顧一切地大聲喊道：「抗議！我抗議！」、「我們要看維吾爾語的電影！放維吾爾語！抗議！抗議！」

妻子想拉住我，但遲了，滿電影院是我的聲音。看電影的維吾爾人，似乎還沒有明白過來發生了什麼事，我為什麼喊叫。大家都朝著我站的方向看著。但沒有人站起來，也沒有人呼應！

正在這時，兩個漢人工作人員跑來喊道：「喊什麼喊，這是電影院，別影響別人看電影！」

「我抗議！你們說的是，要放維吾爾語電影，可現在你們把語言改成了漢語，為什麼？這是違背市政府的承諾！是對我們看維吾爾語電影權利的剝奪！市政府在報章、電台、電視台宣佈，這場電影是維吾爾語專場，你們必須放維吾爾語！」

我繼續大喊大叫：「要你們領導來！必須放維吾爾語！我要看維吾爾語的電影！」

很快，走來個中年女士，看樣子是領導。「你能出來一下嗎？我們能在過道[3]裡談嗎？」

「行！出來就出來！」我隨著這個女領導來到了過道，妻子也跟在我後面，她滿臉通紅，似乎要哭出來了。

「您的漢語真標準！」女領導明顯是想緩和氣氛，但我沒有讓她把話說完，我打斷說：「謝謝！這和我的漢語好壞、標準不標準沒關係。市政府、報紙、電視台都報導說，這場電影是維吾爾語專場，是專門為祝賀古爾邦節的民族專場。我現在要看維吾爾語電影！就這要求，希望你們信守諾言，改放維吾爾語！」

一人不懂維語全場改漢語

「是這樣的，」女領導吞吞吐吐地說：「組織部有位漢族領導，也來看這場電影了，他聽不懂維吾爾語，所以要求我們改放漢語的。你看，你們都會漢語，特別是你的漢語這麼標準！照顧照顧，就看漢語吧？」

不說這話也罷了，一聽是要照顧一個組織部的官員，我氣就不打一處來。

我以更大的嗓門喊道：「不！今天我就要看維吾爾語的電影，你們必須按照承諾放維吾爾語的！不放維吾爾語的，我絕不

3　走廊。

甘休！」

我把頭伸進電影院，對還在看電影的觀眾用維吾爾語喊道：「維吾爾人，出來！我們一起抗議，堅決要求放維吾爾語的電影，拒絕看漢語電影！」我滿心希望全體維吾爾人會站起來相應我，和我一起鬧！

賽福鼎‧艾則孜／資料來源：維基百科。

一群人走出來了，領頭的是，大學的元老圖爾迪老師，還有這個城市的維吾爾元老謝里夫‧阿吉。聽說謝里夫‧阿吉曾經給賽福鼎‧艾則孜[4]做過飯。他們兩人在這個城市都很有威望，大家都很尊重他們。

圖爾迪老師走過來問到：「怎麼啦，兄弟？你在喊什麼？怎麼這麼激動？」

我有點疑惑地看看圖爾迪老師，解釋道：「圖爾迪老師！你看，就因為來了個蹭免費票的組織部官員，電影院就違背政府承諾，要放漢語電影。既然市政府在報章、電台、電視台宣佈，這場電影是維吾爾語專場，他們就應該放維吾爾語的！只要我們堅持，他們會放維吾爾語的。我就是想讓他們信守諾言，給我們放

4　賽福鼎‧艾則孜，維吾爾族人，中國共產黨、中華人民共和國早期領導人，新疆維吾爾自治區第一任主席。（參見維基百科。）
　　1949年，賽福鼎‧艾則孜在北京參加中共第一次政協會議時，未經和東突厥斯坦任何人商量，就自稱代表維吾爾人民，給中共大屠夫毛澤東戴上了維吾爾花帽。（參見伊利夏提〈維吾爾花帽贈給誰？〉一文。）

維吾爾語的！這是我們的權利！」

接著，我用漢語對女領導說道：「聽我說。我們維吾爾人在這個城市，一年365天看漢語電視、看漢語電影。今天是我們過節，就這一天，在維吾爾自治區境內的這個城市，你們自己承諾要放維吾爾語電影，你們就必須放維吾爾語電影。」我更大聲說道：「如果有人聽不懂維吾爾語，沒有錢買票看電影，那我給他買票，讓他看另一場漢語的！」

奮力爭取終於播維吾爾語

女領導不露聲色地看著其他維吾爾人，似乎在等著看大家的反應。

這時，圖爾迪老師又說話了，我滿心歡喜。終於，我不是一個人在抗議、在鬧了！

圖爾迪老師用不是很標準的漢語，看著我說：「老弟！你看，我們都能講漢語，能聽懂漢語。算啦！看漢語吧！又不是聽不懂，沒有什麼嗎！」

還沒有等我回過神來，謝里夫·阿吉也加進來了，他用更彆腳的漢語對我說：「Apendim（先生）！全城市，就你的漢語是最棒的，頂呱呱！不鬧了。過年第一天，高高興興的，別找不愉快！漢語就漢語，又不是聽不懂；走、走，進去看電影，沒事？不鬧了，呵！」

我懂了，徹底懂了！聽錯了？沒有聽錯！這兩個維吾爾人，都在用漢語跟我說話，他們的話的意思我也聽懂了！

女領導似乎在偷樂，我幾乎要崩潰了！我渾身顫抖，緊握雙拳，真想找個人打一架。我感到了一種打擊，一種沉重的打擊。一種莫名的、鑽心的疼痛，傳遍全身！憤怒、失望！

不管了，既然當了壞蛋，就當到底！

我不顧一切地喊道：「不，今天必須放維吾爾語的電影！不放維吾爾語，我就繼續抗議！就繼續鬧，繼續喊！」

我將頭伸進放映廳內，以更大的聲音喊道：「我要看維吾爾語的電影！今天，不達目的，我絕不甘休！」

正當我大喊大叫時，一位官員模樣的漢人走過來，惡狠狠地看了我一眼，然後將女領導拉到一邊角落，嘀咕了幾句，走了。

女領導頤指氣使地走過來，氣哼哼的對我說：「進去吧！給你放維吾爾語電影！快去看吧！」說完，她一甩屁股，也走了。

圖爾迪老師、謝里夫·阿吉似乎很不理解地看看我，搖搖頭也走進電影院裡去了。

我和妻子孤零零地站在電影院通道裡。

電影院裡傳來了宏亮的維吾爾語聲，那是電影的對話。是的，我最終爭取到了維吾爾語電影。

但我只想回家……

（本文發表於 2011 年 11 月博訊部落格，伊利夏提〈東土之鷹〉）

5 ∥ 古爾邦節的早上

早上醒來第一件事是看手機！

已經有很多慶祝古爾邦節的資訊了，但大都是國外朋友們發來的。國內除了家人外，沒有任何朋友、同學的任何訊息。隨著在國外居住時間的延長、隨著偶爾的吶喊，國內和我繼續保持聯繫的親朋好友越來越少了。現在，到了國內幾乎沒有朋友聯繫的地步。說自己已成孤家寡人，大概不算為過！

維吾爾人一年中最大的節日

資訊再次提醒我今天是古爾邦節！這是維吾爾人一年中最大的節日！這一天，維吾爾人都會一大早先去清真寺做禮拜、上墳，然後趕回家宰牲，準備迎接第一天的親朋好友拜訪。第一天，大多數家庭是自家人一起，父母、兒女團聚，歡聚一堂的時日。

起床後環顧四周。家裡，依然除我，沒有他人。樓上樓下，空空蕩蕩。桌子上依然是昨日的碗筷，沒有節日的饢子、甜點。我在茫然、孤寂中走到盥洗室，對著鏡中的自己苦笑一下，自言自語：「古爾邦節快樂！」

古爾邦節活動。上圖，維吾爾人在喀什噶爾的艾提尕爾清真寺前聚會。下圖，年輕人在廣場上跳舞。

爲了驅趕充斥屋子的孤獨、寂寞，製造點歡樂氣氛，我打開電視，連上DVD，以最大的聲量，播放我喜歡的伊犁維吾爾民歌。歌聲瞬間帶我進入更深、更遙遠的思鄉回憶：

　　　　從小我們一起玩兒大，

　　　　在河邊、在泉邊，

　　　　兒時同唱的那首歌，

　　　　還時時縈繞在耳邊；

　　　　爲了各自的理想、追求，

　　　　我們似撲火的飛蛾，

　　　　我們追求、我們思念，

　　　　我們在異鄉同唱那首歌；

　　　　我們的歌永遠不會老，

　　　　無論我們身處異鄉、

　　　　還是在深深思念中……[1]

　　歌聲趕走了屋內的孤獨、寂寞，但使我內心的孤獨、悲傷更深、更甚！

發誓為維吾爾兄弟姊妹吶喊

　　自十年前離開家鄉、祖國以來，儘管我在不同國家，和很多

1　此爲伊犁維吾爾民歌歌詞。

新認識的朋友們，一起慶祝過古爾邦節，也曾經在穆斯林國家，參與過舉國的歡慶，儘管氣氛也熱鬧非凡，但對我來說，我內心深處，總是覺得缺少點什麼，總是無法發自內心地歡笑，臉上的笑容，從來都是短暫的、來去匆匆，不能久掛。

特別是，當白天和朋友、同事一起的短暫忙碌、歡樂過後，回到宿舍、回到家的時候，總會有一股深深的思鄉悲情襲上心頭，久久不肯離去！讓人感到一種背井離鄉的、深深的孤獨、寂寞！近幾年來，這種感覺越來越強烈！

為了趕跑這孤獨、無助、悲傷、寂寞，每次節慶假日，我回家第一件事就是打開電視、放DVD，播出歡愉的維吾爾歌舞，企圖製造在祖國、在家鄉時的那種溫馨、那種親情、那種歡樂的節日氣氛。但我總是找不到、尋不會！人在國外，維吾爾歌舞似乎成了思鄉的催化劑，孤獨、寂寞的發酵物；越聽越思念家鄉，越聽越悲傷、孤寂！

儘管我已經是這個國家的公民了，儘管在此生活得有尊嚴，但那種在自家時的自信，那種因自信而發自內心的節日歡樂氣氛，似乎一去不復返了，似乎永遠與我無關了，似乎永遠地拋棄了我！我的餘生，似乎只剩下孤獨、寂寞、悲哀、噩耗！

我不知道流亡中的其他維吾爾人，是否和我有同感？但我知道，遠離了生於斯、長於斯的家鄉的離鄉人，永遠像個被連根拔起的駱駝刺[2]，只有隨風飄蕩的命；更像是斷了線的風箏，偶爾

2　駱駝刺（學名：Alhagi sparsifolia Shap.）屬豆科、落葉草本，主要枝上

駱駝刺。／資料來源：
維基百科

掛在樹上、偶爾掉落地上；哪裡都不是家，到哪兒都沒有家！

當然，我的餘生——剩下的，還有我的吶喊！不管是乘旭日下的和風高掛天空時，還是被狂風吹掛枝頭、掉落地上時，我都不會因為離鄉的悲傷、思鄉的孤獨，而忘記我選擇流浪的目的：為那些在自家失去父母的維吾爾孤兒們吶喊！為那些在自家失去兒女的維吾爾父母們吶喊！為那些失去兄弟的維吾爾姐妹們吶喊！為那些失去姐妹的維吾爾兄弟們吶喊！為那些無辜失蹤者吶喊，為那些獻身者吶喊！

（本文發表於 2013 年 10 月 16 日博訊新聞網）

多刺，葉長圓形，花粉紅色，6月開花，8月最盛，每朵花可開放20 余天，結莢果，總狀花序，根系十分發達，一般長達20米。從沙漠和戈壁深處吸取地下水份和營養，是一種自然生長的耐旱植物，因為這種植物莖上長著刺狀的很堅硬的小綠葉，故叫駱駝刺，是草本植物，是戈壁灘和沙漠中駱駝唯一能吃的賴以生存的草，故又名駱駝草。主要分布在內陸乾旱地區。（資料來源：https://www.easyatm.com.tw/wiki/%E9%A7%B1%E9%A7%9D%E5%88%BA）

6┃我是如何回歸伊斯蘭信仰的

中共洗腦，伊斯蘭信仰遭動搖

我出生在一個非常傳統的維吾爾穆斯林家庭，爺爺是村清真寺的伊瑪目[1]，父母儘管是鐵路工人，但也都是虔誠的穆斯林，一天五次禮拜，他們從不放棄。我是在一個純粹維吾爾穆斯林家庭環境中長大，從小耳濡目染伊斯蘭基本禮儀規矩，還跟爺爺學過《古蘭經》、《聖訓》，會作禮拜，也會背誦幾段《古蘭經》經文。

然而，我從小學到大學，因長期接受中共系統性無神論洗腦教育，當我大學畢業時，雖

小女孩在艾提尕爾清真寺前餵鴿子。攝影 / Yulghun

---

1 伊瑪目是指清真寺的「教長」。

尼采（弗里德里希·威廉·尼采）/資料來源：維基百科

然我也禮節性地、當作是民族習慣，一年去清眞寺禮拜兩次（宰牲節、開齋節），也遵守伊斯蘭的大多數飲食禁忌，但我對自己的伊斯蘭信仰，卻變得滿不在乎。我幾乎狂妄到視自己爲尼采再世，且重複著尼采的「上帝死了，我是太陽」等狂語；我幾乎是天天喝酒逍遙、逃避現實，在迷醉生活中，虛度青春人生。

當時，我常常和朋友聚會。參與聚會的朋友，大多數是關心時事的維吾爾知識份子，他們因說眞話、關心自己民族，而被排斥、被排擠。我們在酒桌上不斷討論，直到喝醉。大家的談話內容，主要是集中在對維吾爾民族未來的擔憂，對維吾爾民族出路的探討，對維吾爾民族歷史的回顧，以及對中共殖民政策的不滿，還有對奴才維吾爾政府官員的指斥。我們每次的聚會，都是憂國憂民的聚會，但也僅止於此，很少談論到應該怎麼辦的問題，最多就是借酒澆愁而已。

儘管幾乎每天談論維吾爾民族問題、探討維吾爾民族出路，也進行過一些激烈的爭論，但我們年少狂妄，很少想過或探討過信仰問題，更遑論維吾爾民族長期的歷史信仰——伊斯蘭教，也從未想過要遵守伊斯蘭教規，踐行禮拜、封齋，嚴守伊斯蘭各項禁忌的問題。

摯友被捕，借酒澆愁醉生夢死

九○年代初，我的一位志同道合摯友，突然被中共抓捕，以分裂組織、顛覆國家等罪名被判十年徒刑後（我確信他以自己的入獄，保全我們其他幾個人的安全），在度過一段焦慮等待、忐忑不安的日子之後，我開始過著自暴自棄的日子：一天到晚喝酒，醉生夢死，借酒澆愁。

然而，天不負我，真主藉著兩件小事喚醒我，促我重新振作、回歸伊斯蘭，轉變成一個刻意遵守教規，實踐伊斯蘭信仰的真正維吾爾人。回歸伊斯蘭之後，我更加認識到伊斯蘭信仰，在拯救維吾爾民族於危亡中的重要性，認識到自己的伊斯蘭信仰──是唯一能夠拯救維吾爾民族於中共奴役的最有力精神武器。

儘管兩件小事不是同時發生的，但兩件事發生的時間相隔不太遠，都大約是發生在八○年代末期，九○年代初。

當時，我在石河子市技工教師進修學校當老師。一次偶然的機會，我認識了一位在石河子醫學院任教的美國外教[2]。隨後我們頻繁來往、交談，便成了無話不談的好朋友。這位美國外教不僅能聽懂、能講維吾爾語，而且對維吾爾人歷史、文化、傳統也都非常熟悉，還對伊斯蘭教有一定的研究。

我們幾乎每週見一次面，談話內容也都集中在中共獨裁統

2　在中國教書（多數是教英語）的外籍教師。這位正好是美國人。

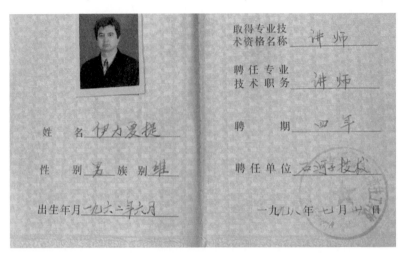

伊利夏提的「石河子技校」講師聘書。

治、及維吾爾人問題與其出路的探討上。這位美國外教不喝白酒，只喝點啤酒，而且是點到為止。他不像我們，一喝就喝得酩酊大醉。他非常討厭喝得酩酊大醉的人，所以，他經常勸我少喝酒。

美籍好友，直言戳穿虛榮傲慢

有一天，我家裡來了幾個朋友。我一如既往，想都沒有想，就擺了一桌酒席款待我來自遠方的朋友們。正當我們喝得臉紅脖子粗、高談闊論維吾爾人出路時，那位美國朋友突然來拜訪我了。

他進來看了看我們的酒席，看看我們，用鄙夷的目光看著我，質問道：「伊利夏提，你知道今天是什麼日子嗎？」我酒興

正濃，哪有時間思考什麼日子的問題，便不假思索地反問道：「是什麼日子？」他直視著我的眼睛說道：「今天是你們穆斯林神聖齋月的第一天！」我猶豫了一下：「是嗎？」

美國朋友大概是被我滿不在乎的態度激怒了，他居高臨下斜視著我，用一種嘲弄的口氣說道：「伊利夏提，你們一天到晚，就只知道坐在酒桌上怨天尤人，高談闊論你們民族的危機、民族的出路，然而，你們自己卻一點都不尊重自己的傳統、信仰。不尊重、不實踐自己的宗教信仰，就你們這樣，能成什麼大事？算了吧！」

這話既讓我非常尷尬，又極端憤怒，我覺得他這是在侮辱我。然而，殘存的一點理智告訴我，他是我唯一的外國朋友，儘管他的話令我非常、非常的不舒服，但他說的話，的確是事實，他以直言戳穿了我的虛榮、傲慢。

大概是看到了我的尷尬、氣惱，他轉身走向門口。臨走看著我說道：「伊利夏提，我知道你很生氣，我不應該攪你們的興。但記住，要想讓他人尊重你的民族，尊重你的民族風俗習慣、宗教信仰，首先你們得學會，自己尊重自己的文化傳統、宗教信仰！高談闊論、喝酒，永遠解決不了你們民族的問題，再見！」

深思熟慮，決定封齋不再喝酒

美國朋友走了，我試著恢復酒桌上的氣氛，但美國朋友那些話語，始終刺耳地迴響在我耳邊，使我無法繼續酒興，朋友們也都似洩了氣的皮球、一臉掃興。最後，大家決定就此收場，結束

今天的酒席。

睡過一覺、洗過澡，思考良久美國朋友說的話，我翻出了早先買來的有關伊斯蘭的維吾爾語、漢語的書籍，開始仔細搜索有關封齋的部分，並且細細地閱讀了有關如何封齋及其意義的部分。然後我躺在床上、繼續思考美國朋友辛辣的指責。那一晚，我幾乎徹夜沒有睡，一直在想美國朋友的訓斥話語。

第二天，下午下班回來，我堅定地對妻子說：「我要封齋，從今天開始。」就這樣，我開始封齋，但也只是封齋而已。封齋目的：一是考驗自己的意志；二，算是對美國朋友指責的回應；三是顯示對民族信仰的尊重。但自那時起，齋月我已再不喝酒了！

這件事過後不久，有一天，另一件小事接踵而來，這第二件事，使我徹底回歸伊斯蘭信仰。

齋月快結束的一天，我所在的學校，召開了全校教職員工大會。在會上，學校黨委書記宣讀了一份「自治區」最新下發文件。根據文件精神，書記宣佈，學校老師不得信仰宗教，不得實踐宗教，不能做禮拜，不能封齋。很明顯，文件目標是針對維吾爾人、針對伊斯蘭信仰！在學校，針對的是維吾爾老師和學生。

挑戰書記，憲法規定信仰自由

因為我們學校不大，教職員工不僅相互熟悉，而且很隨意[3]。我站起來質問書記：「書記，中華人民共和國《憲法》規定：中國公民有信仰宗教和不信仰宗教的自由，這份自治區文件

和《憲法》相抵觸，是違反《憲法》的。我是老師，但我首先是公民，所以我有權利信仰宗教，我有權利踐行宗教義務。禮拜、封齋，這純粹是我個人的事，和學校政府無關，和共產黨更沒有任何關係！」

書記很不高興有人挑戰其權威，尤其是一個維吾爾人。他滿臉不高興，臉紅脖子粗地對我說：「這是自治區黨委的文件，區黨委下發的，我們要遵守文件規定，執行文件精神。《憲法》是《憲法》，但我們還是要堅決執行區黨委文件精神。」

我不甘示弱，又搶白道：「請問書記，是《憲法》大，還是黨的規定大？我認為《憲法》是一個國家的根本大法，任何人、任何團體都必須遵守《憲法》規定，共產黨也不應該例外；如不執行《憲法》，那《憲法》不就是廢紙一張了嗎？那還要《憲法》幹嘛？還有必要對老師、學生開展法制教育嗎？」

書記被我搶白得啞口無言，最後有點氣急敗壞地說：「伊利夏提，這裡不進行爭論，會後你到我辦公室來，我和你談。文件精神，我們還是要嚴格執行，任何老師不得封齋、禮拜，這是規定。」

我也不屈服，繼續搶白道：「我在家裡作禮拜、封齋，你知道什麼，你還能強迫我吃飯不成。作為一個公民，我只遵守國家《憲法》，我不是共產黨員，共產黨的文件、規定管不著我，和我沒有關係。」

3　此處指「不拘泥，什麼都說」之意。

中共政權，懼怕伊斯蘭教力量

　　我和書記的一來一往，使得會場亂糟糟、無法正常持續進行。我們學校，是石河子平反「右派」最集中地之一，大多數老教師對共產黨極其反感，所以，大多數老教師樂得我和書記唇槍舌戰。最後，會議在校領導的聲嘶力竭、教師們的哄笑聲中，草草結束。

　　會議結束，我也沒有去書記辦公室，他也沒有叫我。

 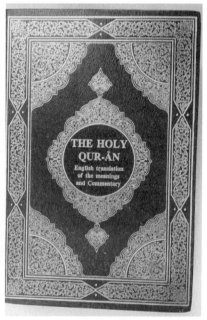

伊利夏提購買收藏的古蘭經。圖左，中文版。圖右，英文版。

回到家，我開始思考：爲何中共殖民政權，要竭盡全力，禁止我們維吾爾人，實踐伊斯蘭功課？爲何中共殖民政權，如此懼怕，維吾爾人的伊斯蘭信仰？

我思來想去，最後決定，「你共產黨殖民政權越是反對、禁止的，我伊利夏提就一定堅決地做，你反對我禮拜、封齋，那我就堅決地禮拜、封齋，看你能把我怎麼樣！」我開始以更堅決的態度封齋，在家裡禮拜，偶爾也去清眞寺，參加週五的聚禮。而且我開始大量地購買、閱讀有關伊斯蘭的書籍，有維吾爾文的、中文的（回族人翻譯、書寫的）有關伊斯蘭書籍。

伴隨著伊斯蘭知識的增長，我的信仰也得到了純潔與鞏固。

後來，學校裡大多數老師、學生也都知道我封齋、禮拜，而且我確定，學校領導也應該知道我在封齋、禮拜，但他們也無奈，只好裝糊塗。因爲我封齋、禮拜並沒有影響任何人，更沒有影響我教學、授課！

儘管當老師15年，因爲我的桀驁不馴、我行我素，在學校吃盡了各種苦頭，被壓制、迫害，但我始終沒有放棄自己的信仰。封齋、禮拜，變成了我生活的一部分。

回歸信仰，維吾爾人精神支柱

每年的齋月，總會有維吾爾學生問我：「老師，我們可以封齋嗎？」我總是毫不猶豫地告訴學生：「作爲老師，我個人封齋。至於你們學生，學校是有規定不能封齋的，但只要你們不去嚷嚷要封齋、做禮拜，我想是不會有人去管你們是否封了齋

的。」學生心領神會我話裡的意思，該封齋就封齋；該做禮拜就做禮拜。

有意思的是，那些封齋、做禮拜的學生，百分之百是班上成績最好的維吾爾學生，他們也並沒有因為封齋、禮拜而影響成績，落後課程。

到現在為止，二十多年過去了，不管是夜長晝短的寒冬臘月、還是晝長夜短的炎熱酷暑，我堅持每年齋月封全齋、禮全拜，不曠一天。

封齋、禮拜，不僅鍛煉了我堅強的意志，也使我的信仰更純潔、更鞏固；而且更使我相信：維吾爾人的伊斯蘭信仰，不僅是維吾爾人抵抗中共殖民同化的堅強精神堡壘，還是維吾爾人爭取民族自由、獨立的最有力武器！

就這樣，在真主引導下，兩件互不相連的小事，使我回歸自己的信仰──伊斯蘭，找到了精神支柱！

我確信，很多維吾爾人和我有一樣的經歷，他們雖然長期受中共無神論洗腦教育，但工作時，因不滿中共長期的民族壓迫、歧視政策，而回歸伊斯蘭信仰。我們之間的區別只在於，他們現在還得非常小心翼翼地，隱藏他們的信仰，非常隱秘地實踐伊斯蘭信仰。

（本文發表於 2014 年 6 月 11 日博訊新聞網）

7 ‖ 誰進地獄？

親戚當線民，領統戰部工資

上星期（2014年6月上旬），中國中央電視台廣爲傳播的，所謂維吾爾自治區宗教學者，譴責「爆恐分子」、「分裂分子」等的宣傳新聞，尤其是電視上那些，所謂宗教學者的幾個維吾爾叛教者、共產黨狗腿子，他們聲嘶力竭的僵硬面孔，戰戰兢兢、小心翼翼地念著稿子，生怕念錯了稿子，就會惹禍上身的奴才相，使我想起二十多年前發生的一件事。

那時我還在讀大學，大概是大三、大四期間，父親帶我去喀什噶爾[1]拜訪親戚。到了喀什噶爾，父親一再堅持，一定要住在一位年紀較大的親戚家中，因爲父親認爲這位親戚是一個非常虔誠的穆斯林，而且這位親戚還是當地清眞寺的法人代表。

住在這位親戚家幾天中，我們聊了很多，談話內容主要是集

1　喀什噶爾是中國最西端的城市，位於新疆維吾爾自治區西南部喀什地區，帕米爾高原和塔里木盆地的交接處。數個世紀以來，喀什噶爾一直是新疆南部的第一大城，是天山以南地區的政治、經濟、文化、交通和軍事中心。

中在伊斯蘭信仰問題上。這位親戚很想影響我，他認爲我是丟失了的一代，他想透過他的談話、教育，使我回歸伊斯蘭之路，成爲一個好穆斯林。他有意無意地警告我，作爲一個穆斯林家庭的孩子，不做禮拜，不遵守伊斯蘭禁忌，抽煙喝酒，死後我將進地獄。

然而談話中，他爲了炫耀自己的重要性，無意中透露了他的秘密。當地縣政府發給他一本筆記本，要他記錄出入清眞寺的教徒，及其他人員的言談舉止，與其他可疑事項，而且要他定期向縣宗教局、統戰部彙報情況。他還毫無羞恥感地告訴我們，統戰部還因此給他發放工資。談到這些時，他沒有一點內疚、羞恥感，這是我很驚訝之處。

叛教做密探，共黨三好阿訇

他的談話，使我想起了我喜愛的小說《牛虻》，書中主人公亞瑟，和其神父父親蒙塔里尼之間，糾纏不清的愛恨情仇，特別是讓我記起了神父卡迪（蒙塔里尼被調走之後，改由卡迪接任）的醜惡形象，他引誘亞瑟透露燒炭黨人組織秘密，讓亞瑟連同其戰友們一起被捕入獄。

當時我不僅年輕氣盛，而且

伊利夏提喜愛的小說《牛虻》。

倚仗指點江山的豪情，愛恨情仇、愛憎非常分明。所以，自那一刻起，我對父親的這位親戚產生了一種鄙視、厭惡之感。

但因為他是長輩，又有父親在，儘管我對他極端厭惡，非常反感，但也懶得理他。說得直白點，自他透露他秘密的那刻起，我視他為出賣同胞、教胞的一個共產黨小密探，一個維吾爾奸細，但我還是儘量忍住對他的仇視，沒有對他說什麼刻薄、過頭的話。

談話最後，我只是半開玩笑地諷刺他：「你是共產黨的三好[2]阿訇[3]啊！？」這話對他來說，來得太突然，他沒有能反應過來，只是尷尬地呵呵了兩聲。

然而，我們之間的衝突終於爆發了。

一天，我和喀什噶爾的幾位朋友們聚會，喝了點啤酒，有點累，我就大白天回到這位親戚家休息。他看到我喝得臉紅脖子粗，非常不高興，對我絮絮叨叨，滿嘴指斥。他指責我，不遵守伊斯蘭教規、禁忌，作為他的親戚，大白天喝酒回家，讓他在村子裡很是丟人等等。

我本來就對他當密探之事，抱著一肚子的氣，加上啤酒喝得有點頭痛、心煩，再被他絮絮叨叨煩擾，便不顧親戚臉面、不顧父親在場，開始數落挖苦他。

我先是以嘲弄的口氣對他說：「你指責我喝酒，不遵守伊斯

2　中共講的三好，是指思想好、民族團結好，愛黨愛國好。
3　阿訇是有伊斯蘭教基本知識，能夠解讀《古蘭經》的宗教人士。

蘭教規、禁忌，那你呢？你拿無神論、異教徒——共產黨的錢，替他們做密探，出賣你的教胞，你不丟人嗎？你不覺得羞恥嗎？按伊斯蘭教規、《古蘭經》經文，你是Munafiq（叛教者）！你好好想想，你的罪過可是比我大多了，你是罪不容恕，你將永居火獄，你有資格指責我嗎？」

做彙報工作，出賣同胞教胞

他一下子火冒三丈：「你、你、你，不許你這麼說我，我是你的長輩！」「我，我只是聽從政府安排！我不是密探！我是彙報工作。」

我得理不饒人，繼續說道：「你的政府是共產黨，而共產黨是無神論的，你作為一個穆斯林，一個伊斯蘭教徒，和共產黨的無神論應該是水火不容，你卻拿他們的錢，替他們當奸細，出賣你的教胞、同胞。你嘴裡喊著『真主偉大』，卻與一個將消滅宗教信仰，寫入其黨綱、黨章的無神論共產黨政權合作，出賣進出清真寺的教胞、同胞，這在伊斯蘭教是天理不容，你死後進地獄是鐵定了！別人我不敢肯定，但你這類人，進地獄是毫無疑問的！」

這位親戚快要瘋了，但我意猶未盡，繼續指斥道：「你認為自己聰明，企圖在這個世界上，無恥地出賣自己的同胞、教胞，占共產黨無神論政府的便宜，享受生活。你拿共產黨的錢，替無神論共產黨，在真主的神聖殿堂——清真寺，進行共產黨的邪惡宣傳。」

我聲音越來越高：「你還每天自欺欺人地禮五次拜、誦念《古蘭經》，每年齋月封齋，以此企圖欺騙真主，贏得來世天堂。你真的認爲，真主那麼容易被欺騙嗎？不，我告訴你，作爲穆斯林，我也讀過《古蘭經》，也知道一些伊斯蘭知識。我知道真主是公正的，真主是不能被欺騙的，真主時時刻刻在看著你我眾生！你出賣教胞、同胞的罪行，

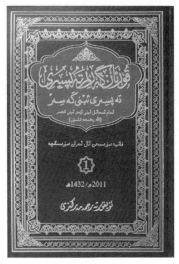

伊利夏提的《古蘭經》。

我相信真主看在眼裡，我相信真主早已爲你這種人準備好了火獄！」

伊斯蘭學者，被共產黨利用

我繼續道：「儘管我不是一個好穆斯林，但我堅信伊斯蘭教，堅信真主的正道，在這個世界上，我天不怕、地不怕，更不怕共產黨，但我只怕真主、只服從真主之道！難道你不怕真主嗎？難道你怕共產黨勝過怕真主嗎？欺騙真主，晚上你能安心入睡嗎？」

「共產黨最終將『消滅宗教』寫入其黨章，你拿共產黨的錢，卻在真主神聖殿堂——清真寺裡，替共產黨唱讚歌、做宣

傳，你不覺得滑稽嗎？你這是在歌頌要斷你香火的劊子手，而且是在劊子手告訴你，他將斷草除根消滅你的情況下，還有比這愚蠢、比這無恥的嗎？」

這位親戚幾乎要暈過去了，父親試圖阻止我繼續說下去，但我就是一吐為快：「就因為維吾爾人當中，像你這樣拿共產黨的錢，在清真寺替共產黨做宣傳的，濫竽充數的伊斯蘭學者氾濫成災，像我們這樣可能不是好穆斯林、但有骨氣的維吾爾年輕人，因鄙視你們，而不願意進你這種敗類把持的清真寺！我告訴你？等你們這些人的利用價值沒有了，共產黨就會像扔破布一樣，將你們扔了。到那時，你不但早已失去來世，你連這個世界都將失去！事實上，你們是維吾爾民族的敗類，是伊斯蘭的叛逆者──Munafiq（叛教者）！死後進地獄的，一定是你們！」

那位親戚，他已經口吐白沫、氣喘吁吁，說不出話了。

父親忍不住了，跑過來給了我一個巴掌，然後喊道：「滾，滾出去！」我瞥了父親一眼，一句話也沒有說就出去了。剩餘幾天我都是住在同學、朋友家，直到和父親離開喀什噶爾。那位親戚，我再也沒有見過，父親也再沒有在我面前提到過他。

（本文發表於 2014 年 6 月 12 日博訊新聞網）

8 | 妹妹在替我坐牢！

編按：伊利夏提的大妹Ilnur Hesen 伊利努爾・艾山，於2014年8月15日凌晨，在位於奎屯的自家住宅被捕，伊利夏提得知後心痛、擔憂不已，因而寫下此文給妹妹，他只能祈求真主，保佑妹妹。

妹妹，我不知道該說什麼！能說什麼？我也不知道該做什麼！還能做什麼？說一聲對不起，顯得太輕飄飄，難於表達我此時此刻深深自責的心懷，也無法釋懷我對你背負的、沉重的負疚之心，更無法減輕你此時此刻正在遭受的厄運磨難。

妹妹被抓　罪名是伊利夏提之妹

2014年8月17日凌晨1點47分，我得知你的消息：一群人闖進你奎屯[1]的家裡，把你抓走。你的家被翻得底朝天[2]，連兒子的電腦也被抄走。那一天，我一直輾轉反側、心神不定，整晚再也沒有入睡。自那一天、那一刻起，我一直沉浸在一種深深的自責、

1　奎屯，新疆維吾爾自治區伊犁哈薩克自治州直轄的縣級市，位於新疆西北部，地處天山北麓和準噶爾盆地西南緣。（資料來源：維基百科）
2　天翻地覆。

奎屯公安。（攝影：友人提供）

愧疚中。你是因為我而被抓捕的，你的罪名只有一個——你是伊利夏提的妹妹！

抓捕你的那群人，要當地派出所一位民族員警，帶話給小妹、妹婿（其實也是帶話給我）：「抓捕的人是在執行自治區的命令，任何人不能見，但可以送衣物、錢。」妹夫問原因，員警只回答了一句：「要調查，少則三天、多則一個月，不確定。」

現在，你被帶走已超過四個星期了，仍然杳無音信。而我也失去和全部家人的聯繫，兩個妹妹、兩個妹婿、侄女、侄兒等，沒有人再接我的電話了。不知道是因為家人害怕，而不敢接我的電話，還是被人為切斷[3]，反正我和家裡親人的聯繫，已經全部

中斷了！

　　連一向膽大的父親，也在我歷經萬難接通電話後，未等我說完我的問候之語，就打斷我的話，說了一句：「不要再給我們打電話，做你自己的事。」之後，便匆匆地掛斷電話！我再打電話，就接不通了。

體弱多病　兒女未來遭黑暗籠罩

　　不得已，我煎熬地等了幾天後，鼓足勇氣，打電話給一位住在烏魯木齊、很久未聯繫過的朋友，向他尋求幫助。第一天沒事，第二天沒事，但第三天打通電話後，朋友焦慮地告訴我，自前一天開始，家裡來一些不速之客，他無法幫助我。朋友還加了一句：「伊利夏提，你明白嗎？家裡突然來了很多客人。」至此，這一條最後的聯繫管道也被切斷了。

　　當朋友無奈地告訴我，他無法幫忙，那一瞬間，一股無名火，襲上我心頭，我想罵人、想發火，但我還是控制住自己。我告訴朋友，我明白，謝謝他的努力。很顯然，朋友也被騷擾了。我不但沒能得到妹妹的任何資訊，反而，現在我給這位無辜朋友，也惹了麻煩。至此，一切可能的聯繫管道，都被那群懦弱的法西斯強盜切斷了！

　　妹妹，我不停地自責、內疚，因為我給你帶來了麻煩。你因為我而被捕入獄，現在每天正在黑暗監牢中掙扎、呻吟、哭泣。

3　意指政府監聽、切斷電話。

伊利夏提的大妹Ilnur Hesen 伊利努爾・艾山，和她的兩個孩子，照片拍攝時間大約是2010年。

　　妹妹，你身體孱弱、多病。你患有嚴重的胃病、偏頭痛、甲亢[4]等諸多急慢性疾病，需要按時吃藥治療。你有父母兒女要去照顧、關心。

　　妹妹，你是一個瘦弱的單身母親，幾十年來，你一人含辛茹苦帶著兩個孩子極其艱難。女兒大學畢業幾年後，才找到一份相對穩定的工作；兒子今年剛考上大學。可以說，你剛剛度過那最艱難的時光，本該高高興興送你考上大學的兒子，秋天再高高興興辦你女兒的婚禮。但這一切，因為我，瞬間傾覆了！伴隨你的

4　甲狀腺亢進。

被「失蹤」，你的生活、你兒女的未來，都被黑暗所籠罩；你生活的夢想，都已被扯碎。現在，我不知道你兒子是否能成行？你女兒的婚禮是否能按時舉行？

年齡相近　手足間最親近的兄妹

你根本不應該遭此厄運，你膽小如鼠、逆來順受。你一生戰戰兢兢，如驚弓之鳥，從未膽大到敢還口罵一句欺負你的人，更遑論挑戰政權、反對共產黨了！就在幾個月前，當你發訊息告訴我，不要再和你聯繫時，我明白你又被持續騷擾了，按現在時髦的說法是被「家訪」、被「喝茶」了。

我知道，你發這個訊息是多麼的不容易。你肯定是發完訊息後，哭了很長、很長一段時間。要告訴自己十多年未見、遠在他鄉的親哥哥不要聯繫，是一個非常、非常令人痛苦的決定。儘管我當時貌似爽快地接受了你的建議，其實我也非常、非常地難過，但我忍著痛，答應你了。但這也未能使你免遭這個邪惡政權的迫害！

大概是因為你我年齡相差不大，自小你我話最多，而且你也是三個妹妹當中，最瘦弱的一個，因此你成了我最愛、最關心的妹妹。因你的健康、你生活上的不容易、單身母親帶兩個孩子，我總是放心不下你。也因此，偶爾，在我能力所及的範圍內，給予你一點微薄的幫助。這，竟也成了你被抓捕主要原因之一。看起來，崛起的天朝，容不下兄妹間的親情互助！

又因為你是留在年邁父母身邊三個妹妹當中的老大，當過護士，瞭解一些基本醫療知識，每次父母身體有問題，我總是先

伊利夏提的大妹Ilnur Hesen 伊利努爾・艾山，2014年8月15日被抓捕。從此下落不明。

打電話給你。我打電話，其實主要還是想瞭解父母的近況、父母的健康，順帶瞭解一下其他姊妹的情況，所以每次和你的電話對談時間，稍微長了一點。可以肯定，這也成為你被抓捕的主要原因之一。看起來，大談「中國夢」的天朝老大，容不得我們維吾爾人擁有最基本的父母兒女親情！

從早到晚　擔憂你面臨酷刑磨難

　　為了不給你添麻煩，每次和你及父母姊妹的電話對談，我都特別注意不談、或避談我個人在美國的政治生活，而且我盡可能將談話內容，限制在「你好，我好，大家好。」的範圍內，根本不涉及任何政治問題。但你還是因為「你是伊利夏提的妹妹」而遭此厄運。

　　現在回頭看，可以肯定的是，我打給你的電話多了，發的訊息也多了，偶爾在我方便時給予你的一點幫助，也是不應該的。因為，這一切，按崛起天朝的規定，是不應該的、是違法的！維吾爾人之間，親情的關懷、家常的電話、兄妹的相互鼓勵、支

持，都讓崛起的天朝及其「男兒」領導極端不舒服、不爽快！

妹妹，現在，我每天凌晨醒來，映入我眼簾的，是你那虛弱的身影。我不停地想，你那裡現在是晚上，不知你是一個人在黑暗牢房裡孤獨地哭泣？還是和十幾個人擠在水泥地上隱隱抽泣？不知你是否能入睡？是否被同牢犯人欺辱、打罵？不知這一天你是如何度過的？是否被惡警們長時間審訊、折磨、打罵？不知你這一天是否有飯吃、有水喝？我不敢奢望牢獄中的你能吃飽，只求你能有什麼東西墊一下你虛弱的腸胃！

每天晚上，我又在想，現在你那裡是早上了，不知你昨夜是否整夜未合眼、孤自哭了一夜？不知你昨夜是否被人欺負？不知這一白天你將面臨什麼樣的磨難？不知你是否將被帶去長時間審訊？不知你是否將被打罵、威脅，酷刑折磨？

崛起天朝　關押人質為阻我發聲

白天黑夜，你時時刻刻浮現在我眼前；時時刻刻，你在我心裡。我不停地在想，員警是否打你、罵你？是否酷刑折磨你？是否威脅、辱罵你？你身心健康太差、太虛弱，你根本經不起他們的折磨、打罵，經不起他們的辱罵、威脅！

妹妹，這極其漫長的幾周以來，我時時刻刻為你擔心、憂慮！每天的白天黑夜，我幾千次、幾萬次地乞求真主，保佑妹妹平安！乞求真主，創造奇蹟，讓妹妹平安回家！

這漫長的幾周，我痛苦、悲傷，我憤怒、絕望！我知道「崛起天朝」是因為手伸不到我，才對你──我的妹妹，下了毒手！

他們這是將你作為人質，試圖警告我、威脅我，和我做交易！

他們試圖以這種方式，讓我停止以筆揭露真相的民族拯救事業！他們想讓我停下來，不要再寫揭露東突厥斯坦黑暗，揭露維吾爾人面臨之種族滅絕真相的文章！他們想讓我停止我所獻身的維吾爾民族之自由、獨立事業！

崛起的天朝害怕了！自信的「男兒」領導害怕了！當地殖民政權害怕了！

當然，他們不是怕我。他們怕得是我的筆、我的文章。當然，他們也不是因為我文章寫得好而害怕。天朝怕的是，我的文章所揭示的真相；自信「男兒」領導怕的是，我代表維吾爾人所發出的自由、獨立、尊嚴之呼聲！

一個號稱崛起的大國，一個自稱擁有「三個自信」[5]的政黨，一個自稱自己是「男兒」的獨裁者[6]，為了對付我的筆，阻止我書寫不成熟的文章，而動用軍警抓捕一個無辜、孱弱的單身母親——我的妹妹。我因無辜妹妹被抓捕之災難性痛苦而掙扎，同時也為這個政權的虛弱而震驚，為這個政權的無恥而驚訝！

（本文發表於 2014 年 9 月 9 日博訊新聞網）

5　「三個自信」即「道路自信、理論自信、制度自信」，是2012年11月時任中共中央總書記胡錦濤在中共十八大報告中提出的政治概念。

6　習近平於2013年3月14日接任中華人民共和國主席。

9 ‖ 兵團經歷之一

最近，伴隨東突厥斯坦維吾爾人反抗中共殖民鬥爭的激化，手足無措、焦頭爛額的中共殖民政權，開始了一場有目的性的、包藏禍心的政治宣傳運動——赤裸裸地鼓勵漢人「政治移民」，大膽進入東突厥斯坦！

宣傳運動的中心主旨是，突出讚美中共在東突厥斯坦的殖民開拓團、血債累累的黑幫組織——兵團，及其「輝煌」的侵略、殖民成就！

石河子市是兵團的首府

中共各類喉舌媒體傾巢出動，在中共宣傳部指導下，開始了一場顛倒黑白、指鹿為馬的宣傳戰。中共殖民政權的目的非常明確，企圖將其殖民開拓團——兵團，一個即便是按照中共自己制定的憲法及其法規，也都是個完全非法的殖民武裝組織，漂白、神聖化。

這裡，我不想用論戰的筆調，去揭露兵團的非法及其罪惡，只就我在兵團首府——石河子市（農八師）工作期間，將一些所見所聞寫出來，讓大家評判，這個組織有多麼地黑暗！

此處為石河子市、農八師在高新技術開發區的新辦公大樓。

　　我說，石河子市農八師是兵團的「首府」，是有原因的。儘管中共在其官方網站上，說兵團是受中國「中央政府」及「自治區」雙重領導，但實際上，兵團是和自治區平起平坐的，在很多方面，兵團的權力還略大於自治區！

　　不僅兵團領導的肆無忌憚、狂妄無忌，在自治區內是個眾所周知的事實，而且，兵團官員的咄咄逼人，兵團人員的愚昧野蠻，更使自治區官員在任何牽涉兵團事務上，只有遷就退讓，任兵團及其官員橫行霸道，掠奪、搶劫！

　　自治區主席——奴兒·王·白克力，在名義上儘管是這塊土地的最高行政長官、一把手[1]，但他根本就無權干涉任何兵團事務！當然，我們也知道，如果沒有漢人書記的點頭，奴兒·王·

1　**一把手**：按職位排位第一的官員。

白克力其實連自治區事務都無權干涉！

　　大多數時候，中共領導到自治區視察、調研[2]，都是先到石河子市，在石河子先會見兵團領導，和兵團領導談完心、交完底[3]，然後再到烏魯木齊，去見奴兒之流的肉頭奴才[4]！

　　兵團司令部在烏魯木齊，但兵團領導大多來自石河子市（農八師）。石河子市（農八師）是兵團黑幫的窩！所以我說，石河子市，是中共殖民政權建立在東突厥斯坦的中共開拓團、黑幫、

伊利夏提和兒子在石河子兵團農八師師部大樓前。

2　**調研**：調查研究。

3　**談完心、交完底**：講完自己人之間的心裡話，交代完自己人之間要做的事。

4　**肉頭奴才**：肉頭是西北土話，意思是不夠強硬、不堅定。

國中之國──兵團的「首府」！

故事一：有窮團場，沒有窮團長！

　　大概是九〇年代末期，維吾爾自治區宣傳部，發起組織一個維吾爾自治區的區情知識競賽[5]。競賽由維吾爾語、漢語兩種語言進行，且維吾爾自治區宣傳部要求，全自治區各市，都要組隊參加本次的知識競賽。

　　石河子市（農八師）也組織了兩個隊。一個是維吾爾語隊，主要有石河子大學[6]的維吾爾教師組成。因為我以前參加過知識競賽，有此經驗，石河子市（農八師）宣傳部借調我，去負責維吾爾語隊的培訓工作。另一個是漢語隊，有一位來自石河子黨校[7]的老師負責培訓。兩個競賽隊，都由石河子市（農八師）宣傳部總負責。宣傳部特別派了一個姓何的科長，具體負責我們兩個隊的飲食、住宿、訓練等事務。

　　訓練期間，正逢一個節日。節日前幾天，宣傳部姓何的科長問我們兩個帶隊的老師，是否願意和他一起去團場，弄點東西作為福利發放。作為領隊，我們每天的任務，就是晚上檢查隊員背誦指定內容的情況，枯燥無味，所以我們都非常爽快地答應了。就這樣，我們就和何科長一塊兒，坐上宣傳部的車，去石河子附

5　**維吾爾自治區區情知識競賽**：有關維吾爾自治區概況的知識競賽，包括人文地理政治歷史。

6　石河子大學是正規的大學，屬教育部管轄。

7　石河子黨校是培訓共產黨領導的學校，屬於共產黨領導。

近的143團。

來到143團，因為宣傳部提前打了招呼，吃飯的飯局早已準備好了。我們被直接拉到團部一個裝飾得非常豪華的餐廳。很快，郭團長領著幾個團領導也進入餐廳。一番寒暄之後，他們開始邊吃邊談。因我不吃漢餐，在介紹儀式結束之後，我堅決地要求，我要出去找個回民餐廳吃飯，吃完飯我再回來。這讓大家著實不舒服了一陣子，大家都覺得我太不開化了。

因培訓而見識團長擺闊

等我回到飯局時，大家早已經是喝得臉紅脖子粗，談興高漲。團長大人正在頻頻舉杯、侃侃而談，周圍各位正在點頭哈腰稱是。我悄悄地找了個座位坐下，聽大家高談闊論。

談話中，宣傳部的何科長對郭團長說：「郭團長，我知道你們143團這幾年日子不好過，挺窮，但實在是沒有辦法，時間有點急了，所以只好就近，找你們143團解決點宣傳部節日福利發放啦，真的是不好意思啊，郭團長！」

郭團長不屑一顧地，看一眼姓何的及其他在座的各位，氣宇軒昂、斬釘截鐵地說道：「何科長，我告訴你，別小瞧我們143團。有窮團場，但決沒有窮團長！不就是一點福利嗎，大米、油鹽、水果，雞鴨生禽，你儘管拿，只要我在，你們宣傳部需要什麼，我給什麼！就是別忘了多宣傳、宣傳我們啊！」何科長聽完郭團長的高論，大喊著：「郭團長就是大氣，謝謝、謝謝！」也高興地舉起了杯子！

幾個小時的漫長吃喝，碰杯、吹捧，總算結束了。等大家東倒西歪走出餐廳時，按照團長的指示，人家已經非常大方地，準備好了一大車的大米、清油、水果及活雞，何科長高高興興告別郭團長及其官員，帶著我們回到石河子。

故事二：餐廳風波

馬拉松式的六個多月訓練結束後，我們在石河子（農八師）宣傳部王部長的帶領下，準備去烏魯木齊參加正式比賽。

出發前，負責宣傳工作的一位市（師）領導，在王部長的陪伴下，親臨我們下榻訓練賓館，作「戰前」動員（包括一位維吾爾官員）。當然，任何的動員，都少不了吃喝飯局！然而，又一次，我們「維吾爾人不吃漢餐」的吃飯問題，讓市、師官員極為不滿、極為掃興（包括那位維吾爾官員），王部長看起來也是在強壓著怒火。但我不管他們有多不高興、多掃興，我還是帶著維吾爾隊的三人離席，到回民餐廳去吃飯。等我們在回民餐廳吃完飯，回到漢餐廳時已經進入大夥輪流給市師領導、王部長敬酒。

王部長，似乎是為了顯示其權威，看到我進來後，高聲喊道：「伊利夏提，過來，坐在我身邊！」我也沒有說什麼，笑了笑，坐到了部長大人身邊，騰出來的空位上。

看到我如此馴服，王部長暗自感到得意洋洋，藉機對我發洩不滿而說道：「伊利夏提，你看你們，都受了這麼多年教育的大學老師，還分什麼清真餐廳、漢餐廳。你可是受過高等教育的，怎麼還這麼講究呢？這麼不開化呢？豬肉也是肉，你看茹蘇

里[8]就沒有你們那麼講究。我聽說你們每次都要和大家分開吃，這能行嗎？這不利於民族團結嘛，你們可都是大學畢業的啊！」

基於信仰而不願吃漢餐

　　大家都在等我的反應。我看看這位王部長，不卑不亢的說道：「王部長，我解釋一下，我們維吾爾人吃不吃漢餐，和受教育沒有關係！這是我們的伊斯蘭信仰所決定的。你知道嗎？巴基斯坦有一個叫薩拉姆的穆斯林科學家，還拿過諾貝爾物理學獎，他也不吃豬肉！你知道猶太人吧！也應該知道愛因斯坦吧！他也不吃豬肉。這些人受過的教育都不低，可以肯定，高過在座各位，但他們都因為自己的信仰而選擇不吃豬肉。我們維吾爾人也同樣，因為自己的信仰選擇而不吃漢餐，不吃豬肉。這和我們受過的教育，是否大學畢業，沒有任何關係。再說，吃不吃漢餐、吃不吃豬肉，和受教育、上大學也不成比例！」

　　我繼續說：「民族團結是在平等基礎上才能實現的。只有尊重我們的信仰、風俗習慣，才能談團結。再說，團結也不是只要求我們維吾爾人去團結漢人吧？漢人也應該在平等基礎上主動團結我們吧？為什麼大家就不能一起到維吾爾餐廳去吃飯呢？」

　　我的回答，大概非常出乎王部長，及在座各位的意外。王部長的臉，一下子就沉下來了。他陰沉沉地看著我說道：「好、好，不說了。你們兩位領隊，今天一定要把吃飯、住宿的帳都結

8　茹蘇里是人名，Rasul。

掉。吃完飯一小時後，在賓館會議室集合，我有話要說。其他，你們該幹什麼，就幹什麼！」

我知道我待著也沒有什麼意思了，就走出漢餐廳，來到回民餐廳算帳、結帳。不結帳還不知道，一結帳更是讓我大吃了一驚。我怎麼算，這飯錢都超過我的預算！

科長假維吾爾名義賒帳

我叫來餐廳老闆問原因，餐廳老闆神秘地笑著對我說：「伊利夏提老師，你只算吃飯錢，不算菸酒錢嗎？」我問：「哪來的菸酒錢？我們根本就沒有從你這拿菸酒呀？」餐廳老闆：「伊利夏提老師，你沒有拿，不等於其他人也沒有拿。你們管事的何科長拿了，這裡是他簽字的收條！」老闆拿出一大堆收據給我看。

收據是真的，有著何科長的簽名。我看著超過我們維吾爾隊四個人飯錢總合的菸酒錢，瞠目結舌、無言以對。不用問，以我對這位何科長的瞭解，肯定這是這位碩鼠[9]，以我們的名義拿了這些菸酒。我默默地罵了一句「王八蛋」，簽了字、付了帳走出回民餐廳。

市師領導酒足飯飽後，酒氣薰天，來到賓館會議室給我們訓話。市師領導要求我們兩隊，無論如何一定要拿回獎盃，拿回第一名！王部長指定漢語隊的領隊，代表我們發言表態，漢語隊的

9　碩鼠，偷食物的大老鼠。

領隊信誓旦旦，說是一定要爲市師爭光，拿回第一名。

故事三：漢語隊的失利、維吾爾隊的虛驚

第二天我們坐車來到烏魯木齊。過了一天，比賽就開始了。然而大大出乎市師領導的意料，事情更與王部長、何科長所期望的違背，他們看好的、躊躇滿志的漢語隊，比賽第一天就慘遭淘汰。而被他們視作配襯的我們——維吾爾語隊，卻在戰勝幾個市隊，最後被選拔參加在電視台舉辦的總決賽。

當天下午，滿臉不高興的王部長，來到我們下榻賓館，將我們維吾爾語、漢語兩隊召集在一起進行訓話。對漢語隊，這位王部長直接就是一頓臭罵，什麼「一群廢物」、「一群飯桶」、「白養你們六個月」等字眼都用上了。罵完漢語隊，王部長極不願意地、虛情假意地，讚美了一番維吾爾語隊的表現，然後就讓全體隊員回房間休息，但要我留下。

等隊員都走出房間後，這位王部長對我赤裸裸說：「來之前，我們可是向市師領導作了保證的。如果漢語隊沒有被淘汰，拿了名次的話，你們維吾爾隊拿不拿名次也沒有那麼重要了。但現在伊利夏提，你們必須得名、進入前三名！現在，就看你們維吾爾語隊了。你說吧，你需要什麼？錢、名酒、毛布、其他禮物？或者請客吃飯，你儘管開口！你最好打聽清楚，明天誰是主持人，如果需要，用我的車今晚到他家去，搞定他們；記住，維吾爾語隊必須拿第一，花多少錢都行，否則我要唯你是問！」

我以沉默作回答，王部長給我他的電話號碼，然後，帶著何

科長離開房間。我也沒有去打聽誰是第二天比賽的主持人。拍馬屁、走後門，我一直就沒有學會！

第二天，天助我們，我們維吾爾隊最後戰勝全部其他各市隊，和喀什噶爾市隊一起進入了冠亞軍爭奪賽。

維吾爾隊員無意間闖禍

在電視台舉行的維吾爾語最後決賽中，一位女隊員無意中的錯誤，還使現場在座各位維吾爾官員們虛驚一場，使他們經歷了一場驚心動魄時刻。

在回答一道有關「自治區各族人民，自古以來，就旗幟鮮明、立場堅定地反對民族分裂主義」的30分搶答題時，我的隊員搶到了題，大概是太激動了，搶到題的女老師在背誦答案時，一不小心，將其說成了「自治區各族人民，自古以來，就旗幟鮮明、立場堅定地『擁護』民族分裂主義」。

頓時，全場鴉雀無聲，兩位主持人也大眼瞪小眼，愣在那兒了。那位女隊員不知道自己無意中闖了禍，傻呆呆地看著主持人，等著主持人宣佈答案正確！很快，另一位隊員搶過麥克風，站起來背誦說「自治區各族人民，自古以來，就旗幟鮮明、立場堅定地『反對』民族分裂主義」。然而，會場依然是一片寂靜，主持人欲言又止，祈求地看著在座一位自治區女領導。

自治區那位女領導似乎鬆了一口氣，心神落定了。她和身旁另一位領導，嘀咕了一陣後，抬頭對主持人說，石河子維吾爾隊已經糾正了錯誤答案，他們可以得這30分。加上這30分，石河子

維吾爾隊毫無懸念，已經是第一名了。然而，那一刻的虛驚，似乎使在座的維吾爾領導和主持人，都耗盡了最後的興奮。比賽結束，沒有掌聲，主持人似乎還未從噩夢中完全醒過來。他結結巴巴宣佈競賽結束，石河子市維吾爾隊獲得第一名。

返回石河子，過了好長一段時間後，我碰到一位在石河子精神文明辦[10]當官的鮑姓官員朋友。他告訴我，比賽結束後，市師有人提出，將我調到石河子市翻譯辦[11]工作。但有人告訴翻譯辦，伊利夏提有政治問題，民族傾向嚴重，知識競賽培訓期間，說了一些不該說的話，公然宣傳民族分裂思想，差一點就造成了民族問題政治事件。

我一直也沒有搞清，他們說的民族問題政治事件，是指的電視台比賽中，隊員無意中的錯誤背誦呢？還是其他什麼？對於當時的我來說，反正我已經是共產黨黑名單上的人，也不在乎再多一件事！

（本文發表於 2014 年 10 月 28 日維吾爾人權項目部落格）

---

10 中國每一個城市都有精神文明辦公室，主要管理意識形態宣傳。

11 石河子市翻譯辦公室，主要從事人大（人民代表大會）、政協（政治協商委員會）漢語、維吾爾語、哈薩克語文件翻譯工作。

10 ‖ 兵團經歷之二──棉花（上）

　　1997年2月5日，伊犁維吾爾人走上街頭，要求信奉自由、文化自由，要求同等的遊行示威，被中共殖民政權殘酷鎮壓之後，中共發佈了所謂的7號檔。

　　伊犁屠殺慘案之後，按7號檔部署，中共內部將其殖民開拓團──「新疆」出產建設兵團劃分為兩大塊，第一塊以經濟為主，第二塊以武力為主。

一邊壟斷經濟，一邊壓制反抗

　　第一大塊所指師團，是圍繞在東突厥斯坦北部，各大城市的兵團各師，主要從事工、農、商、學等，如：石河子的農八師、烏魯木齊四周的農六師、奎屯農七師等。這些師團的主要任務，是在經濟上作強做大，逐漸控制、壟斷東突厥斯坦的經濟。

　　第二大塊所指師團，是沿東突厥斯坦邊界，及對維吾爾人集中棲身區，形成包抄的兵團各師團，主要從事所謂的「戍邊[1]」。這些師團的要務，是強化軍事練習，更新武器裝備，成

1　守衛邊疆。

立準備役師、團、連。這些師團不必過多分心於工農業出產等，這些師團的主要任務是，時刻預備對付任何東突厥斯坦維吾爾人的反抗！

中共殖民政權由此開始建設兵團，第一大塊師團在經濟上瘋狂發展，第二大塊師團在軍事上急速膨脹！

第一大塊所屬兵團各師團，在中共殖民政權的資金、技術、政策等的強力資助下，如：農八師、農六師、農七師，開始對工、農、貿易的大規模投資。在很短的時間內，兵團這幾個師，幾乎控制了東突厥斯坦經濟的半壁山河。

很快，兵團開始壟斷東突厥斯坦農產品的價格。兵團利用其背後中共政權的強有力資金、技術、機械化攙扶，源源不斷流入的政治移民人力資源上風，所占土地基本處於江河河流源頭之上風，兵團的軍事管制上風，實施了農產品的規模經營。這使得兵團的農產品，幾乎占了東突厥斯坦農產品總量的一半，具有了價格壟斷上風。特別是，在棉花產量上，兵團已經占了東突厥斯坦棉花總產量的一半多。

拾棉花風險大，兵團剋扣工資

兵團之所以能夠在政治、經濟上做大，特別是在經濟上做大，兵團所具有的另一個最大「上風」，是：兵團對內對外的野蠻、蠻橫攫取！兵團不僅攫取東突厥斯坦土著各族人民的資源，同時也攫取愚昧無知的兵團農夫及新來政治移民的資源！

下面，我以每年帶學生拾棉花的經歷為線索，給大家講述兵

團各師團是如何欺壓、私自扣減拾花學生、農夫工（新政治移民）、以及兵團職工。

石河子市（農八師）坐落於馬納斯河邊。石河子（農八師）所轄各團場，也都星羅棋佈於馬納斯河兩岸，水土肥饒，這就是兵團最大的棉花種植區。

每年到9月中旬，石河子（農八師）就進入到了「拾花」（撿拾棉花）季節。石河子（農八師）各單位、各團場最大、最緊迫的任務，莫過於拾棉花。

自1988年秋，我開始在石河子「自治區技工教師進修學校」任教，到2003年底，我離開石河子，走上流亡之不歸路，我任教15年，也帶領學生拾棉花拾了15年。

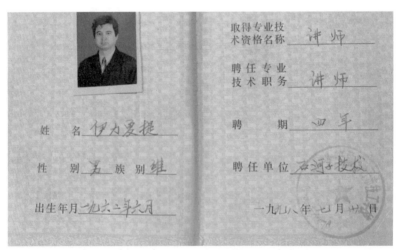

伊利夏提的「石河子技校」講師聘書。伊利夏提自1988年開始任教，從老師做起，而後升為講師，高級講師等。此處講師證件為1998年無誤。

其中，有一些年份，我是作為帶班的班辦主任，帶著自己班的學生下團場拾棉花，有漢人學生班，也有民族學生班；有一些年份，是學校將全校散落於各個漢人班的民考漢[2]學生召集起來，臨時編成一個班，交由我來帶到團場拾棉花！

拾棉花，是一個非常繁重的體力活。再加上大量使用化肥、農藥等因素，拾棉花，對一些人來說仍是個危險活！

每年都有拾棉花學生死亡、致殘事件發生，有的是因車禍，有的是因臨時架設床鋪坍塌，有時是由於棉花農藥中毒等！

學生被迫，每天拾45公斤棉花

每年9月中旬，在石河子，幾乎全部大中專院校、各單位，都要組織學生、職工下團場，以所謂的「增援團場農業豐收」名義，去拾棉花！我說名義上，是由於有些學校、有些單位將拾棉花，當作利用在校學生、在職職工為領導爭外快的工具。

在兵團，拾棉花是硬任務，任何人不得請假，只要鋪排你了，你就得去！學生更沒有選擇權，除非學生的父母有非常硬的後台，或者非常有錢。有後台，可以走後門，搞個重病病假條。有錢，可以雇幾個拾花工，去完成定額！

一到拾棉花的季節，石河子各單位、各學校領導，都要派人下到團場，打聽那個團場，願意出比較高的拾花價格。團場中，

2　**民考漢**：民族學生自小上漢語學校，以漢語參加中國高等學校統一考試錄取。

拾棉花的農夫工，是無權談拾花價格的，只有團領導有決定權，這給予了團領導從中漁利的機會。

維吾爾人「拾花」（撿拾棉花）。

下團場拾棉花，每個學生都有定額。那時候，每個學生每天的定額，是必須拾足45公斤棉花。假如學生達不到每天45公斤定額，學校會要求學生，按未完成的公斤數，繳交罰款！

一般城市來的學生，一天最多能拾足30公斤，就算不錯了，能完成45公斤定額的學生更是少數。就算是農村來的學生，假如沒有拾過棉花的話，也只能委曲完成定額。但不管學生是拾夠，還是拾不夠，學校都有進項[3]，沒有損失！兵團所屬學校，都把學生當作賺錢的工具！

早起拾棉花，露水從腳濕到腰

以我們學校為例，學校領導到團場談妥拾花價格，假如是每拾一公斤為1.6元，假如學生拾花逾額了，即超過45公斤的定額，超過的部分，學校只按每公斤1.4元付錢給學生。

學校不僅賺取每公斤1.6元的45公斤學生拾花的錢，而且還

3　進項是收入，或都有利潤的意思。

從學生賺取0.2元的逾額部分的差價！假如學生沒有完成45公斤定額，學生不僅要向學校交罰款，而且還要按每公斤1.6元交足45公斤拾花定額的拾花錢！

這每公斤1.6元的拾花錢，團場要從「團場種棉農工」的棉花錢中扣除。儘管校領導是和團場領導談的拾花價格，但拾花錢仍舊要由種棉團場的農工來出。

拾棉花時間可長可短，一般是15天左右。棉花多了，團場勞力極缺，拾花時間就可能就被校長一句話延長至半個多月。拾花期間，老師、學生，吃、住都在團場。除非有非常重要的事發生，任何人不得請假，老師、學生都一樣。

要想讓學生拾夠每天定額，就得要求學生每天起早拾棉花，越早越好。早上棉花地露水大，棉花壓秤。太陽一出來，棉花就開始失水，拾一大麻袋也就7、8公斤。所以，學生被要求天天起早。一般都是天還沒亮，5點就起床，快速吃早飯，然後走到地頭開始拾花。由於早上棉花地露水大，學生的褲子、衣服很快就被打濕了，有的濕到腰。

老師也不得不像個黑心的工頭

秋天，天山北坡帶，早上很冷，加上打濕的褲子，學生不一會兒就開始凍得打哆嗦，很多學生不到幾天就開始傷風感冒。病了，校醫給學生發幾粒藥就打發了。拾花期間，只要學生能走得動，學校就不答應請假；拾不了棉花，也要跟班在地頭站著。有些學生對棉花過敏，有些學生對農藥過敏，幾個小時下來後，學

生的手、臉腫得跟饅頭似的，但只要時間不長、狀況不嚴峻的，仍是要繼承拾棉花，完成定額！

每天中午，學生有一個小時的吃飯時間，吃完飯繼續幹活。一直幹到下午7、8點鐘再收工。收工後，棉花過秤也要佔用將近一個多小時的時間，等老師、學生回到住宿地，已經是入夜了！也就是說，拾花期間，學生每天至少要幹12個小時的活！

拾花期間，每個班學生，一般是由班主任老師帶隊。老師負責監視學生拾花。由於老師要負責班級的定額完成，而且班級的定額完成情況，是要和老師每天的津貼費、工作業績等掛鉤，老師也不得不像個黑心的工頭，喊著、罵著，讓學生拾夠棉花！

拾棉花期間，學生的伙食極為糟糕，天天重複吃白菜湯、冬瓜湯加饅頭，而且大多數時候，還不保證能吃飽。偶爾有一兩次的改善，也是先來的學生吃飽，後來的學生沒有東西吃！老師的伙食，中午和學生在棉花地裡一起吃飯，晚上和早上則吃小灶[4]。

吃飯住宿洗澡如廁都是大噩夢

拾花期間，學生的住宿是最糟糕的！學生自帶鋪蓋捲兒，團

4　**小灶**：另外單獨做飯，這裡是指專門給老師做好一點的飯，而不是和學生一樣的大鍋飯。大鍋飯，是給一、兩百學生在一個大鍋裡做飯，往往夾生（食物半生不熟）、蟲子、蒼蠅出現，幾乎沒有油和肉，基本上是大白菜、或冬瓜湯，和半生不熟、偶爾因鹼放多了而發黃的饅頭。

場負責「床鋪」，但實際上根本就沒有床鋪！學生住的基本上是臨時騰出來的破舊倉庫、會議室等，四面漏風。學生都是打地鋪。好一點的團場，會在下面墊上一點麥草，或門板；差一點的，麥草也沒有，只有地鋪。

有的團場爲了擠進更多的學生，只用建築用的鋼筋架設臨時上下床鋪。但事故頻發，一不小心，床鋪坍塌下來，壓傷學生的事，每年都有發生！

老師住宿相對學生，稍微好點，有時給各床鋪、行軍床等，但多數時候跟班老師爲了保證學生按時睡覺、起床，還得和學生同睡，所以，也是打地鋪！

拾花期間，無論是老師或是學生，洗澡都是個噩夢。對女老師、女學生來說，上廁所更是噩夢！由於廁所離住宿的地方遠，而且是最原始的廁所，髒、臭不說，風高月黑的晚上，仍時不時地有色狼出沒、偷窺。強姦女學生的案件，每年也都發生！

總之，超強的勞動強度，極差的吃、住前提。然而，辛辛苦苦、起早貪黑幹半個月，大多數拾花的學生，卻拿不到自己應得的勞動所得！學生辛辛苦苦地拾棉花，只肥了那些黑心的兵團各大中專院校官員及團場官員。

（本文發表於 2014 年 10 月 30 日博訊新聞網）

11 ‖ 兵團經歷之二──棉花(下)

編者按：本文發表時間較另兩篇──〈兵團經歷之三〉，與〈兵團經歷之四〉晚，但因與採拾「棉花」有關，因此，將本文以〈兵團經歷之二──棉花(下)〉名之。

團場種棉花的團場農民，儘管也同樣起早貪黑、辛辛苦苦，但也幾乎是拿不到自己種植棉花的勞動所得！只有兵團市師各級領導、拾花學生校領導、團場官員及其七大姑八大姨，不管好年份、壞年份，總是旱澇保收[1]！

下面兩個故事，是我在帶學生拾棉花過程中，親身經歷的事件。

故事之一：讓誰富、誰就富！

忘了是哪一年，我帶學生，到石河子總場的一個連隊去拾棉

---

1 指土地灌溉及排水情況良好，不論天旱或多雨，都能得到好收成。泛指獲利有保證的事情。

花。一個下午，連長騎著摩托車，來到我帶學生拾花的那塊兒棉花地。他來迴轉了一會兒，跟地主說了一會兒話，轉身對我說：「伊利夏提老師，晚上大家一塊兒吃個飯，喝點酒，怎麼樣？」

我沒有拒絕，爽快地答應說：「行啊！我沒有問題，你先給我們領隊打個招呼。去哪兒吃？我們幾個可是只吃清真餐。」連長：「領隊我已經打過招呼了。他說你吃飯講究。離咱們這兒不遠，有個回民餐廳，咱去那兒吃！」我回答：「行，沒有問題，我們怎麼去？」連長：「我安排人去接送你們，放心！」

霸道的連長，團場的土皇帝

下去拾棉花，我們民族老師、民族學生點[2]，一般是自己帶大師傅，自己做飯吃。我們自己的伙食，儘管老師的晚飯有小灶、單獨吃，但還是不太行。所以拾花期間，只要有機會出去吃一頓，我們歷來都是來者不拒。

晚上收工後，回到住宿地，剛洗刷完畢，連長就帶著幾個人找來了。我們幾位老師，外加帶隊領導，被連長安排，坐車送到了連部小市場的一家回民館子。

飯菜還行，稍微吃了一點後，就開始喝酒。連長是個上海人，特別能說善道，還特別蠻橫霸道。可以看出來，其他陪座的副連長、連隊會計等，都是連長的馬仔[3]。

---

2 **點**：拾棉花的地方，在這裡是指連隊。新疆生產建設兵團還是延續使用軍隊師、團、營、連體制。石河子屬於農業第八師。

3 **馬仔**：指跑腿、辦事兒的人，帶有貶義。

吃著、喝著，一會兒，連長就開始唱獨角戲了。

連長：「各位老師，喝、喝，今天飯管飽、酒管足！」我開玩笑：「連長，喝多了，我們明天上不了工，那麻煩可就大了。」連長：「怕啥？這裡，我說了算，這是我的地盤！」

連長繼續道：「你們石河子城裡人，一天到晚前怕虎後怕狼。我這裡可是天高皇帝遠，誰也管不著，我就是這裡的皇帝！哈哈，我是土皇帝，這裡，我說了算！你說是不是，連副？」只見副連長一付雞叨米[4]似的點著頭說：「是、是，連長就是我們這裡的皇帝！」

連長又藉著酒興滔滔不絕：「你們知道嗎？去年就有人給我暗示，如果我送點東西，打點、打點，可以給我在石河子安排個科長什麼的。知道嗎？我拒絕了！我幹嘛要去石河子當個破科長，就是給我個處長，我也還是要想一想呢。這裡，我幹上幾年連長，弄一大筆錢，買個團長當一當，不是更牛逼[5]嗎？還非要去石河子當科長、處長嗎？」

分地、澆水，都由連長決定

大概是酒精在起作用，連長說起話來，更沒有遮攔、更狂妄了，「在這裡，我當連長，我是老大，我說了算。每年，我想讓誰富，誰就富；我想讓誰窮，誰就他媽的窮死！」

4　**雞叨米**：不停的點頭的意思。
5　**牛逼**：厲害。

連長繼續說：「每年，棉花種完後、分地，誰跟隨我，和我好，聽我的話，我就給他分最好的地。等棉花長起來，需要澆水的時候，我讓誰先澆地，誰的棉花就長得好、長得快。棉花開了，拾花季節到了，我給誰分配多點的拾花勞力，誰就先收穫棉花，先交棉花。棉花上交越早，棉花等級也就越高，等級上去了，價錢就特別好！他就富了！」

連長藉著酒興，繼續給我們上課：「別看我們這裡窮山惡水似的，但我們什麼都不缺。你們哪天到我家看看，我啥都不缺，和你們石河子一樣，說不定比你們強！我不怕別人說，可以告訴你們，我家裡電視、冰箱都是最好、最新的，還都是別人自己送的！」

連長繼續道：「說實在的，石河子有些科長、處長，包括市長，可能還不如我呢！我們呀，啥都不缺。有時，我們急需現金了，我們還可以將一些連隊自己種的棉花，高價倒賣給對面沙灣縣的棉花販子。今天咱們這頓飯的錢，就有會計自行解決，對吧，我的大會計？他的辦法可多了！哈、哈、哈。」

會計狡黠地看著我們，連連點頭說道：「是、是，連長，沒有問題，放心吧，我會自己解決的！」

小流氓收拾內地來的拾花工

連長似乎陶醉了，他繼續道：「我喜歡學生拾花工，有老師管著，還伙食自帶，價錢還好說。他媽了個逼，內地接來的拾花工，都他媽吃得特多，但幹活不行。每天給他們蒸饅頭，都蒸不

過來，一個人就可以吃掉三、四個饅頭。這些慫貨[6]，肚裡沒有油水，都是一群吃貨！拾完花就讓他們滾蛋，給個俅錢[7]。」

我好奇地問道：「拾花不給錢，能行嗎？」連長有點輕蔑地看了我一眼：「老師，這你就不懂了。再過一個多月，連裡就會有一批小流氓，每天收拾這些拾花工。幾乎每天晚上，黑燈瞎火之後，會有人衝進這些拾花工的宿舍，把這些王八蛋打得鬼哭狼嚎。幾次下來，他們就等不到我們和團裡結完帳、付他們的拾花費，就會自己離開。對吧，連副？」

副連長早已經是臉紅脖子粗了：「是、是，連長說得對！」

天晚了，我們提出要回去。連長似乎還未盡興，他和連副、會計嘀咕了一陣後，邀請我們去附近一家歌舞廳。我們以學生需要管理為由，婉拒了連長的邀請，連長罵罵咧咧地囑咐司機，將我們送回住宿地，然後和連副、會計，東倒西歪地騎上摩托車，一溜煙地向舞廳的方向走了。

故事之二：黑地

每年，因為我帶的班，是全校民考漢、吃清真飯的民族學生臨時湊的班，所以我的班人數，總是最多的一個，這也就意味著，我的班是拾花勞力最多的一個班！所以，有大塊兒棉花地的地主，都希望連長把我的班分給他們。

6　**慫貨**：軟蛋。西北罵人的話，沒有男子漢氣概。
7　這也是西北罵人的話，意思是什麼都不給，讓他們空手回家。

富有地主，和連隊農民沒來往

一天，連長安排我帶全班學生，去一塊兒地拾棉花。這塊兒地特大，足有二百多畝，且離我們住宿地又遠，每天來回，光路上就一個多小時。但這塊兒地裡的棉花長得特好，我帶著一個加強班，七十多個人，一連拾了一周多，這頭的棉花拾完了，那頭又開了。

自我們進入這塊兒地拾花以來，每天，連長都要來轉一圈，每次來都是和地主嘀嘀咕咕的，然後就甩給我兩三盒香菸，有時還給我從附近的清眞餐廳帶飯來。地主本人也特別好，總是不停地給學生帶一些水果、西瓜來。

在這塊兒地拾花一周左右，學生伙食因爲有了水果、西瓜的補充，加上地主偶爾趁我「不注意」，給男學生偷偷發香菸，學生特別滿意，拾花勁頭也高。我也挺高興。

然而，我發現，這塊兒土地的主人，儘管擁有連隊最大的一塊兒地、也很富有，但除了和連領導外，和連隊農民幾乎沒有來往。

大概在這塊兒地，拾了一周棉花之後，我們轉到了另一塊兒，相對非常小的一塊兒棉花地。這塊兒地的棉花，長得一點都不行。棉花長得高低不平不說，有些地塊兒的棉花，早已經乾枯死了；有些地，草長得比棉花還高。

這塊兒地的地主，看起來更是窮得叮噹響。不說給學生帶水果、西瓜，連通常每家地主給老師的兩包菸都沒有。好在我不吸

菸，也不在乎。

中午吃完飯，休息時，我好奇地問地主，「那塊二百多畝棉花地的主人是誰？他怎麼會有那麼大一塊地？」

地主看看我，回答說：「我們也不認識那塊地的主人，聽說他是團裡一位管水副團長的親戚。」

我更加奇怪地問道：「如果不是你們連的人，他怎麼會在你們連裡，有那麼大一塊地呢？」

地主：「這你就不知道啦，老師，他那塊地是『黑地』。」

「什麼？什麼是黑地？」我刨根問道。

黑地經營者有後台，不勞而獲

地主：「每個團場、連隊裡，都有『黑地』。『黑地』是沒有在團場、連隊帳上登記的土地。團場、連隊領導將這些『黑地』，送給那些管事的領導或他們的親戚。因為是『黑地』，收入不進入團場、連隊，直接歸『黑地』經營者！當然，連隊領導和團領導，和他們是一伙的！有些『黑地』的經營者，實際上就是連隊領導自己找來的人，秋後的收入分一點給經營戶，剩下的大頭，連隊領導自己私分！」

地主憤憤不平地繼續道：「別看這些『黑地』的主人，是我們不知道的外來戶，但他們可牛逼了。因為有後台，或者自己是團裡管事的人，每到澆水季節，他們的『黑地』先澆水。化肥、農藥，他們的『黑地』先用。拾花勞力先給他們的『黑地』分配。唉，『黑地』經營者事事在先，他們是不勞而獲呀！」

地主更加不平地說道：「你看，老師，我這塊二十多畝地，因為我窮，沒有錢給連隊領導送禮，分到的地，本來不好就不說了。他媽的，澆水，每次我都要等到最後。化肥、農藥，有時乾脆就沒有我的份，這不，這拾花勞力，我不也是最後才輪到我的嗎？」

地主越說越憤怒：「老師，你看我這他媽過的什麼日子。我貧窮、家徒四壁，還背了一身連隊的債。老婆也因為我太窮，幾年前帶著孩子和別人跑了。這不，今年看這塊地、這棉花長勢，我肯定又要背債了。我過得這是啥破日子？ 還不如那些『盲流[8]』呢！」

地主的憤怒情緒，轉到了和他搶食的新來「盲流」身上，他繼續道：「那些新從口裡來[9]的『盲流』，只要願意在團裡定居，當連隊農民工，團裡就給他們安排新建的混磚兩室一廳房子，解決戶口，安排子女上學、就業，還給他們分配連里最好的地。」

地主越說越激動，從連隊領導罵到團領導，罵到共產黨；然後又開始罵「黑地」經營者、罵新來的「盲流」，也是和他的連長一樣，滔滔不絕。

（本文發表於 2014 年 12 月 24 日博訊新聞網）

8　**盲流**：盲目流動的人口。通常，在中國，稱那些未經戶口所在地政府允許，自行離開戶口所在地尋找機會的人。

9　**新從口裡來的**：新來的、沒有戶口的漢移民。

12 ‖ 兵團經歷之三

以下，是我在兵團石河子（農八師）工作期間，經歷的幾件小事。

（一）教書的坎坷

我在石河子教師進修學校當老師的時候，有一天下午，校黨辦[1]一位和我要好的王副主任，突然打電話，問我是否有時間，和他一塊出去吃個飯。儘管有點突然，但礙於面子，我還是爽快地答應了他。我們按照約定，來到學校附近一家回民館子，找個角落的位子坐下，邊吃邊談。

同事勸告，教課少講民族問題

因為我經常在校外代課、掙外快，認識許多石河子大中專院校管教務的人。幾個月前，這位王副主任問我，是否能幫個忙，替他妻子找個代課的機會。他妻子也問過我。那時，石河子師範學校正好在找代課老師，我就幫其夫人牽線搭橋，在石河子師範

---

1 **校黨辦**：學校共產黨黨委辦公室。

學校，找了個代課機會，他們夫妻倆很高興，也非常感激，由此大家也變成了好朋友。

我一直在等王副主任開口，他不可能只是為了和我吃個飯來這兒。沉默了一會兒後，王副主任環顧下四周，看看我說道：「伊利夏提，你以後說話能否注意一點？我們知道你是無意，大多數時候是發發牢騷，但人家可是很認真啊！」我有點丈二和尚摸不著頭腦。

「王副主任，我有點不明白，你能否說的透明點？」

「這樣，伊利夏提，咱們是朋友，我也是為你好，你自己知道就行了，可千萬別給其他人講。今天公安局又來人調查你了，我們盡可能給他們講你的好話，但他們好像又聽說什麼了，所以又來學校調查。看起來，也沒有什麼大問題，但你還是要小心點。特別是在給民族班上課的時候，少講題外話，少講民族問題。」

為了讓王副主任敞開談，無所顧忌，我買了幾瓶啤酒，邊喝邊談。隨著空啤酒瓶子的增多，王副主任的談興也變得越來越濃，也不再吞吞吐吐。

隨著談話的深入，我知道，公安局通常是每個季度[2]來我們學校一兩次，打探我的情況。特殊日子，他們也會提前來給學校打招呼，要求學校注意我的動向。

2　**季度**：即三個月一次。

公安來查，恐是學生人多嘴雜

過了一段時間後的某一天，我在石河子市衛生學校上完下午的課，正準備離開時，市衛校教務處的一位姓任的女老師把我叫住，說：「伊利夏提老師，你能到我辦公室來一趟嗎？我有話要和你談。」

我來到教務處辦公室，任老師把我帶到最裡面的一間無人辦公室，而且順手還把門關上。我有點奇怪，不知什麼重要的事，還要關上門談？不讓我代課了？

任老師一臉嚴肅：「伊利夏提老師，你過去參加過什麼反對政府的事嗎？」我一下子明白了。「啊，其實也沒有什麼，過去上大學的時候，參加過一些小型學潮，都是過去的事了，都好幾年了。怎麼還有人惦記我嗎？」我不想失去代課、掙外快的機會，所以打哈哈，想盡力把事情往小裡說。

「伊利夏提老師，你我共事也有幾年了，我們是信任你的，你是個好老師。我們還想繼續讓你代課，繼續和你的合作。但我們也不想惹麻煩。今天公安局又來人了，過去他們也來調查過你上課的情況，但今天是突然襲擊，好像他們聽說什麼了。希望你以後上課，更多專注於你的課堂內容，不講課外的東西！」

我有點尷尬，為了保住飯碗，我趕緊說道：「對不起，任老師，又給你們添麻煩了，真不好意思。行、行，以後我一定專注於課堂內容。其實，我也沒有講過什麼課堂外的話，但我還是要注意，一定注意。」

任老師看看我，笑了笑說道：「伊利夏提老師，公安局好像也不是因為你在大學時候的學潮而來的，更多好像是民族問題。我個人可以理解你的看法，也很同情你們的情況，但一個班裡有五十多個學生，人多嘴雜，學生還都小，不知利害關係。你還是要小心點！」

我明白了任老師的意思，學生中有他們的人！

任老師大概看出我有點緊張，好像是為了緩和氣氛吧，她開玩笑地說：「伊利夏提老師，你可是個人物啊。時不時的，還有幾個員警跟在你屁股後頭轉！」

跟蹤調查，員警掙工資拿獎金

氣氛緩和了，我也自我解嘲道：「是啊，任老師，儘管我努力提高教學水準，爭取做好老師，但在學校，除了班主任，連個小組長都沒能混上。但我的級別還是有的，石河子市公安局、八師公安處政保科的幾個員警，經常跟在我屁股後頭到處跑，掙工資、拿獎金。我當然是人物啦，我在養活好幾個人呢！」

哈、哈、哈，哈、哈、哈！

我離開了市衛生學校。

後來，我在石河子師範學校代課時，也曾被學校教務處另一位管教務的老師找去談話，談話內容基本上是一樣的，但談話方式就沒有前兩次那麼友好。

這種神秘談話，後來又重現於當我在石河子電大[3]、自治區供銷學校[4]、自治區公路局幹部學校[5]、一家私立大專[6]代課的時

候，但談話氛圍、談話者都沒有前述兩次那麼友好。經過最初幾次的談話後，我已對這種談話習以為常，也能以玩笑的口氣應付自如。

直到我離開石河子為止，衛生學校和電大沒有中斷和我的合作。其他的學校，基本上是找到替代老師之後，就非常客氣地中斷和我的合作。

在這過程中，我認識了很多新朋友，也失去了很多老朋友。他們始終搞不明白我為何就那麼危險。有的人善意地問我，到底做過什麼。我告訴他們，我自己也沒有搞清我有多危險、做過什麼危險的事？我只是關心時事，關心我的民族，僅此而已。

我知道自己說話口無遮攔，但沒有做過什麼大事，也沒有能力去做大事。說得再坦率點，我也沒有那個膽子。只是，在上課時，偶爾，在講授漢語課時，就一些荒誕的課文內容，發表過一些自己的不同想法、觀點。當然，在給維吾爾族學生講授《新疆地方史》課的時候，因為按耐不住對歷史歪曲編造的憤怒，也發表過一些自己的歷史觀、民族觀！

再有就是，偶爾喝多了，罵一罵共產黨、政府、校領導，發發牢騷，和親朋好友們夢想一下東突厥斯坦的獨立，也只此

3　石河子市電視授課教學大學。

4　維吾爾自治區供銷社職業培訓學校。

5　自治區公路局幹部培訓學校。

6　當時，石河子有一所私人辦的培養大專學歷的學校，校名我記不起來了。中國這類私立學校，基本上是以賺錢為主，教學質量沒有保證。

而已。

石河子政保員警[7]的跟蹤、干預，使我因禍得福，在石河子變得小有名氣。當然，員警也因為跟蹤調查我，而有了一份固定的工作，按時領到了工資。

但不知道，那些因年幼無知、被員警誘騙當密探的學生，拿到了什麼？

（二）維吾爾軍官的麻煩

石河子市附近，靠近瑪納斯河邊，駐紮有中共一個團的部隊，其中有三個連是民族連，以維吾爾族士兵為主。也因此，這個部隊始終保持有一位民族副團長、或副政委，幾個副營長，幾個民族連長的職位。

應好友軍官邀請，去部隊講課

因為石河子市不大，維吾爾人口少，大家都互相認識，我和部隊的幾位民族軍官，都保持非常要好的關係。

有一天，部隊一位和我非常好的維吾爾軍官來找我，他對我說：「伊利夏提，我們部隊民族連有十幾個士兵，要考自治區步兵學校，我們想找個老師給他們補習一下。你看，你能否給他們帶一下課？錢不會太多，但路遠，你看行不行！」

7　中國公安內部，負責國家政治保衛的分支人員，被稱為國保大隊，也有叫國保的。

從我家到部隊，騎自行車至少要20分鐘。我想了想，說道：「我可以考慮，但我想提醒你一下，我可是在石河子市掛了號的『名人』，員警重點保護對象，你不怕我會給你帶來麻煩、影響你仕途嗎？」

朋友一點都沒有猶豫，說：「你的事是你的事，觀點也是你的，和我沒有關係。我只是請你講課，輔導士兵數理化，我又沒有讓你講《新疆地方史》，我怕什麼！只要你不怕麻煩，不嫌路遠、不嫌錢少。我不怕，出了事，我頂著！」

看朋友信誓旦旦，我一激動，就答應了朋友。我每週去部隊上兩次課，週五下午和週六上午。儘管上完一天的正常班，再騎自行車半小時，去部隊講課很累，但維吾爾士兵們的學習熱情，和對知識的渴求，使我倍受鼓舞，忘了路途的遙遠和疲勞。

多數時候，我上課上到很晚才離開。士兵們非常喜歡我的課，特別喜歡問問題，偶爾他們也問一些敏感問題，但我都是非常小心奕奕地回答，儘量避免敏感話題。因為我知道，這是共產黨嚴密控制下的部隊，弄不好，不僅會給朋友惹來麻煩，也會影響這些士兵的前途！

偶爾上完課，軍官朋友會邀我，一塊去附近飯店喝一會兒，他感到非常的滿意，他一再講，士兵的反應特別好。我也挺高興的，畢竟是一點收穫呀！

軍官遭告密，教師無法再講課

好日子大概持續了一個月。某個週六的早上，我剛準備出發

去部隊上課，我家裡的電話響了。我拿起電話，是軍官朋友。我還沒有來得及致問候，他就快速說道：「伊利夏提，從今天開始你不用來上課了。課時費我會派人給你送去！」啪！電話掛斷了。

我拿著電話愣了一會兒，深深嘆了口氣，坐在了沙發上。

一個星期後，我的鄰居送來了我一個月的課時費。我問怎麼回事，怎麼是鄰居送來的？他告訴我，我那位軍官朋友，托人將我的課時費送到了他家。我拿著錢，腦袋裡迴響著，這個軍官朋友一個月前請我代課時的豪言壯語。

自此，我再也沒有見過我這位維吾爾軍官朋友。

後來，倒是另一位哈薩克軍官朋友，告訴了我所發生的一切。

石河子市公安局負責我的員警們，得到我在給部隊維吾爾士兵上課的消息（後來我聽說，是我的一位維吾爾同事報告給員警的。），員警立即找到部隊政治處、向他們通報說，我是煽動民族分裂的危險人物，是重點監視的人物。部隊立即召開團黨委會議，並將那位請我上課的維吾爾軍官當眾罰站，狠狠批判一頓。

據我那位哈薩克軍官朋友講，那天，部隊團長當眾人面，直接就破口大罵那位維吾爾軍官，說他沒有長眼睛，沒有政治立場，將一位危險的分裂分子帶到部隊，影響士兵等等。而且團黨委決定，維吾爾士兵以後不再請維吾爾老師輔導功課。

就此，我又失去一位好朋友！最令我遺憾、且內疚的是，要參加軍校考試的維吾爾士兵，不僅失去一位他們喜愛的好老師，

還失去繼續受輔導的機會！

當然，石河子市公安局政保科負責我的員警們，沒有什麼遺憾，他們即便是沒有立功，但至少他們「心安理得」地拿到了工資、或許還有獎金。

我一直不知道，那位出賣我的維吾爾同事，他拿到了什麼？

（三）夭折的主持人工作

九十年代中期，自治區各地興起辦「經濟廣播電台[8]」的熱潮。石河子市也不甘落後。《石河子報》大篇幅地發出，「要辦石河子市經濟廣播電台」的消息，並發佈招收廣播員、記者的招聘廣告。我拿著《石河子報》想了很久，是報名試一試，還是……？

信心百倍，考進經濟廣播電台

思前想後，這是漢語的廣播電台，不是維吾爾語的，聽眾是漢人，幾乎沒有維吾爾人。這應該是不會有問題，再說還不知道人家要不要我呢？先試試吧！

我交了報名費，參加了筆試、面試。儘管對考試結果信心百倍，但考慮到政治因素，我還是有點忐忑不安。在煎熬中，終於

---

8 在此之前，廣播電台是中國共產黨絕對控制下的宣傳工具，只有宣傳，沒有其他。九十年代成立的廣播電台，試圖加上「經濟」兩字以區別於黨的喉舌，拉開一點距離，吸引聽眾，也算是一些媒體人爭取一點新聞自由的努力吧。

石河子教師進修學校操場，伊利夏提與前妻和兒子。

等到放榜之日，騎上自行車來到廣播電視局大院，小心奕奕地尋找自己的名字。哈、哈！伊利夏提！四個大字躍然榜上。我差點沒有喊出聲來！

我開始接受繁忙的培訓，我很快和廣播電視台的幾位負責人熟悉了。他們非常賞識我，對我也特別的照顧。因我還要在學校講課，他們給予我比較特殊的時間安排。

很快地，培訓結束，又一批學員被淘汰後，我們這些最終被選中的學員，出發去烏魯木齊市的經濟廣播電台實習一周。我向學校請了一周的假，和其他學員一起，來到烏魯木齊經濟廣播電台，進行一周的實習。

實習結束，回到石河子，我們大約二十幾人，懷著激動的心情開始試播。過了一周，有一天，我結束下午的課之後，由學校來到廣播電台。剛進大門，有人告訴我，電台的周副台長在找

我。我有點擔心，怕又是員警拜訪的故事。我提心吊膽地走進周副台長的辦公室，辦公室裡坐著幾位我熟悉的電台領導人，都滿臉微笑，我稍微放鬆了點。

興致勃勃，準備主持母語節目

周副台長示意我坐下，然後看看我說道：「伊利夏提，我們有一個非常大膽的想法，但需要你的配合。」我說：「什麼事，只要是我力所能及的，沒有問題，我會盡力而為的，只要你們信任我，我一定配合。」

「是這樣的，伊利夏提。」節目部的李主任插進來說：「我們想，每天早晚插播一小時的維吾爾語節目，你認為可行嗎？」我差點沒有高興的跳起來，連忙說：「當然可行啦，石河子維吾爾人口也不少啊，一小時的廣播當然可以，我還覺得有點少呢。」

「那這樣吧，」周副台長說：「伊利夏提，你負責在石河子，物色一位有能力的維吾爾姑娘，做你的搭檔，必須儘快，最好下個月能進入試播階段。還有，你一邊物色你的搭檔，你還要徵求石河子各界維吾爾人的想法，他們想聽到什麼，節目怎麼辦才能吸引他們等等。有任何困難，你找我們當中的任何一位，我們會盡全力幫助你，希望你能儘快把這一小時的維吾爾語節目辦起來，而且辦成功！」

我太激動了，激動得有點忘乎所以了。那一天，我一直都在笑，那真是發自內心的高興，石河子要有我們維吾爾語的廣播電

台，儘管每天只有一小時，但比沒有強啊，而且是由我自己主持，另一位主持人還要由我來挑選確定，天上掉下來的禮物啊！

很快，我找來了石河子市一位德高望重維吾爾老人的女兒做搭檔。姑娘聰明伶俐，口齒清楚，有一定的知識層次，電台各位領導也都很滿意。在對姑娘進行快速培訓的同時，我也開始在朋友圈中，徵求對這一小時維吾爾語廣播的意見工作。

試播也開始了，反響很好！

員警又來，無法再進入播音室

維吾爾語節目試播開始一周後的一個下午，我興沖沖地來到石河子廣播電視局大院，剛準備走入播音室時，一位同事攔住我說：「伊利夏提，節目部李主任要求你先去一趟他的辦公室。」一種不祥的預感襲上心頭！

「什麼事，我的播音時間快到了？」

「你還是先去吧一趟吧，他一定要你先去他辦公室。」

同事的話音未落，李主任已出現在過道裡了，他看看我，說：「來、來，伊利夏提，到我辦公室來，咱們談一談。」李主任是我在電台最為佩服的一個領導，他真誠、坦率，知識淵博，寫得一手好文章。我和他一直非常談得來。但今天，他有點嚴肅。不，臉色有點難看，這讓我有點不安。看著李主任那欲言又止的樣子，我明白了，預感不再是預感，員警又來過了！

進到辦公室，李主任示意我坐下，他自己走過去，給我端來一杯茶，然後，他一句不吭地坐在我的對面。我已經猜到了，我

肯定，我的臉色大概也不再好看了。

在深深嘆口氣後，李主任避開我直視著他的眼睛，低著頭對我說：「伊利夏提，今天石河子市公安局來了幾位員警，他們找廣播電視局的領導談了話。我們不知道談話內容，但我們得到局領導的指示，從今天起，你不能進播音室！非常、非常的對不起。我們經濟台的幾位領導，也想不明白為什麼會這樣，我們不知道你惹了誰，做了什麼！你都看到了，我們都非常賞識你的能力、你的知識，也很信任你。但我們沒有辦法，我們會盡力爭取，讓你留下來當記者。你看呢？」

再次遭到，維吾爾同事的出賣

我木然地坐在李主任前，試圖從他眼睛裡看出點什麼，但他始終躲避著我的眼光，就是不直視我，但嘴裡還在繼續嘟噥著什麼。可以看得出來，他並不比我舒服多少，他自己很清楚，他的這些話是多麼的蒼白無力。

我不知道我是怎麼走出李主任的辦公室的。我憤怒、沮喪、失望，但不知道應該找誰去訴說、去發洩。我耷拉著腦袋[9]、推著我的自行車，灰溜溜[10]地走出了石河子市廣播電視局大院，發誓永遠不再進入這大院！

後來，那位李主任要調到和田任職，臨走前，他把我叫到他

9　形容垂頭喪氣的樣子。
10　形容情緒低落，意志消沉。

家，告訴我他所知道的一切。李主任非常遺憾地說：「伊利夏提，你知道嗎？出賣你的，是你們自己人，你的一個維吾爾同事。據我所知，說是你在一次的維吾爾人聚會中，講到以後要利用石河子電台一小時維吾爾語廣播節目時間，宣傳維吾爾人的歷史，宣傳三區革命歷史[11]；你那位同事報告了公安局。」我知道，又是那位維吾爾同事！

就這樣，我又一次失去一些新認識的朋友們，失去一次展示自己才華的機會。

然而，因我的原因，石河子市的維吾爾人，得到了至少每天一小時的維吾爾語廣播。一個待業在家的維吾爾姑娘，找到了一份暫時性的工作。（大約一年後，這一小時維吾爾語廣播，因種種原因停播了。）

當然，那些跟蹤我的員警們，又一次因成功阻止「民族分裂

---

11 東突厥斯坦共和國，也被稱爲東突厥斯坦第二共和國，在中華人民共和國正式文件中，爲掩飾、扭曲該運動之復國獨立實質，而稱之爲「三區革命」。1944年11月7日，伊犁各民族民眾舉行武裝起義，開始了一場由東突厥斯坦維吾爾、哈薩克、柯爾克孜、烏茲別克、俄羅斯、蒙古、錫伯、回等各民族仁人志士共同發動的恢復東突厥斯坦獨立、驅逐中國侵略者的獨立革命。東突厥斯坦共和國，儘管於1945年與當時的佔領政權中國國民黨政府簽訂和平協議，結束了戰爭狀態；但東突厥斯坦共和國在北部三區，一直保持其事實上的存在。到1949年10月，在史達林蘇共協助下，中共以所謂「新疆和平解放」爲名，佔領東突厥斯坦全境，共和國領導人被神秘「飛機失事遇難」，共和國國民軍被遣散、改造、吞併，大多數參加過獨立運動的官員、軍人，幾乎都被「反革命處決」、被「判刑」、被「失蹤」，甚至被消失，東突厥斯坦共和國也因此而悄然消失了。

分子」利用廣播電台宣傳分裂思想而立了功，我不知道他們是否拿到了獎金，但工資肯定是有保障的。

我一直想知道，那位出賣我的維吾爾同事拿到了什麼？

（本文發表於 2014 年 11 月 01 日博訊新聞網）

13 ‖ 兵團經歷之四——幼稚園事件

園長說，我們這裡沒有清真餐廳

大約在1997～1998年盛夏，兒子五、六歲左右的時候，有一天，校工會[1]一位姓吳的女負責人，給我打來電話說：「伊利夏提，學校今年在機關內的幼稚園，爭取到一、兩個名額，學校決定一個名額給你們家。這兩天，你儘快找個時間去機關幼稚園，辦妥你兒子的入園手續。祝賀你！」

我放下電話，趕緊給教研室的人打個招呼，騎上自行車，就往機關幼稚園跑！

石河子市（農八師）的機關幼稚園，不僅是石河子（農八師）最好的幼稚園，也是為數不多的幾個、為市師機關事業單位的職工子女，服務的幼稚園。這些機關事業單位職工，為了能讓自己的兒女，進入機關幼稚園就讀，都打破頭想盡辦法，甚至有人不惜花錢走後門！

我這平頭百姓，不知因何緣故，突然被天賜良機，給予一個

1　**校工會**：學校教職員工工會。

石河子教師進修學校操場，伊利夏提與前妻和兒子。

名額，我哪敢怠慢辦理入園手續呢？

我興沖沖地，來到坐落於石河子（農八師）市中心，石河子（農八師）黨委辦公大樓附近的市師機關幼稚園，放下自行車，小心翼翼地進入園內，打聽園長辦公室。

我沒費太大的力氣，就找到園長辦公室。小心敲門得到允許後，我進入辦公室。辦公室裡還有兩個女士，不知道是幼稚園老師，還是什麼人？我戰戰兢兢、忐忑不安地等園長問話。

園長抬頭看我一下：「你是？」我趕緊解釋：「你好！我是石河子『自治區技工教師進修學校』的老師，今天校工會通知我，我可以送我兒子進機關幼稚園，我是來辦手續的。」

園長似乎並不是很高興，她用一種高高在上的目光看著我，問道：「你是少數民族嗎？」我趕緊回答：「是、是，我是維吾爾族。」

「那我得先跟你說好，我們這裡沒有清真餐廳，我們的鍋碗瓢盆餐具只有一套，如果你特別講究，最好別送你孩子過來！」

園長變相排斥維族子女

我有點摸不著頭腦：「什麼意思？我有點不明白？」園長有點不耐煩地說道：「什麼意思，不明白嗎？我們這裡沒有分開的民漢飲食[2]，大家一塊吃。所以你要是特別講究、不吃豬肉，就別送來！」

我有點憤怒，但我還是盡力控制住自己：「園長，你是不是想說，如果我兒子不在乎吃豬肉，我就可以送過來，如果講究、不吃，就別送來！是這個意思嗎？」

園長：「你怎麼理解是你的事，反正我醜話說在前頭。」

我不用控制自己了，我激動地說道：「我是很講究的。我不吃豬肉，我兒子也不吃豬肉！我們吃清真餐。如果不能送我兒子到你這幼稚園，你認為我應該送我兒子去哪裡的幼稚園？你這是在變相排斥民族職工子女！」

園長：「我不管你送哪裡的幼稚園，反正如果你和你兒子講究吃清真餐，最好，你就別送你兒子進這個幼稚園！」

「別忘了，園長！儘管石河子（農八師）是屬於兵團的，但你腳下踩的是維吾爾自治區的土地！這裡不是北京、上海，也不

---

2 過去，大多數政府部門及其所屬單位、學校等都有分開的民族餐廳和漢餐廳，民族餐廳主要為信仰伊斯蘭教幹部職工提供飲食。後來，慢慢的、悄悄的，民族餐廳開始消失。

是四川、廣東！如果沒有清眞餐，你可以向石河子市政府、農八師申請、想辦法，但你無權以『講究』、『不講究』作爲你的標準，來歧視、拒絕民族職工的孩子！再說，石河子（農八師）機關事業單位，吃清眞餐的各民族職工家庭至少也有幾百戶！並不僅僅是我一個維吾爾人！更何況，這不是你家的私人幼稚園！」

這位園長更誇張的回答：「我就這話，就這麼說。你願意告狀，願意去找市師領導[3]，你去找，你告去！」

朋友建議，找人大婦聯

我氣得火冒三丈：「我會的！我會去找市師領導，回去找相關部門。我再一次告訴你，記住，這裡是維吾爾自治區！早晚，你會知道這裡是維吾爾自治區！會知道，我們的兒女，也有在保持自己民族風俗習慣的前提下，受教育的權利！」

我氣呼呼地走出機關幼稚園大門。站在大門前，望著幼稚園，我怎麼也平靜不下來！豈有此理！

我想了一會兒該怎麼辦。然後，我先是給石河子經濟廣播電台的節目部李主任打了個電話，問他電台是否能報導一下此事。他苦笑了一下，告訴我，經濟廣播電台要報導這類事件，還得經領導批准，百分之八九十的可能是領導不批。李主任最後建議我

3　**市師領導**：石河子市屬於兵團農八師管，農八師的師長一般也是石河子市市長；八師政治委員也是石河子市黨委書記。

去找石河子市師領導、找人大[4]、找婦聯[5]等。

我想了想，也只有這條路可走了。

我先是去找人大，找到了一位在人大辦公室負責信訪的哈薩克朋友，給他把情況講了一下。他非常支持，他要我就今天發生的一切，寫個報告，找盡可能多的市師各機關事業單位維吾爾、哈薩克等吃清真餐的民族職工簽名，然後將報告交人大、婦聯。剩下的，他說他會努力，也一定會給我一個答覆。

我儘管心存狐疑，但在沒有其他選項的情況下，也只好就此離開人大辦公室。

走出市師政府大樓，走過農八師黨委樓時，我想到我和馬副市長（副師長）在被宣傳部借調幫忙時，有過一面之交，就決定再去找市長反映、反映！

我走進黨委辦公樓，好不容易找到馬副市長的辦公室。敲門，是個秘書模樣的人開的門。我告訴他，我想找馬副市長反映問題。他問我，是否可以給他講一講什麼事。

怒火激昂陳述歧視事實

我坐下，開始給他講今天發生的事。我越講越激動、越氣憤！聲音也開始高了。這位秘書模樣的人，似乎有點不耐煩，打斷我說：「你別太激動，就這麼點事，不至於吧？園長不過是說

4　**人大**：石河子市人民代表大會。
5　**婦聯**：石河子市婦女聯合委員會。

了個事實，你有必要那麼生氣嗎？」

這一說，我更是氣不打一處來，本來自機關幼稚園出來，一直沒有找到發火的地方，正憋著一肚子火呢。我以更高的聲音說道：「我為什麼不激動？為什麼不生氣？這是在公然地歧視我們維吾爾人、歧視我們的信仰、嘲弄我們的風俗習慣，這是在排擠我們民族子女。我們的子女，和漢族人的子女一樣，有權利在公平、公正條件下接受教育。」

我再也控制不住自己了，繼續激動地說道：「抗日戰爭的時候，如果日本人讓你送你的孩子去日本人的學校，再告訴你在校期間，你兒女只能服從日本人的習慣，你是什麼感情，你不生氣嗎？你不激動嗎？」

秘書模樣人的聲音也開始高了：「小夥子，你不能這麼比！你不能將你個人的民族問題，和抗戰時的中國人感情比！」

我也一點不示弱，繼續搶白道：「我就這麼比，為什麼不能比？這是一樣性質的民族問題！你們漢族人有民族感情，我們維吾爾人就沒有民族感情嗎？別忘了，這是維吾爾自治區，你腳下踩的是維吾爾自治區的土地！維吾爾自治區的抬頭還沒有拿掉呢！？」

我們正爭吵時，馬副市長走進了辦公室，我們都停了下來。我看門外，還站著幾個人。很明顯，大家都聽到我們的爭吵。馬副市長不耐煩地看看我：「伊利夏提，你有什麼事？」。

「我想找你反映問題，有關機關幼稚園，拒絕接受民族職工孩子的問題。」

寫成報告，尋人齊連署

「我今天很忙，沒有時間。你把事情經過，寫個報告送過來，如果我不在，就把報告留給我秘書。你還有事嗎？」

也只能是這樣了，馬副市長這是在下逐客令。他沒有叫員警把我從辦公室轟出去，算是給了我一點點面子。

我走出市師黨委辦公樓，感覺極端疲憊，想著回家該怎麼給家裡人解釋，肯定又要埋怨我總是多事！我推著自行車，垂頭喪氣，邊想邊往家走。

第二天，正好學校裡沒有我的課。我坐在辦公室，將昨天在機關幼稚園發生的事，寫成一個報告，經過幾次修改後，工工整整地簽上了自己的名字。

我打聽到，我們學校另一位維吾爾老師，他的女兒也在機關幼稚園，我決定先找他簽名，再通過他打聽其他人，有兒女在機關幼稚園的民族職工，再請他們簽名！

很快，我找到那位維吾爾同事，告訴他昨天發生的一切。然後，我將寫好的報告遞給他，要他看完，如感覺沒有問題，就請簽個字。

出乎我預料，他看完報告，面露難色，吞吞吐吐地告訴我，他不能簽字！

我問為什麼？他說：「伊利夏提，我女兒已經在那裡了，我不想讓女兒失去機關幼稚園，那裡園長說了算！再說，我認為這沒有用。伊利夏提，你應該知道，能到機關幼稚園當園長的，不

是什麼一般人！要嘛是市師領導的家裡人，要嘛是市師領導的七大姑八大姨，你搬不動的！別費力氣了！」

「可是，你知道嗎？這是公然的民族歧視，是對我們民族職工的兒女，公平受教育權利的嚴重侵犯！我們的兒女有權利，使用自己的民族語言，在保持自己民族風俗習慣的前提下，和漢族人的孩子一樣，公平地享受教育，這是中國的《憲法》和《民族區域自治法》，賦予我們的權利！我們不能這麼逆來順受！人大信訪辦[6]的說了，只要我們寫聯名信，有足夠簽名，他們就會調查，給予我們一個答案。」

兒子改讀大學的幼兒園

無論我怎麼說，這位民族老師，還是嘟嘟囔囔地重複著他自己的話。最後，我在極端失望中問他，「你真的不能簽字嗎？」他說：「對不起，伊利夏提，我不能簽字，他們幼稚園知道了，會給我女兒穿小鞋[7]的，我女兒的日子就不好過了。」

我失望地問他，能否告訴我，其他還有那些民族職工的兒女在機關幼稚園，他哼哼唧唧了半天，也不願意告訴我其他兒女在機關幼稚園民族職工的姓名，我也就只有放棄了！

緊接著幾天，我找遍了所有我認識的、在市師機關事業單位工作的民族職工，和他們講了情況，給他們看了我寫的報告，他

6　寫信申訴、上訪辦公室。
7　**穿小鞋**：製造不必要的麻煩；無中生有讓你難受。

們的反應非常、非常地冷淡，可以說是出奇地冷淡！大多數人都覺得，我是吃飽撐著，沒事找事！

然而，皇天不負有心人，總算有兩名維吾爾人簽了名，沒有讓我徹底失望！

就這樣，我將包括自己在內的三名維吾爾人簽名的報告，送到人大信訪辦那位哈薩克朋友那兒，還將一份影本送到了市師婦聯。當然，也沒有忘記給馬副市長辦公室送一份影本，馬副市長不在辦公室，他那位秘書虎著臉[8]拿了影本，看過一遍，在確定我沒有說「太過激」的話後，將報告留下了。

我連續跟蹤了幾個星期，人大、婦聯總是告訴我要耐心內等待。

我先是耐心地等幾個星期。轉眼，一個月過去了。我知道，我可以耐心等待，但兒子的學前教育不能等。結果，我找朋友幫忙，最後，我兒子去了石河子大學幼兒園，那裡有清真餐。

後來，我也給那位人大信訪辦的哈薩克朋友，打過幾次電話，問他結果，他總是告訴我等待，我一直等到離開石河子為止，也還是沒有等到任何結果！

（本文發表於 2014 年 11 月 4 日博訊新聞網）

8　沒有笑臉，不太高興。

14 ∥ 我印象中的「文化大革命」(一)

維吾爾人也有文革災難

一晃眼，今年（2016年），是中共魔頭毛賊澤東發動「文化大革命」50周年。儘管中共統治下的中國、東突厥斯坦、圖博特[1]，人們對「文革」災難的討論，被習近平政權限制在限定範圍內，但是，海外大多數中文自由媒體，在一些信念堅定的中國民運人士引領下，紛紛發表文章，以回憶、評論的形式，揭露、譴責那場史無前例的浩劫，給中國人，及中共統治下的東突厥斯坦、圖博特、南蒙古各民族人民，帶來的極端災難。

但我讀遍漢文中揭露的、譴責「文化革命」的文章，幾乎沒有關於東突厥斯坦、牽涉維吾爾人的「文革」文章。僅有幾篇談論東突厥斯坦「文革」的文章，也只涉及東突厥斯坦的漢人移民，在「文革」期間的遭遇。似乎，維吾爾人和「文革」無關。

真的是「文革」和維吾爾人無關嗎？維吾爾人難道沒有遭遇「文革」的災難嗎？答案當然是斬釘截鐵的：非也！中共統治

1　中國稱之為西藏，實為圖博（特），即Tibet。

下，哪有「世外桃源」？如果說維吾爾人是「文革」最大的受害者之一，我以為，絕不是誇張之談！以下，我就我個人，以幼小年齡經歷的一點「文革」印象，談一談「文革」給維吾爾人帶來的災難。

我1962年出生。1966年「文革」開始時，我才四歲。初始發生的大多數事，似乎沒有在我的記憶中，留下很多印象。但有幾起悲劇性事件，卻一直揮之不去，因為極不正常的緣故，才會在一個幼小的心靈，留下歲月難以抹滅的陰影。那些慘劇發生的準確時間，我不記得，大約是在「文革」的中晚期。

（一）第一次看到死人，第一次知道自殺

那是個大早晨，我和朋友們一塊兒去公社果園玩。對我們來說，公社果園是一個非常、非常大的原始森林。公社果園離我家不遠，果園環繞一個兩層的、半個矩形的俄式建築物。一條小河，橫穿整個果園。我們有時翻牆進入果園，有時順河溝穿圍牆進入果園。

據大人們說，那大莊園，本來是伊犁維吾爾人伊克木·別克·霍加（Hekim Beg Ghoja）的避暑莊園。共產黨來了之後，將其沒收，做為曲魯海（Chuluqay）鄉[2]政府駐地；後來人民公社成立後，就做為公社革委會的駐地。

2　曲魯海鄉，是中華人民共和國新疆維吾爾自治區、伊犁哈薩克自治州伊寧縣下轄的一個鄉鎮級行政單位。

孩童玩耍，驚見前軍官上吊

那一天，我們一群小孩，在一個年紀稍大一點的孩子王，阿吉（Haji）的帶領下，小心翼翼地翻牆，進入了公社果園。大家剛剛往前走了一點，突然，帶頭的阿吉發出了一聲奇怪的喊叫。我們都嚇了一跳，自然地都駐足看他。只見他目瞪口呆地，站在一棵果樹前，手顫抖著，指向掛在樹上的一個臉色慘白的人，嘴裡什麼話都說不出來。

幾乎是瞬間，其他的孩子也開始有人哭叫了，大家轉身，不顧死活，大呼小叫著往回跑。我也不知道我是怎樣跑回家的，也不記得是翻牆、還是順著河溝跑出果園的，反正是不顧一切地跑回家、衝進院子，撲向正在打掃院子的爺爺[3]懷抱中，身體顫抖著、哭著，向爺爺結結巴巴地講述，剛剛看到的，樹上掛著人的驚恐場面。

爺爺似乎聽明白了我驚恐的描述，他趕緊安慰了我一下，然後將我交給奶奶，快步走出院子，走向公社方向。

下午，我們由大人們的談論知道，那位掛在樹上的人，是一位公社的哈薩克領導。他是一位前民族軍軍官[4]，因為連續被批鬥，實在受不了，而選擇上吊自殺。

3　此處，伊利夏提所指的爺爺、奶奶，是他母親的爸爸、媽媽。亦即，我們台灣所謂的外公、外婆。

4　東突厥斯坦國民軍，也被稱為民族軍。前民族軍軍官，即前東突厥斯坦國民軍軍官。

因為伊斯蘭教禁止自殺，所以這位哈薩克前民族軍軍官的死亡，在當時的整個伊寧縣維吾爾、哈薩克人中也都轟動一時！大家都在為他的死亡離世惋惜的同時，似乎都有一種說不出的痛苦、道不盡的苦難。

再後來，又聽說伊寧縣的另一位維吾爾民族軍前軍官也自殺了，再往後是另一位……。似乎，伊斯蘭教的自殺禁忌，也擋不住苦難中的維吾爾、哈薩克人，在共產黨肆無忌憚的人格侮辱面前，寧可違背教規，也要為了維護尊嚴，而選擇自殺的痛苦抉擇！

這是我第一次看到死人，也是第一次看到上吊自殺的人！那張慘白慘白的臉，我永遠也忘不了！

現在想一想，多大的心靈痛苦，多殘酷的折磨，這些維吾爾、哈薩克的英雄兒女，都能在殖民者的槍林彈雨中活著回來，卻在自己家鄉、在所謂的和平時期，選擇既違背自己信仰，又給親人留下無盡痛苦的自殺方式，去結束他們自己的人生。

（二）批判自己的父親

維吾爾小學生也要背誦毛主席語錄

我上維吾爾語小學二年的時候，應該是1968-69年間。那時候，對我們小學一、二年級的孩子來說，學習，似乎是一種可有可無的遊戲。我們成天的學習任務，幾乎都是背誦維吾爾語的「毛主席語錄」，和一些我們不知道意思的口號。

當時，學校裡有幾位從城裡來的年輕維吾爾老師，他們似乎特別喜歡讓我們在外面排隊站著，然後大聲喊叫、背誦。他們教給我們一些我們並不懂意思的口號，現在我猜想，那些口號應該是一些當時流行的漢語口號，或是「毛主席語錄」。

我們只是覺得熱鬧、好玩。只要不進教室，在外面喊叫，大家都喜歡，反正誰也不知道我們在喊叫什麼，包括我們自己。現在我懷疑，包括那些熱衷教我們喊口號的那些年輕維吾爾老師，是否知道自己在教一些什麼、在喊什麼？

一天，學校召開全校大會，只見在臨時搭起來的主席台上，坐了幾個人，中間坐著一個漢人，有人說他是李書記，大概是公社書記吧！他也是我們這些維吾爾小孩子自懂事以來，見過的唯一一個真漢人。

先是那位漢人書記講話，我們不知道他講了一些什麼，沒有聽明白。到現在我也想不出來，他是使用漢語講話、還是用半截子維吾爾語講話，反正台下坐著的維吾爾學生，沒有一個人知道他講了什麼！大概那些和我們坐在一起的維吾爾老師也應該是一樣的。

接著是其他幾位維吾爾人領導講話，我們也一樣不知道他們講了一些什麼。應該可以肯定，當時的維吾爾官員都是百分之百講維吾爾語的，但我們還是沒有聽明白他們講的任何東西，反正他們就是囉哩囉唆很長時間。

曲魯海鄉人敬重的阿斯穆·阿凡迪

接近會議結束時，突然，會場出現了一種可怕的寂靜。我們正在打鬧、說笑的低年級學生，也開始在驚訝中東張西望，試圖找到讓會場突然變成可怕寂靜的原因。

順著大家的目光望去，主席台上，站著我們曲魯海鄉人人都極其尊重的阿斯穆·阿凡迪（Asim Ependim）。這是一位（據我當時的理解力）全鄉最有知識的維吾爾人！而且，阿斯穆·阿凡迪還是唯一一位被全鄉的人尊稱為阿凡迪（維吾爾語「先生」的意思）的維吾爾人！

阿斯穆·阿凡迪，是曲魯海鄉唯一一位大人、小孩都極為尊重的人。我們小孩子還有點怕他，見到阿斯穆·阿凡迪遠遠走過來，就是曲魯海的酒鬼也要找個地方躲起來，更別說我們這些經常調皮搗蛋、幹「壞事」的小孩子了。

因為我爺爺是上曲魯海[5]清真寺的伊瑪目[6]，也讀過很多書的緣故吧，阿斯穆·阿凡迪和我爺爺特別要好，他經常來我家和我爺爺交談，他們一談就是一天。甚至，有時阿斯穆·阿凡迪會留在我家吃晚飯之後再回家。所以，對阿斯穆·阿凡迪，我也非常熟悉。我還特別喜歡他帶著他的小兒子祖農哥哥來我家。

5　曲魯海鄉人口增加後，被劃分為二，遠離鄉政府靠近入山口的上部被稱為上曲魯海，靠近鄉政府的部分被稱為下曲魯海。

6　伊瑪目在阿拉伯語中，原意是領袖、師表、表率、楷模、祈禱主持的意思，也是伊斯蘭教集體禮拜時，在眾人前面率眾禮拜者。

多數時候，阿斯穆‧阿凡迪會帶著祖農哥哥來。阿斯穆‧阿凡迪和爺爺聊天，祖農哥哥則會告訴我，他從他父親阿斯穆‧阿凡迪聽來的，東突厥斯坦民族軍的戰鬥故事。有時，一看到阿斯穆‧阿凡迪和祖農哥哥往我家走，我那一群小朋友們， 也會很快就聚集到我家院子裡來，大家圍著祖農哥哥，要求他給我們講民族軍打仗的故事。

祖農哥哥可會講故事了，他讀的書也多，知道很多我們不知道的事。從祖農哥哥講的故事裡，我們知道東突厥斯坦、民族軍，知道阿合買提江‧哈斯木、艾尼‧巴圖爾（Gheni Batur）、熱孜萬古麗（Rizwangul）等民族軍英雄兒女。

阿斯穆‧阿凡迪被掛牌並遭架上台

今天，這位全曲魯海鄉維吾爾人敬重的阿斯穆‧阿凡迪，脖子上被掛了個大大的牌子，站在主席台上。他高大的身軀，大概是在牌子的重壓下，顯得略為彎曲。他的頭稍稍低著。他的身邊，一邊各站著一個手持衝鋒槍的維吾爾民兵。這兩個凶神惡煞般的民兵，站在阿斯穆‧阿凡迪身邊，惡狠狠地看著他，似乎，如果阿斯穆‧阿凡迪稍不小心，他們就會把他一口吃掉。

大家愣住，以驚訝、驚恐的眼神看著主席台，等待突然出現的一幕如何發展。似乎，台下的學生、老師對此沒有一點準備！

台上，身材高大的阿斯穆‧阿凡迪，還是一如既往，仍然以他那雙犀利的眼睛、威嚴地直視著台下的學生、老師。大家似乎都在有意躲避他那雙眼睛，害怕和他目光接觸。

突然，從主席台的一邊，祖農哥哥走進了大家的視線。他低著頭，手裡拿著一張紙，顫顫抖抖、搖搖晃晃地走向他父親身邊。可以看出來，因爲祖農哥哥雙手的劇烈顫抖，他手上的紙，似乎要被扯爛、掉到地下。

　　在台上，一位領導的連扯帶拽下，祖農哥哥走到他父親身邊站著，但他仍然低著頭，不敢看他父親。可怕的寂靜，被台上一位領導打破，只見台上一位領導，高舉起其右手，聲嘶力竭地用維吾爾語喊著什麼，大家也跟著稀稀拉拉、有氣無力地喊著。

　　台上兩個民兵似乎因爲喊叫，而突然有了精神，立即從兩邊，惡狠狠地抓住阿斯穆·阿凡迪的雙手，將其手向後硬壓，壓到了齊肩的高度，這使得阿斯穆·阿凡迪的高大的身軀，不得不彎下，彎到頭幾乎要觸到地了。

　　阿斯穆·阿凡迪的臉變得通紅，喘著氣。但他還在掙扎，想極力擺脫兩個拉著他胳膊的民兵。但很顯然，已過中年的阿斯穆·阿凡迪，不是兩個年輕力壯民兵的對手。

祖農哥哥被逼上台批判自己的父親

　　一陣喊叫之後，那位領導對著祖農哥哥，聲色嚴厲地說一些話。之後，只見祖農哥哥拿起手上那張，因其雙手的顫抖，而變得皺皺巴巴的紙，低著頭在念著什麼。儘管大家在屏住呼吸、伸長耳朵，試圖聽清祖農哥哥在念什麼，但還是白費力氣，根本聽不見！可以說，祖農哥哥只是在哽咽中嘟囔！

　　祖農哥哥嘀嘀咕咕嘟囔完之後，又是一陣領導帶領下的聲嘶

力竭喊叫，但響應者比之前更為寥寥。似乎，大家還未從這突然出現的、沉重的一幕喘，過氣來；似乎，大家仍然不敢相信，眼前正在發生的這一切，是真的！

在大家的驚訝、驚恐中，會議結束了。兇惡的民兵極其粗暴地將阿斯穆・阿凡迪，又是連扯帶拽地押走了。幾位領導也簇擁著漢人書記，坐上一輛舊吉普車走了。

驚魂甫定的祖農哥哥，孤獨地站在台上，雙眼無神。我戰戰兢兢地走過去，走到他跟前，拉了一下他的手，剛叫了一聲：「祖農哥哥！」他就開始放聲嚎啕大哭！他哭得好傷心，一陣又一陣的，似乎停不下來，幾位老師過來勸阻也不行。

最後，幾個大人走過來，將祖農哥哥拉走，送他回家，但他那淒厲、悲愴的哭聲，自此，一直就在我耳邊迴響。那之後，祖農哥哥再也不笑了，我們也沒有聽到他再講過民族軍的故事。

後來爺爺告訴我，祖農哥哥是被公社領導強逼去批判他的父親：阿斯穆・阿凡迪，曲魯海鄉維吾爾人最敬重的阿凡迪（先生）。那天，祖農哥哥是在念公社領導替他寫的、批判其父親的稿子。儘管大家都知道祖農哥哥是被強逼的，但還是無法理解，祖農哥哥怎麼會答應公社領導，去批判自己親愛的父親？

再後來，聽說阿斯穆・阿凡迪被判了刑，罪名是地方民族主義分子。

（本文發表於 2016 年 5 月 27 日維吾爾之聲網站）

15 ‖ 我印象中的「文化大革命」（二）

胡亂扯一通的白皮書

齋月來臨之前，中共匆匆忙忙推出了《新疆的宗教自由狀況白皮書》。當然，中共的目的很明確，以白皮書形式，睜眼說瞎話、胡攪蠻纏，以指鹿為馬的詭辯術，掩蓋東突厥斯坦普遍存在的事實，即中共惡意壓制維吾爾人宗教信仰的事實。

儘管白皮書零零碎碎、東拉西扯了半天，但還是一如既往——空洞無物！沒有任何實質性的、確鑿的、能夠說服人的事實，更沒有支持其論點的硬通貨[1]——證據！與此相反，駁斥中共白皮書論點的事實和證據，卻比比皆是，可以說是「琳琅滿目」！

一般人在自治區各地方網站上，不僅可以很輕鬆地找到，氾濫成災的各類壓制維吾爾人宗教自由的文章、新聞報導、圖片，而且還可以在網路上不費吹灰之力就可以搜尋到，很多網友上傳到各網頁上的，東突厥斯坦殖民政權各類地方性條規、禁令圖

---

1 **硬通貨**：經濟學用語，拿出來能鎮得住人的，真實、實在的東西。

片、各類標示牌！

就我個人自懂事以來的經歷來看，東突厥斯坦維吾爾人面臨的、來自中共殖民政權的惡劣政治環境，幾乎沒有什麼變化！維吾爾人自始至終，面臨著中共殖民政權各種名義下的政治迫害、經濟掠奪、宗教限制、文化同化。

對比我小時候經歷的「文化革命」時期，現在東突厥斯坦的維吾爾人處境，則更為惡劣，他們面臨的政治壓迫更甚！

「文化革命」時期，東突厥斯坦還沒有那麼多的中國政治移民，至少一些鄉村、牧場，還沒有出現大規模政治移民的居住點，所以，中共殖民政權主要的鎮壓手段，是煽動一些愚昧無知的維吾爾人鬥維吾爾人，讓維吾爾人自相殘殺。

現在不同。中共殖民政權的恐怖觸角，不僅已經延伸到鄉村、牧場，而且還進入到私人的家庭、伊斯蘭宗教場所，幾乎是無處不在，無孔不入！

當然，現在的中共政權，不需要再煽動維吾爾人鬥維吾爾人了。

現在，只要維吾爾人對中共政權有一點不滿的相反、騷動，一旦被中共無孔不入的維奸[2]、密探們探知，中共殖民政權就直接出動軍警、兵團漢人，開槍血腥鎮壓，不留活口！

這些，不用我多說，都有事實為例，大家幾年來一直在目睹、經歷、見證。

2　類似「漢奸」的概念，意指出賣民族利益的維吾爾人。

下面，我再談一點「文化革命」期間，我以自己稚嫩的目光，見證的一些維吾爾民族經歷的黑暗、恐怖年代！

一、焚書辱師

那是一個極其炎熱的下午，我和村裡的一群小孩，正在全曲魯海鄉唯一的一個供銷社門市部對面的河邊玩耍。

村人聚會的老榆樹下

門市部前面，是上下曲魯海鄉通往公社、縣城，以及穿過曲魯海進入山區的一條土路。這條土路，不僅到處是石頭；而且，說路上的土有半尺厚，一點也不誇張。

土路的對面是一條湍急的小河，寬約兩三米。小河在流過門市部對面大約二、三十米後，便穿越土路。門市部對面，穿過小河上的小橋，便是曲魯海鄉供銷社。

在土路和小河之間，是一排鬱鬱蔥蔥、枝葉茂盛的老榆樹。村裡的大人們沒事時，都喜歡來到河邊大榆樹下，坐著談天、打撲克。來往於公社、縣城及進山的維吾爾人、哈薩克人，有事沒事也都喜歡在門市部、或對面大榆樹下停留、休息、談天。

這是全村最熱鬧的地方，人又多，再加上清澈透明、嘩嘩流水的小河，和搭窩在大榆樹的那些不知名小鳥的誘惑力，我們村裡的小孩子，除了吃飯和睡覺時間之外，幾乎都喜歡在那兒玩耍，在小河裡捉魚，爬樹、掏鳥窩，是我們的日常。

偶爾，我們也會圍著那些膽子大的東突厥斯坦民族軍老

戰士，聽他們講東突厥斯坦民族軍及伊力汗‧圖熱（Ilihan Tore）、阿合買提江‧哈斯木（Ahmetjan Kasimi）的故事。

黃昏的時候，門市部門前電線杆上的大喇叭，停止原本的廣播，而是開始發出通知什麼。還未等我們小孩搞明白喇叭在說什麼，就見大榆樹下坐著的大人，都站起來向公社方向走開了。很快，村裡男女老少也都走出家門，向公社方向走去。

我們知道，又要有什麼大事發生了。看大人們的臉色，似乎不是什麼好事。

我們一群小孩跟著大人，一塊兒跑步衝向公社大院。實際上，公社大院離供銷社門市部不遠，走路大約五分鐘路程。

三位被批鬥的維吾爾人

只見公社門口早已是人山人海，有人在喊口號。公社大門旁的土路邊上，胡亂地堆放著一大堆書，像一座小山。書堆後面靠公社門口的地方，是一個高地。高地上站著公社的幾位維吾爾領導，以及全鄉唯一的漢人李書記。

李書記正對著那幾位維吾爾領導，比手畫腳，趾高氣昂地說著什麼。

高地前，緊挨著書堆，站著三個低著頭、胸前掛著大牌子、戴著紙糊高帽的，即將被批鬥的維吾爾人。三人後邊，站著幾個兇神惡煞般的持槍民兵。

三位被批鬥的人，我都認識。一位是托赫特尤夫大叔（Tohtiyuf Aka），據大人，說他在蘇聯學習過醫學，還曾經是

民族軍軍官；站在他身邊的是阿卜杜拉爺爺（Abdulla Aka），他是村裡做莫合煙（Mohurka）的；另一位是村裡人極為敬重的伊斯拉夫拉・大毛拉（Israpul Damollam），他是我爺爺的朋友，經常來我家。

大人們的眼睛，一會兒憤怒地盯著高地上站著的幾位，一會兒不無同情地看著三位低頭站著的維吾爾人，一會兒惋惜地看著地上堆成山的書。他們咬著牙，沉默著。我們小孩則不知就裡，試圖搞清楚站著的三位為什麼被批鬥，地上堆著的是一些什麼書！

那時，因為經常有這類的批鬥會，我們已經知道什麼是批鬥會。但為什麼批鬥那些維吾爾人，我們小孩還是搞不大清楚。我問爺爺，爺爺總是回答說：「那些被批鬥的人，可能做錯了什麼事，慢慢會好的。孩子，等你長大了，就知道啦。」

當時，我們小孩不僅知道什麼是批鬥會，也知道只要一家有一個人被批鬥，那一家維吾爾人，全家就要厄運臨頭。

放火燒書，也燒人鬍子

歇斯底里的一陣口號聲，打斷了短暫的沉默。口號過後，是李書記講話。李書記用漢語講話，有一位維吾爾人把它譯成維吾爾語，然後是公社維吾爾領導講話，之後又是口號。

很快地，批鬥會進入了高潮。只見在一陣口號聲中，有人將堆成山的書本，澆上汽油，點著了火。頓時，火光沖天，將黃昏後的曲魯海天空照得透亮、慘白。站在前面圍觀的人群，因為火

焰散發的滾滾熱浪，不得不向後退。火光下，三位被批鬥的維吾爾人的臉，顯得更加慘白。他們三人低著頭、喘著氣，汗流滿面，很明顯，他們在咬緊牙關堅持，避免自己因體力不支而倒在地上。

突然，一位當了民兵的村裡老無賴，衝到伊斯拉夫拉・大毛拉面前。站在伊斯拉夫拉・大毛拉後面的民兵，像是說好似的，衝過來將其胳膊扭到了齊肩高。伊斯拉夫拉・大毛拉被迫彎著腰站著，他長長的、花白鬍子幾乎要挨到地上了。那位無賴揪著伊斯拉夫拉・大毛拉的鬍子，正歇斯底裡地喊叫著。

很快，慘劇上演了。那位無賴民兵，從書堆邊，拿起一本正在燃燒的書，將火對著伊斯拉夫拉・大毛拉的鬍子，「嗤」的一聲，火光一閃，伊斯拉夫拉・大毛拉的鬍子沒有了！一股燒焦的糊味，彌漫在空氣中，令人群難以呼吸。

人群出現了騷動，公社領導們有點慌亂。看到騷動的人群，李書記消失了。很快地，從公社大院裡，跑來了很多的民兵，他們將騷動的人們圍了起來。在一陣稀稀拉拉的口號過後，公社領導宣佈批鬥會結束，民兵們將土赫特尤夫大叔、阿卜杜拉爺爺，和伊斯拉夫拉・大毛拉五花大綁，押進了公社大院。

三人都遭到重判十幾年

後來，聽大人說，土赫特尤夫大叔因為在蘇聯學習過，而且參加過民族軍，以「裡通外國」的罪名，被判十幾年徒刑。自那以後，我再也沒有見過土赫特尤夫大叔。有大人說他越獄，跑回

蘇聯；也有人說，可能，他死在中共的監獄。

後來我們也得知，阿卜杜拉爺爺因爲將剛炒出鍋的莫合煙，放到毛澤東像上，有人看到後，將他告發到公社，因此也以反革命罪，被判十幾年的徒刑。後來，聽說他出來，回到曲魯海鄉，當然是繼續他的莫合煙事業。

而關於伊斯拉夫拉·大毛拉，爺爺告訴我，因爲不僅他家裡被搜出很多有關伊斯蘭教的書，包括《古蘭經》，而且，其中有很多書，是在東突厥斯坦共和國時期在伊犁印刷的。再加上伊斯拉夫拉·大毛拉也曾經在中亞學習過伊斯蘭教，因而被重判無期徒刑。

伊斯拉夫拉·大毛拉，大概是在八十年代末走出監獄，回到曲魯海，他也來過我們家一兩回。但很快地，他也去世了。

二、和爺爺一起封齋

睡夢中的我，被爺爺、奶奶的說話聲音弄醒了。我睜眼看，爺爺、奶奶正在吃飯。

我想，「是天亮了嗎？爺爺奶奶是在吃早飯嗎？」不對，他們是點著煤油燈，圍坐在桌子邊吃飯呢，可以肯定天沒有亮。再看窗戶、門，門是緊閉著，窗戶上還掛著厚厚的褥子。

我一骨碌爬起來，來到桌子邊，好奇的看著爺爺、奶奶。

看到我驚奇的眼光，爺爺示意我不要說話。爺爺走過來把我輕輕抱到他懷裡，對著我耳朵說道：「聽著，孩子！不要大聲說話。我給你講，今天開始是我們穆斯林的齋月，每一個健康的穆

斯林都必須封齋！爺爺、奶奶從今天開始要封齋了。封齋就是白天不吃不喝，一直到太陽落山。太陽落山後，才能吃飯。」

不能讓人知道我們在封齋

爺爺繼續說道：「你還小，但如果你能夠堅持，我希望你能跟我們一起封齋。但必須記住，孩子，千萬、千萬，不能讓任何人知道，我們在封齋！」

似乎，奶奶還是有點不放心，她將我抱過來，對著我耳朵說道：「孩子，你還記得伊斯拉夫拉·大毛拉被批鬥的事嗎？」我腦海裡浮現出那恐怖的一幕，急急點頭回答：「記得，奶奶，他們燒了很多書，還燒了伊斯拉夫拉·大毛拉的鬍子。」

「記住孩子，」奶奶很嚴肅地看著我說道：「如果公社官員、或者民兵，知道我們在封齋的話，你爺爺就可能被他們抓走，也和你伊斯拉夫拉·大毛拉爺爺一樣，被批鬥、燒鬍子。所以，一定不要告訴任何人我們在封齋，千萬、千萬！」

爺爺又指著緊閉的門，和掛著被褥的窗戶，說道：「孩子，這是為了防範那些巡查的民兵，發現家裡有燈光而衝進來將我們抓走，所以，一定不能讓別人知道我們在封齋。」

我從未見過爺爺和奶奶這麼嚴肅、這麼再三叮囑，我感覺到這事的重大。再加上，我絕不希望有人抓走我親愛的爺爺！所以我點頭，保證不說出去。

我也和爺爺、奶奶一塊坐下，吃封齋飯。吃完飯、禮完晨

拜[3]之後，爺爺推開炕上的羊毛席子，在靠近窗戶的地方，又搬開一塊兒大土磚，小心翼翼地拿出一本厚厚的書。

爺爺看著我，解釋道：「這是《古蘭經》。孩子，那天的批鬥會上，他們燒的書裡就有很多《古蘭經》，都是從別人家裡搜來的。我把我們家的，埋到地下，躲過了這一劫。齋月裡，穆斯林要讀《古蘭經》，沒有書怎麼讀？所以千萬不能說出去，要不，咱家的《古蘭經》也會被他們拿去燒了！」

奶奶又藉機再三叮囑道：「不光是《古蘭經》要被拿去燒，你爺爺也會被抓走！」一聽到爺爺會被抓走，我真的害怕了，我再一次點頭，保證不說出去。

伊利夏提的爺爺的書。左，外貌；右，內頁。

3 　根據《聖訓》，齋飯最後的時間，是在太陽即將升起以前，然後就是晨禮。開齋飯是太陽剛落時吃，少吃一點，立即開始做昏禮；昏禮完再吃好。然後是睡覺前禮一天中最後的拜。

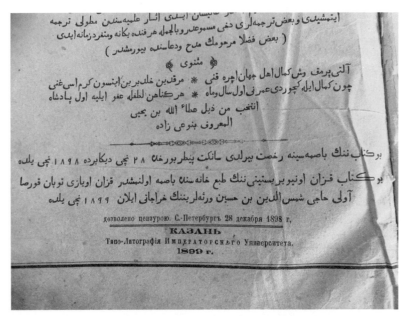

書的內頁，該書1898年首版在彼得堡印刷，1899年在喀山再版。

沒有人能摧毀我們的信仰

爺爺開始輕輕地誦讀《古蘭經》，奶奶虔誠地坐在他身邊，專心地聽著。爺爺抑揚頓挫的誦讀聲，委婉動聽。聽著、聽著，我漸漸又進入了夢鄉。

幾天後的一個中午，爺爺正在院子裡做木工活，突然，民兵隊長和公社的幾個官員走進我們家院子，他們徑直來到爺爺跟前。其中一位說道：「哈希姆，你有沒有封齋？我們知道現在是齋月，之前有舊檔案，要我們查一查過去的宗教人士，看他們是否還在封齋。」

爺爺一邊繼續做他的木工活，一邊對他們說：「沒有！沒有！沒有封齋！」說完，似乎要轉移話題，爺爺對著奶奶喊道：「艾拉罕（Elahan），請給客人們端茶來。」

很快地，奶奶端來了茶水，幾位官員端起碗，喝著茶，爺爺繼續做著他的木工活。突然，民兵隊長似乎發現什麼不對，他轉身對爺爺說道：「哈希姆，你怎麼自己不喝茶呢？」

爺爺不慌不忙地端起放在他身邊的碗，抿了一下，說道：「我在喝呀，我剛才在你們來之前就喝過了，現在還不太渴。你們喝，你們是客人嘛。」

我的心提到了嗓子眼上，我真的怕這些人發現爺爺在封齋，把他給抓走了，我可不想爺爺被批鬥，被燒鬍子！

公社官員因為沒有發現什麼，有點不滿足地離開了。

他們已離開，我一下就撲到爺爺懷裡，哭了起來。爺爺輕輕地撫摸著我的臉說：「沒事。孩子，不用怕，他們走了。」我說：「他們強迫你喝水，破壞了你的封齋，爺爺。」爺爺堅定地說道：「孩子，真主在上，我只是抿了一下，並沒有喝，我的齋並沒有被破壞。再說，孩子，請記住，信仰和意念是個人心理的東西，沒有任何人能奪走、能摧毀。伊斯蘭是我們千年的信仰，任何外來者都無法摧毀！」

原來爺爺並不是木匠

爺爺的「木工房」。

自我懂事以來，爺爺就一直在做木工，所以我想當然地，以

為爺爺是木匠。

只要不是和其他小朋友玩兒，我就常去爺爺的「木工房」，那裡有很多好玩的東西。爺爺和村裡的烏斯滿（Osman Aka）爺爺一起在「木工房」做事。烏斯滿爺爺也是我爺爺的朋友，經常來我家和爺爺聊天。

爺爺的「木工房」，坐落於曲魯海主幹路上，離我家大約十分鐘路程，門口一條小水溝，一年四季潺潺流水不斷。

最令我驚奇的是，那個「木工房」非常、非常大，裡面面積為寬敞、宏大。屋頂、窗戶的裝飾也極為漂亮，窗戶也都非常大，採光極好，門還是雙開門，房頂是綠色磚瓦。而且，門口綠樹成蔭，還有兩顆大大的核桃樹。

一天，我正在爺爺的「木工房」玩，中午，正當爺爺和烏斯滿爺爺都停下來吃飯、喝茶休息時，家住在爺爺「木工房」對面的噶伊提大叔（Gayit Aka）走進了「木工房」。

噶伊提大叔走過來，向爺爺、烏斯滿爺爺致意後，坐下聊天。

我因為和爺爺坐在一起吃飯，無意中第一次聽到，噶伊提大叔非常尊重地稱呼我爺爺「哈希姆伊瑪目[4]（Hashim Imam）」。我很驚訝，怎麼爺爺變成了伊瑪目，爺爺不是木匠嗎？應該是哈希姆木匠呀？我搞糊塗了。

因為爺爺總是教育我，大人談話時不要插嘴問問題，我盡力

4　伊瑪目為伊斯蘭教集體禮拜時，在眾人前面率眾禮拜者。

將自己的好奇壓下來，堅持到晚上回家。

晚上一到家，我焦急地問奶奶，爲什麼噶伊提大叔尊稱爺爺爲哈希姆伊瑪目。奶奶沉重的嘆了口氣、嚴肅地說道：「以後千萬別告訴別人，也不要問別人這些事。你爺爺根本就不是木匠。孩子，你爺爺是清眞寺的伊瑪目！」

爺爺是清眞寺伊瑪目

我知道爺爺經常偷偷地在晚上，緊閉門戶之後，在燈下讀一些厚厚的書，但不知道爺爺還是清眞寺的伊瑪目。當然，當伊瑪目是要有學問的，我對爺爺的敬意更重了。我早就知道爺爺非常博學，知道的事情很多，非常有知識，但我眞的不知道，爺爺還是伊瑪目呢！

爺爺是清眞寺的伊瑪目？對我來說，這可是重大新聞。我怎麼一點都沒有發現呢？我繼續刨根問底：「那，爺爺的清眞寺在那？爺爺當伊瑪目的清眞寺在那？」

奶奶說：「你每天和爺爺去玩兒的那個『木工房』，就是你爺爺過去當伊瑪目的清眞寺，你烏斯滿爺爺就是那個清眞寺的穆安津[5]（Mezin）。」

那個又大又漂亮的「木工房」是清眞寺？爺爺是那個漂亮清眞寺裡的伊瑪目？我一個小孩一時還無法將這一切順暢地消化、

5　**穆安津**：伊斯蘭教負責在清眞寺的宣禮塔上宣禮的專人，不屬於神職人員。

理解。

我一臉好奇地又問道：「那爺爺的清眞寺，怎麼變成了『木工房』呢，奶奶？」

奶奶四顧周圍，確定附近沒有他人之後，非常耐心地、又極其小心翼翼地說道：「孩子，很多事，等你長大了就明白了，現在你還太小。記住，漢人李書記來了之後，這裡一切都變了。他們把你爺爺趕出清眞寺，把清眞寺變成木工房。你小的時候，你爺爺也曾經被帶到縣裡強制學習，回來之後，就一直在他自己的清眞寺做木工。」

我跑過去坐在爺爺的懷抱裡，撫摸著爺爺粗糙的臉，有點難過地問道：「是眞的嗎，爺爺？那個木工房，就是你過去當伊瑪目的清眞寺嗎？」爺爺點點頭，沒有出聲，似乎我和奶奶的對話，勾起了他對過去的回憶。

後來，那座清眞寺，又由「木工房」改作倉庫，再後來是馬廄！

祈禱眞主保佑維吾爾

大概是八十年代初，爺爺又回到他曾經待過的清眞寺，但那時的清眞寺，早已經破敗不堪、四處漏風。在當了幾年伊瑪目後，爺爺將伊瑪目的職位，轉給了一位年輕人，自己完全退出清眞寺的事務。爺爺專心在家做他的木匠，直到他去世爲止。自那時起，爺爺一直就在自家院子裡做木匠活，爲鄰里做一些力所能及的木工活！

後來，我問過爺爺爲什麼不繼續當伊瑪目，爺爺回答我說：「孩子，你已經長大了，讀了很多的書，走得、看得比我們多，現在是個老師。我知道，你很關心自己的民族，關心維吾爾人的未來出路。我問你，孩子，你相信共產黨嗎？相信這個漢人政權嗎？我們年輕時，他們剛來，承諾過很多，但他們連一句承諾都沒有實現。他們的話，沒有一句是眞的。」

　　爺爺有點悲觀的看著我說道：「記住！孩子，只要他們還在，他們就不會讓我們過安寧日子。過不了幾年，他們還會繼續折騰我們。我已經老了，經歷了這麼多，已經對他們不抱任何的希望了。所以，我能做的，只是向眞主祈禱，給予維吾爾人平安，祈禱眞主保佑你們平安！」

　　現在回頭看，爺爺的話是對的，中共漢人政權還在繼續折騰維吾爾人！維吾爾人還在繼續偷偷摸摸地封齋，偷偷摸摸地禮拜。一不小心，就進監獄。

　　籠罩我幼小心靈很長一段時間的，一直揮之不去的燒鬍子恐怖慘景，儘管沒有再在東突厥斯坦出現，但漢人政權對維吾爾人鬍子的不高興，還是有增無減！

　　至於燒書、仇視書本，我在學習漢語的過程中也知道了，那也是中華五千年文化的一部分，更是漢人統治者的傳統！

　　　　　（本文發表於 2016 年 6 月 20 日維吾爾之聲網站）

16 ‖ 國旗、國歌

第一次聽到東突厥斯坦國歌

　　將近55歲，算是大半生過完了，生活的經歷也很多，有甜酸苦辣，有歡樂憂傷，有刻骨銘心的記憶，有漸漸淡忘的逝去。

　　人生中，對一個流亡者而言，大概土地家園及其延伸物——國家、民族，及象徵國家、民族的國旗、國歌，最讓人愛恨交錯！

　　本人的一生因爲政治的原因，經歷了三個國家及其象徵物——三種國旗、三種國歌。它們各自給我留下了不同的深刻印象，這印象賦予的感情，將伴隨我度過我的餘生。

　　首先是我的祖國——東突厥斯坦，及其國旗、國歌。因爲東突厥斯坦，我出生前就已經處於中國的殖民佔領，所以到很長時間，我都不知道我們的國旗，更遑論國歌啦。

　　第一次看到國旗，是在一部電影裡。一部反映東突厥斯坦第二共和國，民族軍戰士生活的影片中，東突厥斯坦國旗——星月藍旗，雖然是一晃而過，但在大人們的指點下，我知道了那位騎著戰馬、衝向敵人的民族軍戰士手裡，舉的就是我們的神聖國

旗！為了看清楚那難得一見的，東突厥斯坦國旗的顏色和圖案，我把那部片子看了三遍。

聽到東突厥斯坦國歌，那更是後來的事了。2009年5月，在美國首都華盛頓，舉行世界維吾爾大會第三次代表大會，開幕式是在國會山會議大廳舉行，當主持人阿里木宣佈，「世界維吾爾大會第三次代表大會開幕，全體起立，奏東突厥斯坦國歌」時，我激動地抑制不住自己，在悠長哀婉的國歌聲中，流下了激動的熱淚。

這是我第一次聽到東突厥斯坦國歌。自此，東突厥斯坦國

伊利夏提與星月藍旗。

歌，就成為我為之奮鬥理想事業的一部分。我在各種場合，不管是遊行示威，還是人權問題研討會，只要條件許可，就要求以東突厥斯坦國歌開始一天的行程。

淚水再次打濕這神聖的國旗

我利用去土耳其的機會，花費自己的錢，買回來一幅很大的東突厥斯坦國旗，平時掛在家裡客廳，有會議時帶到會場，掛到前台。東突厥斯坦的國旗、國歌，成了我生活的伴侶，我和中國殖民政權鬥爭的力量源泉。

每次看到國旗，我眼前就會浮現出，那些為了讓東突厥斯坦國旗，在祖國土地上飄揚，而獻出生命的維吾爾鬥士的身影；那些因為手機裡，貯存東突厥斯坦國旗圖案，而被抓捕入獄的維吾爾年輕人，我就更加珍惜我擁有的國旗！

也因此，今年5月，當我被美國維吾爾民眾，選舉為美國維吾爾協會主席時，我站上到主席台之後，第一個舉動，便是緊緊地，握著那面「早已伴隨我幾年」的東突厥斯坦國旗，長久地、發自內心地，親吻這神聖且得來之不易的、千千萬萬個維吾爾人為之獻身的國旗。只有我自己知道，我的眼淚，又一次打濕了這神聖的國旗！

之後，我在維吾爾律師努爾的監督下，向著東突厥斯坦國旗莊嚴宣誓，絕不辜負選舉我的美國維吾爾民眾，絕不辜負維吾爾民族的希望，絕不辜負東突厥斯坦獨立、自由之事業，永遠高舉「星月藍旗」，直至國旗高高飄揚在天山南北、塔里木河兩岸！

這種發自內心的、自覺的，對國旗、國歌的敬愛、尊重，是源自於要堅決繼承先輩復國遺志的、具有堅決獻身精神的，對國旗、國歌的敬仰、呵護。這更是一種要延續歷史長河之突厥血脈，對國旗、國歌的傳承、高舉之義務。這不需要以教育的形式強制灌輸！對國旗、國歌的這種愛，這種敬仰，是任何一個具有人的尊嚴之維吾爾兒女，與生俱來的個性！

美利堅合眾國保障基本人權

在我人生中，給我留下極其深刻、美麗、莊重印象，且將伴隨我下半生的另一種國旗、國歌，便是美利堅合眾國的國旗、國歌！

作為一個追求自由、平等、尊嚴的當代維吾爾人，一個維吾爾民族主義者，當我無法在自己的家園，行使我做人的基本權利，維護我的基本的尊嚴，更遑論敬愛、敬仰我心中的東突厥斯坦國旗、國歌時，我被迫拋家離子、遠離父老，選擇流亡。

美利堅合眾國，這個給予無數像我這樣——逃避壓迫的流亡者——棲息之地的，美麗、自由的國家，接納了我，使我不僅擁有一個家，以及一個可以養家糊口的工作，而且還可以讓我無後顧之憂，為實現我的理想、實現我的夢想，高舉星月藍旗，高唱東突厥斯坦國歌，大膽、光明正大地，進行我所追求的維吾爾民族之自由、獨立、平等事業；讓我可以在國際平台上，向世界揭露，中共正在東突厥斯坦實施的民族壓迫之法西斯暴行！

我現在擁有的這一切權利，是這個美利堅合眾國，賦予生活

在這塊土地上每一個人的。不管是先來的，還是後到的，生活在這塊自由土地上的人們，都平等地擁有這個權利。這是一塊追求夢想、實現夢想的土地，這是一塊以寬大的胸懷，測試人類夢想的試驗田！

這夢想試驗田的象徵，就是美利堅合眾國的國旗、國歌，我能不愛這個給予我自由、保障我自由的國旗和國歌嗎？肯定不能，如果我對這個給予我自由、保障我自由的國旗、國歌沒有敬愛，沒有敬仰，那我不就變成一個忘恩負義的無恥之徒了嗎？

愛國需出於自願而非被強迫

我在變成美國公民之前，很早就買好了一面美麗的美國星條旗放在家裡，還買了用來插旗子的兩個插座，並將插座一邊一個、安裝在家門口台階護欄上。每逢美國重要的節假日、維吾爾人節假日，我將美麗的星條旗、和星月藍旗一邊一個插在家門口，自豪地欣賞星條旗、星月旗的飄揚。颱風下雨，我小心翼翼地將兩面旗收回，以免弄髒、弄破。美麗的星條旗，是我一生中第二次花費自己的錢買來的國旗！

2013年4月，當我在法官主持下，莊嚴宣誓加入美國公民籍之後，我對星條旗、美國國歌的愛，更是與日俱增。因為我知道，因我擁有這面星條旗，因我擁有保障我自由權利的美國在我背後，我才擁有了光明正大地懸掛、高舉、熱愛我為之奮鬥的星月藍旗的權利和自由；才擁有了為維吾爾人自由、獨立、民主事

2013年伊利夏提宣誓入籍美國成為公民後，公司同事安排慶賀儀式。

業鼓與呼[1]的政治自由；才擁有了往返世界各地，揭露中共在東突厥斯坦暴行的人身自由！

自我來到美國，沒有任何人對我進行過愛國主義教育，我工作的單位也沒有舉行過愛國主義升旗儀式，也沒有人要求我必須買星條旗掛在家門口。但這個國家的寬大胸懷，她所給予我的關愛、自由，使我自發地、自然地產生愛國主義情懷；使我自覺、自願地花費自己的錢，去買星條旗、安裝插座等；使我自覺自願地在節假日懸掛星條旗。這不是強迫的愛國主義教育，能夠贏得的愛國主義情懷！

令人厭惡唾棄的中國五星旗

我人生中經歷的第三種國旗、國歌，是中國的國旗、國歌。

儘管中國的國旗、國歌，伴隨我度過四十年的生命歲月，但

1　**鼓與呼**：敲鑼打鼓、呼喊呼籲。

我從來沒有對其產生過絲毫的愛意！遑論敬仰、呵護啦！小的時候，從課本上知道「五星旗」是中國國旗。然而，在長大過程中，我卻知道了，「五星旗」是殖民者中國的國旗，不是我們的國旗。我知道，我們國旗被殖民者所禁止，由此我開始尋找屬於東突厥斯坦自己的旗幟。

一個長期行使民族壓迫、行使民族歧視，奴役其統治下各民族的邪惡政權；一個長期對我的祖國——東突厥斯坦，實施殖民佔領，對我的民族——維吾爾人，實施屠殺政策的暴政之象徵，如何能夠贏得一個追求自由、獨立的心，更遑論贏得愛國主義情懷！

這個由追求自由、平等、民主之中國人、圖博特人、蒙古人、維吾爾人等，仁人志士鮮血染紅的「五星紅旗」，是中共暴政奴役人民的象徵，是屠殺無辜者的象徵，是對其他「非漢」民族施行殖民歧視的象徵！

稍微有點尊嚴者，不願成為他人奴隸者，是不可能對這個不僅屠殺幾千萬勤勞無辜的中國人，而且屠殺成千上萬、甚至每天還在繼續屠殺無辜維吾爾人、圖博特人、蒙古人的政權，及其象徵的「五星旗」、國歌，產生任何感情！如果硬要說應該有點感情的話，那感情就是正在大家心中醞釀的，對中共暴政及其象徵「五星旗」、國歌的仇恨和蔑視。

學生對升旗儀式懶散不耐煩

1991年4月5日，東突厥斯坦南部重鎮，喀什地區，巴仁鄉的

維吾爾農民，在其領袖再丁・玉速甫（Zaydin Yusup）率領下，打響自由、獨立的第一槍之後，他們的武裝舉動，遭到中共殖民政權出動的軍警血腥鎮壓，而且此舉被定性為「民族分裂暴動」之後，自治區當局開始規定，各單位、各大中小學，開始進行愛國主義教育，實行每星期一升旗儀式，且規定全體員工必須參加。

我工作的石河子市教師進修學校，當時有四個民族大專班，我是其中一個即將畢業班的班主任，所以，理所當然地，被規定必須和學生一起，參加每週一的升旗儀式。

我記得，當我走進教室，向學生宣佈，從下一個星期一開始，全班必須起早，參加全校統一安排的升旗儀式時，全班學生幾乎是一致地，發出了厭惡、無奈的嘆息聲。

立即，就有學生問我：「老師，是否可以請假？」我回答：「不行。」另一位學生立馬喊道：「老師，漢人愛這個國家嗎？」我猶豫了一下說道：「據我對周邊人的觀察，很多都不愛！」。「哪，老師，為什麼要強迫我們愛這個國家呢？為什麼強迫我們去敬仰這個代表中共利益的破旗呢？」學生又繼續問道。

大家七嘴八舌討論了半天，有一個學生說：「老師，我讀過一篇文章，文章描寫的是一位美國黑人運動員，因為他對美國的種族歧視不滿，所以在一次升旗時，他以垂著頭、不對正在升起的國旗行注目禮而表達抗議！我們或許也可以這麼做？」這倒是提醒了我，但考慮到我的老師身份，我不置可否，沒有表達我的

觀點！

　　星期一的升旗儀式開始了，大家都排好隊，有四個學生在前面進行升旗。我站在學生隊伍的後面，看著我的學生。大家都懶懶散散地、不耐煩地站著。

期待有朝一日升上星月藍旗

　　中共的國歌一響，我立即垂下了頭，看著自己的腳尖，心裡在默默祈禱，真主，早一點讓我們擺脫這個沾滿我們先輩鮮血的「污腥旗」！我偶爾側眼看我的學生，他們絕大多數也是垂著頭，看著腳尖，幾乎沒有人行注目禮。

　　中共國歌的音樂，從學校那個破喇叭，時斷時續傳來，有點像是一個老態龍鍾、土埋脖子的老人，那種有氣無力的咳聲。升旗的學生更是笨手笨腳，旗還沒有升起來就被卡住了，大家都在笑。校長大概也有點不耐煩了，國歌聲一結束，就要求大家回班級準備上課。

　　儘管我被迫參加每週一的升旗儀式，直到我離開東突厥斯坦為止，但是，我也在悄無聲息地、以低頭默哀的方式，表達我對中共「五星旗」、國歌的抗議。而且，我將這種沉默抗議的方式，悄悄地講給那些後來的、我可以信任的、也同樣對中共殖民佔領極為反感的學生和老師，使這種沉默的抗議延續。

　　根據我的觀察，參加每週一的升旗儀式，不僅未能提高任何人的愛國主義情懷，反之，使參加者對「五星紅旗」更加厭惡、反感，甚至開始產生仇恨情緒，真想點一把火，把那破旗燒了，

出出氣！這種情緒不僅我有，包括大部分漢人老師和學生也都有，大家也都是無奈地參加升旗儀式。實際上，升旗儀式變成了大家的一大負擔。

至於維吾爾族學生，因爲他們對我的絕對信任，所以每到升旗的週一早上，大多都會罵罵咧咧的，當著我的面，表達他們的不滿、厭惡和仇恨。和我比較親近的學生直接問我，何時維吾爾人能夠擺脫這「五星紅旗」的侮辱。我告訴他們，先要好好學習，掌握知識，保持堅定的信仰，總有一天這旗杆上升起的，會是我們的星月藍旗，而不是殖民者的「五星紅旗」！

（本文發表於 2016 年 12 月 13 日博訊新聞網）

17 ‖ 遲到的母親節問候

思念卻不敢致意

親愛的母親，您好！兒子在遙遠的異國他鄉，祝您母親節快樂！

事實上，我不知道您是否能收到我的祝福。我不僅擔心您是否能收到，而且還擔心我的祝福，是否還會再給您帶來騷擾、凌辱，這也是我猶豫再三、等母親節過後，才決定書寫我的祝福，無論如何，也要表達一下我對母親問候和思念之原因。

親愛的母親，在我寫這篇母親節問候的時候，母親節已經過去了。昨天，也就是5月14日，星期天，是向您一樣無數偉大母親的節日——母親節，全世界的兒女們都在祝福母親節，然而，作為您現在唯一還活著的兒子，我卻無法向您發去我的致意問候，無法向您表達兒子真誠的問候思念。

我周圍的朋友們、鄰居們，都在慶祝他們母親的節日，而我只能在心裡默默地祝福您，只能在心裡默默地想念您。我多麼想和大家一樣，哪怕是能給您發一個母親節賀卡，能大早晨給您打個祝福的電話，聽一聽您溫柔、慈祥的聲音！

但非常無奈、非常悲哀，我不能給您打電話！即便是我們生活在一個訊息、通訊都極爲發達的現代社會，物質生活無憂無慮，但我卻不能給您打電話！因爲您處於獨裁政權的淫威下，處於殖民政權的監控下；每次我打電話，您都被他們騷擾、凌辱，被他們折磨、欺侮。

　　我不能給您打電話，根本原因是，我選擇了獨裁者不喜歡的一條艱難、漫長，而又崇高的自由、尊嚴之路；我選擇了一條追求自主、民主之路！這，不僅使我、父母、弟妹、親戚，也使無辜的您，生育、養育我的一個普通維吾爾母親，一個無私、無畏，思念兒女而心裡流著血的普通維吾爾母親，成了獨裁者的眼中釘、肉中刺。

夢醒淚濕思慈母

　　我還記得，去年最後一次給您打電話，您哭著告訴我：「兒子，不要再給我打電話了，不要給任何親戚打電話了，我祈求眞主保你平安，兒子！因爲你，你父親、你幾個妹妹、你舅舅及其兒女，什麼苦沒有受？入獄、被拘押欺辱，太多了。兒子，你父親也是因爲騷擾、欺侮，而心裡受傷，過早地走了。兒子，我會平安，你自己保重！」

　　爲了您的安寧，爲了您不被那些無能而又無恥的中共國保[1]、員警騷擾、欺侮，爲了您不被那個崛起大國的淫威壓垮倒

1　國家政治保衛人員。

伊利夏提的母親Rahelem Hashim 熱依德‧哈希姆。她最愛讀書，對伊利夏提的影響特別大。

下，我得忍著思念不給您打電話，不給您發信！每天，我抱著僥倖心裡安慰自己，只要沒有壞消息傳來，母親一定是平安的！

其實，不僅僅是母親節，母親！我每天都想一大早給您打個電話，想向你致以問候，想問一問您的身體如何，想問一問你是否孤獨，想問一問您是否夢到了我！我經常夢見您，母親！無奈，我也只能在夢裡和您見面！

特別是近一年來，我經常在半夜裡夢醒，發現自己的淚眼打濕了枕頭；常常，因思念您而久久不能入睡！

有時，夢醒之後，我又刻意趕緊閉上眼睛，希望那夢境能繼續，希望即便是在夢裡，能再多看您一會兒，再稍長一點點，在夢裡和您相聚。

不知為什麼，在夢裡，每次您都離我很近，近到似乎我一舉手就能擁抱您，但似乎又離我很遠，我再怎麼努力，也撲不到您的懷抱，走不到您的身邊，每次都是在試圖撲到您的懷抱，擁抱您不成之後的「母親、母親！」哭喊中驚醒。

母親心中的雄鷹

我知道您非常想念我，我也非常想念您，母親！但是我們非常不幸：

不幸，我們是亡國的維吾爾人，
我們是一塊肥沃土地——東突厥斯坦不幸的主人；
不幸，我們是東突厥斯坦這塊土地上，既無權又貧窮，
且行將成為無家可歸的主人！
不幸，我們的父輩輕信殖民者的虛假諾言，
拱手讓出了千千萬萬個東突厥斯坦各民族英雄兒女
流血犧牲建立的東突厥斯坦共和國，
使我們在不幸的血淚苦難中，
不得不義無反顧地，
選擇重走父輩走過的艱難的自主之路！

我知道您作為母親，每時每刻都在牽掛著我。我也一樣。母親，我作為家裡的長子，自離家流落異國他鄉，特別是自父親去世後，我也每時每刻都在思念著您、牽掛著您！

不幸，我們如同千千萬萬個維吾爾人一樣，選擇了民族自豪，而不是屈服於獨裁者的淫威而敢當奴才。不幸，我們如同大多數維吾爾人一樣，選擇了一條不褻瀆造物主意願的信仰生活。

伊利夏提的父親Hesen Turap艾山·土拉普，和母親Rahelem Hashim 熱依德·哈希姆，攝於2014年。

不幸，我們如同世界上大多數人類一樣，選擇了有尊嚴的生存，而不是苟且偷生。因而，我們成了獨裁者的敵人！

母親，您的音容笑貌就在我的眼前，您的聲音還在我耳邊！我不會忘記2003年11月17日當我突然回到家裡，突然告訴你們我必須離開，要出國時，您久久地將我擁在懷抱裡，眼含著淚水，鼓勵我不要放棄追求的那句話：「兒子，你是我的雄鷹，你一定能飛得很高很高，不要放棄！兒子，你是我的雄鷹，你能實現你的理想！」

想念母親的懷抱

我還記得在哈密火車站，在火車啟動的那一刻，您喊著：「Ilshat，Ilshat（伊利夏提），我的孩子！我的孩子！」跟跟蹌蹌地舉著雙手、氣喘吁吁地跟著火車跑著，試圖最後一次、再擁抱一下您兒子的身影。

是的，母親，我們不幸，可能這一生再沒有相會的日子，可

能我再也無法在您懷抱中聆聽您慈祥、溫柔的聲音，享受您溫柔的撫摸！我們十幾年前的離別，可能是永恆的離別，我們可能只能在天堂相遇，如果真主賜予的話！

每天，我想像著，您孤零零地坐在家裡臨街窗前，望眼欲穿地看著門前的小路，希望出現奇蹟；希望突然間，我和被暴徒殺害的弟弟，一塊兒出現在那條小路上！您就可以將我們擁抱在您溫暖的懷抱裡，再不會讓任何命運奪走我們。

每天，我想像著，是否有一天會出現奇蹟，我們能再相聚。儘管已經走了的父親和弟弟，不可能再回來了，但我們剩下的人，母親、三個妹妹和我，帶上兒女再相聚，剩下的一家人一起拜訪父親和弟弟的墳墓，互相拭去眼中的淚水、再苦中作樂！

其實，母親，我也特別想躺在您溫暖的懷抱裡休息一會兒，我很累！我也特別需要母親您那寬大溫暖、能消除一切疲勞和世事紛爭的懷抱！

我非常、非常地想念您，母親！我多麼想躺在您懷抱中，緊緊地擁抱著您，親吻您因操勞而佈滿皺紋的臉龐、花白的頭髮，像小時候一樣向您撒嬌，拂去您的眼淚，拂去您的憂思！讓您再開心地哪怕只笑一次！

母親，儘管我們骨肉分離、母子不能見，但您和我、和那些因反抗非法佔領者而在街頭被槍殺維吾爾兒女的父母、兒女相比，又算是幸運的。那些兒女在街頭被中共軍警槍殺的維吾爾父母，連兒女的屍首都沒有見到。和他們相比，因為我們還活著，我們還有做夢的機會，有等待再相會之奇蹟出現那一天的機會！

母親，請您別悲傷，請您別哭泣，保重身體，等待兒子的歸來。請您千萬、千萬別放棄希望和夢想。只要我們還活著，就有希望，有希望就有可能出現奇蹟！我們就越有可能再相聚、再團聚，永不分離！

（本文發表於 2017 年 5 月 17 日維吾爾之聲網站）

18 ‖ 給弟弟的一封信

親愛的弟弟你好！希望你在天國安祥和平！

無限悲傷，懷念已逝的幼弟

弟弟，如果你還活著，明天、也就是8月17日將是你39歲生日。你我雖然不是同年同月生的雙胞胎，但我們卻擁有同一日的生日，這大概是天意要我記住你的生日。

弟弟，我知道，你是不可能讀到這封信的；但我還是決定寫這一封信、寫這封長信；以此向你傾訴這幾年我對你深深的思念之情，向你傾訴我深深的遺憾、我無處訴說的憤慨、我深藏於心底的悲傷、我難以訴說的惆悵與無奈。

弟弟，我一直想說點什麼、做點什麼，以表達我內心對你長久的思念，以表達我在離開祖國前，未能向你說一聲再見的終生遺憾；以表達我在你最需要時，卻未能在你身邊的無盡遺憾和無奈惆悵；以表達我至今還未能拜訪你埋身的那塊土地，在你墳前誦讀一段《古蘭經》、為你祈禱安詳和平的遺憾。

我離家已經14年了，你離開我們、拋下父母親人也已經13年多了。如果只單純算離家的時間而不問去向，你我只差一年，都

伊利夏提弟弟——Imam Hosiyun Hesen 伊瑪目‧侯賽因‧艾山之墓。

先後離開了家，離開了父母親人。我先，你後。

　　對父母、姊妹來說，你我都是遠走的親人，是走向不歸路的、永別的親人。他們只能在心裡想、夢裡見，卻無法在現實中擁抱、傾訴衷腸！

　　我一去不返已經十幾年了。父親當年是含著淚水把我送上火車、送上不歸路的。自此，父母只能聽到我的聲音，卻無法見到我這個兒子。父親臨死之際，也未能等到我這個長子，站在他的病床前、為他送終。父親是帶著失去兒子的痛苦，帶著無盡的遺憾、無盡的思念，帶著對母親、妹妹們深深的擔憂，離開這個無情世界的。

父臨終，長子幼子都不在場

　　弟弟，你也是一去不返。你的慘死，使父親以其蒼蒼白髮，強忍失子之痛，掩埋了你。他們思念你時，只能去你的墳頭[1]對

1　墳墓。

你悄悄私語，在你墳頭誦讀神聖《古蘭經》，為你祈禱安詳和平。對父母來說，你似乎在他們身邊、很近，但又很遙遠，畢竟是陰陽兩世相隔。

2016年4月5日，父親在對你的無限思念中，在對我的擔憂、失望中，無聲地告別了母親和三個妹妹，撒手人寰，去與你相聚於大地的懷抱，與你相伴。

弟弟，不知你在天之靈，是否感應到父親的氣息？現在，父親就在你身邊！

弟弟，你是知道的，父母本以為你和我作為兩個兒子、兩個男子漢，應該成為家裡的樑柱。家裡子女中，我老大、你老小、中間三個女兒。他們把養老送終，和照顧三個女兒的希望，都寄託在你我身上。

但他們怎麼也沒有想到的，也令他們無法接受的是：你我都早早地遠離了他們，我們倆都不在他們身邊。我們不但無法給父母養老送終、幫父母照顧我們的三個姊妹，你我還連累全家，使他們在痛苦與悲傷中艱難度日。

伊利夏提的弟弟——Imam Hosiyun Hesen 伊瑪目‧侯賽因‧艾山。

弟弟，你是知道的，我之所以離家逃亡、漂泊異國他鄉，乃是因為偌大一個東突厥斯坦，由於我的直言不諱、批評中共殖民政策而容不下我。我也永遠忘不了你之所以離開我們、與我們陰陽兩世相隔，是因為你無辜地被一群暴徒兇狠殘殺。而這群暴徒，正是由共產黨殖民政權的民族仇視政策所教育出來的漢人。

聞訊弟遇害，心痛欲哭無淚

我們倆都是因為中共殖民者的政治迫害，而不得不告別父母、告別手足，走向不歸之路。一個無法返鄉、一個兩世隔絕；使父母後半生，每日都在心繫你我的憂傷、痛苦中以淚洗面，使父母姊妹的每一天，都在對你我的深深思念與悲傷中度過！

弟弟，我這一生最大的遺憾，當然是在離家遠走時沒有設法和你見一面，和你擁抱，說一聲再見、保重，照顧好父母、姊妹！

弟弟，我沒有在離開前設法和你相見，說一聲再見、保重，是我想當然的以為，你很年輕、你是家裡的老么，你一定會等我回去；無論我在外流浪多長時間，你肯定會等我回去！

我沒有在離開前設法和你相見，告訴你照顧好父母，是我想當然的以為，即便老哥長時間回不去，你一定會替哥哥承擔為父母養老送終、保護三個姊妹的重任！

弟弟，親愛的弟弟，但是，你我的人生，正應驗了一句話：「人算不如天算！」無情的世界，一群侵佔我們祖國的暴徒，剝奪了你的生命，使你比我先走向天國！

弟弟，那一天，當我在馬來西亞，第一次聽到你被一群暴徒無辜殺害的消息時，我不知道該怎麼回應電話那頭正在哭訴的妹妹。我茫然地掛斷電話，在辦公室收拾了一下，然後回到我租住的房子，一個人關上門，坐了很長、很長時間。我心裡在哭，眼裡卻沒有淚水，沒有能哭出來，但是心裡又特別、特別的堵，堵得慌、堵得難受。

漢暴徒圍攻，弱弟遇刺身亡

　　父母、妹妹們為了不使我難過，弟弟，他們把你被殺的消息整整隱瞞我一個多月。那天，如果不是我打電話給大妹妹，不停地向她抱怨「弟弟為什麼不給我打電話？」，可能，他們還打算繼續向我隱瞞你被暴徒殘殺的消息。

　　第二天，我再打電話給二妹妹，向她詳細詢問你被暴徒殺害的經過。聽完妹妹悲傷的哭訴，我放下電話，再一次關上了我租住屋子的門。這一次，我無法控制自己。其實我也沒有打算控制自己，我放聲大哭，讓眼淚流下來，讓哭聲衝出喉嚨。我不知道自己哭了多長時間。

　　弟弟，那幾天，我的眼睛一直在流淚、心裡一直在哭泣；眼前，總是浮現你的音容笑貌和舉止神態。

　　親愛的弟弟，每次，我一想到你形單影隻，在一群漢人暴徒圍攻下、輾轉躲避的瘦弱身影時，心痛有如刀絞、痛苦悲傷；心裡不斷地流血、流淚。

　　弟弟，當妹妹哭著告訴我，那一天，你面對十幾個漢人暴

徒，你先是反抗了一陣子，然後就抱著你的頭，嘴裡說著：「別打我的頭。」，然後蹲下身子不再反抗。然而，那群漢人暴徒依然不依、不饒地繼續圍攻你。

不知什麼時候，那位領頭的暴徒拿出了刀子，嘴裡說著：「老維，信不信我殺了你？」然後，他將那罪惡的屠刀刺向了你。你倒在血泊中，掙扎、呻吟。餐廳裡那麼多人，竟然沒有人阻止暴徒、也沒有人呼喊員警！

等到你沒有了氣息，員警來了，急救也來了，但你已經走了，你已經永遠地閉上你那炯炯有神的雙眼，不再回應父母親人的呼喊，也不再回應遠方你哥哥的哭泣。

我們家的悲劇，亦即維吾爾悲劇

我不知道，當你被暴徒圍攻時，你是否呼喊過哥哥；我不知道，當你倒在血泊中掙扎、呻吟時，你是否呼喊過哥哥；我總覺得你呼喊過，你一定喊過，因為我經常能聽到你喊「哥哥、哥哥，快來，快來救救我。」的呼救聲。

親愛的弟弟，在你最需要哥哥的時候，我卻沒有能在你的身邊！哥哥太無能，太無力了，無法在你最需要的時候幫助你！

弟弟，你的被殺，是我們家裡的悲劇！同時，也是整個維吾爾民族的悲劇！一個失去祖國家園之民族，自我拯救之路上無數悲劇當中的一個悲劇！我們的父母失去了幼子，我和妹妹們失去了弟弟。但是，弟弟，在東突厥斯坦，「失去弟弟、失去兒女」的家庭，何止我們一家？

弟弟，很多、很多維吾爾父母、親人都和我們一樣，在哭泣，在尋找他們的兒女。那位維吾爾母親——帕提古麗，自2009年7月5日起就一直在尋找她的兒子。我每次聽到帕提古麗、一個傷心，心裡流血流淚母親的哭訴之聲，我就會想到你，就會想到母親。

　　過去幾年，我每次給家裡打電話，電話那頭的母親也和那位母親帕提古麗一樣，傾訴者對兒子的思念。那悲戚的哭聲，是一樣的，都是失去兒女的維吾爾母親的哭聲。

　　親愛的弟弟，哥哥只有一個願望，那就是祈求上帝，讓我能活著回到獨立、自由的祖國東突厥斯坦；和母親妹妹們一起，能夠在你和父親的墳前誦讀《古蘭經》，為父親和你祈求安詳和平；最後，讓我能埋身祖國家園，與父親、與你、與家人相伴相依。

（本文發表於 2017 年 8 月 17 日維吾爾之聲網站）

19 ‖ 歧視、偏見？

維吾爾語也是國語

新疆維吾爾自治區的局勢，走到今天的無解危機，是有其歷史淵源的。

在新疆維吾爾自治區，民族歧視和偏見，時時刻刻到處都存在，而且涉及領域極其廣泛，幾乎囊括了自教育至企事業單位，到農工商各行各業。這些歧視、偏見，儘管大多數時候是以語言歧視和偏見為主，有些還看似無惡意，但反映的是一些漢人自以為是的高傲和無知。儘管這些語言歧視和偏見看似小事一椿，但卻自發生的那一刻起，就一直在深深地傷害著被歧視的維吾爾人的自尊。

今天，就以我個人經歷的幾件事一一陳述，和大家分享。

記得剛到石河子當老師不久，一天下午，學校的另一位維吾爾老師馬木提（Mamut）走進我們基礎化學教研室找我。

馬木提老師是個高個子、高鼻樑、濃眉大眼的維吾爾人，可以說是典型的高加索人種，很帥。我們倆寒暄問候之後，開始用維吾爾語交流。

大概是按捺不住寂寞吧，同辦公室一位姓陳的老師訕笑著，對我們說道：「伊利夏提老師，能請你倆講國語嗎？我們聽不懂啊。」這話讓我有點不舒服，我立馬回敬說：「陳老師，儘管石河子屬於兵團，但我們還是在維吾爾自治區境內，而且維吾爾語是自治區法定官方用語之一，所以維吾爾語也是國語！再說，我們的談話內容也和你無關。」

　　他有點尷尬，滿臉堆笑，有點奉承的說：「伊利夏提老師能說，你說的有道理。馬老師很帥啊，特別像電影裡的南斯拉夫人！」馬木提老師也不甘落後，未加思索的回答說：「不是我像南斯拉夫人，而是南斯拉夫人像我！」

漢人入境不學維語

　　未等陳老師反應過來，在聽我們對話的王老師跳進來了，「哎呀呀，早就聽人說過，『天不怕、地不怕，就怕老維（維吾爾人）說漢話』，真的是一點不假啊，一點不假。看他倆的搶白，振振有詞。這維族人一學會說漢語，就開始強詞奪理了，了不得。不過，他們還算懂道理，不像那些不會講漢語的維族人，兩句話不投機就要和人打架，一點都不講道理。」

　　這話讓我有點火冒三丈，但我還是控制住自己，回過頭對王老師說道：「王老師，我們哪裡強詞奪理了？我們只是在告訴你事實。再說，不懂漢語的維吾爾人，也不是不講理，而是沒有辦法和你溝通而已，這和懂不懂道理沒有關係。」

　　王老師繼續搶白說：「那他們應該和你們一樣學習漢語，受

點教育！」

我毫不示弱地回敬道：「王老師，那你們也是不是應該學一點維吾爾語呢？你到這裡不是也有四、五十年了嗎？什麼叫入鄉隨俗？學一點維吾爾語，也便於你瞭解維吾爾人呀，畢竟這裡還是維吾爾自治區！」

我繼續補充道：「至於受教育，維吾爾人一直就很重視教育，我和馬木提老師就是維吾爾人重視教育的結果。我們倆都來自農村，父母都是農民，馬木提老師從小受的是維吾爾語教育，而我從小受的是漢語教育。和漢人的平民百姓一樣，並不是每一個維吾爾人家庭，都能讓孩子完整的上完中小學；再說，維吾爾人也沒有漢人那樣多的機遇，沒有漢人那麼富有，所以，也並不是每一個家庭都能將孩子送到大學。」

為了不傷和氣，大家在唇槍舌劍了一陣後，都哈哈一下，就不說話了，談話就此尷尬地結束了。馬木提老師本來就是個謹小慎微的人，看氣氛有點緊張，也告辭了。

我遲到但老師不罰

其實，我自上小學開始，就經歷了很多這種看似無意，卻傷人自尊的民族歧視和偏見了。

記得大概是高考前，當時的哈密鐵二中已頗有名氣。學校師資力量，不說在哈密，在全維吾爾自治區也是有名的。我們班作為學校兩個重點班之一，集中了學校最好的老師。那些老師不但非常優秀而且還特好，特別關心我們。大概因為我是唯一一個維

吾爾學生的緣故吧，每一科目的老師都對我特別關注、關懷，讓我總有一種受寵若驚的感覺。

當時的哈密地方系統和其他維吾爾自治區學校一樣，都使用維吾爾自治區時間。但鐵二中因為是鐵路局子弟學校，卻和鐵路系統一樣使用北京時間。

這樣，早春期間，早上，我們基本上是天還未亮就到學校參加早早讀。因為連續起早，再加上寒假也幾乎沒有休息，大家都早已疲勞到了極限。因而，每天早上都有學生遲到。但老師們一點都不鬆懈，也不客氣。凡是遲到的，老師一律要罰站，要在教室門外站到老師讓進來為止。一些連續幾次遲到的同學，還要被老師當眾訓斥。

有一天早上，我遲到了。那一天，天還特別的冷，我猶猶豫豫地來到教室門口，大喊了一聲「報告！」根據經驗，我認定，那天的語文老師不會第一次就答應我，肯定要讓我多喊幾次。出乎預料，我清晰地聽到了語文老師喊「進來！」的聲音。我戰戰兢兢地推開門，走進教室，準備聽老師一頓劈頭蓋臉的訓斥。然而，又完全出乎我的預料，語文老師看看我，對著全班同學說道：「維吾爾人沒有早起的習慣！伊利夏提，坐到你的座位上去，背誦我指定的課文。」

老師對維吾爾偏見

我一開始沒有反應過來，然後是茫然、猶豫，再往後，是在全班同學眾目睽睽下，紅著臉，慢慢的走向座位坐下，翻開書，

試圖背誦老師指定的那篇課文。但老師的那句話，時時在耳邊迴響：「維吾爾人沒有早起的習慣！」

這位語文老師是一位極受學生尊重的好老師，她對我也特別好，我也很喜歡這位老師。我不想和老師當著同學的面爭論，我知道老師是好意在找理由讓我坐下，不想讓我大冷天在外面站著。但這理由找的卻讓我極其不舒服，她也可能是無意，但我感覺到了老師內心，根深蒂固的對維吾爾人的歧視和偏見。

從小學到高中，我每天都和其他漢人同學一樣早起來校上課，幾乎沒有遲到過，根本沒有什麼不同。高中開始為了準備高考，學校加了早早讀，我也每天按時來參加。語文老師也是知道的，當然，我也遲到過，也被罰站、訓斥過。但這和維吾爾人有什麼關係呢？維吾爾人和其他世界上的任何民族一樣，也都有早起的習慣，尤其是那些虔誠的維吾爾穆斯林，都要在天不亮的時候，就起來禮早拜。

顯然，在語文老師的觀念中，維吾爾人懶惰，睡懶覺，她儘管生活在維吾爾自治區，生活在維吾爾人當中，但卻不瞭解維吾爾人，而且還帶著深深的偏見。這不僅使我極其失望，而且她在我心中的那個美好形象，也打了極大的折扣。

（本文發表於 2018 年 12 月 1 日自由亞洲電台）

20 ‖ 我有爺爺、奶奶嗎？

四歲女兒天真問爺奶

下午下班後，將4歲女兒自幼稚園接回家。一進屋子，女兒突然仰頭看著我，非常天真地問我：「大大（Dada，維吾爾語的父親，不是習近平的大大）我有爺爺、奶奶嗎？」

這突如其來的問題，讓我有點懵[1]。猶豫了一下，我回答說：「有，寶貝女兒，你有兩個爺爺，兩個奶奶。你的兩個爺爺，兩年前，都先後走了，去了天國。一個奶奶也很早就去了天國。你仍然有一個奶奶還在，她住在非常、非常遙遠的地方，我和你媽媽過去的家。」

女兒繼續天真地問我：「大大，那，奶奶她現在住在哪兒？為什麼她不來我們家，為什麼不和我玩？我班上的其他孩子，都有爺爺、奶奶接他們。我可以和奶奶通話嗎？你能給奶奶打個電話嗎？我想和奶奶說話！」

這下，我不知道該如何回答了；想了一會兒，我吞吞吐吐地

1　被沒有準備的事物或問題所驚異。

回答女兒：「啊……奶奶那裡現在是黑夜，等她那裡天亮了，我們再給她打電話，行嗎？」

女兒說：「行，大大，但不能忘記啊，等奶奶那裡天亮了，我們打電話，我要和奶奶說話！我有表兄弟姊妹嗎？我也想和他們說話。」

我哼哼哈哈地應付道：「好的，寶貝女兒。你有很多表兄弟姊妹，等他們那裡天亮了，我們再給他們打電話，你和他們好好聊天，好嗎？你先看一會兒電視，好嗎？」

打開電視，總算把女兒哄住了。但我自己卻陷入了無盡的痛苦思念中。和家裡失去聯繫已經有一年多了，也不知母親怎麼樣？妹妹們怎麼樣？她們的兒女怎麼樣？家裡的電話，打過去，已經有好長時間沒有人接了，親戚朋友也早已經斷了聯繫。

現在，不僅是女兒，我們自己也都成了孤家寡人。在這異國他鄉，除了夫妻倆，連一個親人都沒有。

夫妻對坐思故鄉親人

過去，隔三差五[2]還能給家裡打個電話，聊一聊家鄉親人。週末，有時一聊一個多小時。想見面了，還視訊一下，胖了、瘦了的，偶爾還逗一逗侄兒侄女。電話把距離拉近了，並沒有感覺到異國他鄉的遙遠和孤獨，親人朋友似乎就在身邊，需要時，一打電話就能找到。

2　每隔三、五天；常常。

幾年前，妻子有幾次想做家鄉飯了，不知道怎麼做，就立馬打電話找她姐姐、姑姑、姨媽視訊，問她怎麼做？她們在電話那邊耐心細緻地講怎麼做，妻子在這邊照著做，嘻嘻哈哈之間飯就熟了，味道和家鄉的一模一樣。

　　現在，我們經常是夫妻倆，你望著我、我望著你，一坐就是幾個小時，相對無語。妻子經常會忍不住哭訴對哥哥、姐姐、姑姑、姨媽的思念，不停的問我：「這要持續多長時間呀？我們再也不能和他們聯繫了嗎？我只想知道他們怎樣啊？我想他們呀！」我不知道該怎麼回答，實際上，我也沒有答案。

　　但我總得安慰、安慰她，我只好用：「這不止是我們一家的遭遇，每一個海外維吾爾人都在經歷這生離死別。耐心點，堅強點。這黑暗的日子一定會過去。堅持，盡我們所能，做一切我們能做的事，堅決不向黑暗低頭，勇敢揭露黑暗，不後退，相信正義一定能戰勝邪惡。」

　　這些話，看起來似乎太過於冠冕堂皇，但面對這史無前例的黑暗，面對這維吾爾民族生死存亡的危機，面對籠罩維吾爾民族的種族屠殺、文化清洗，面對一個邪惡無底線的暴政，面對一個敢冒天下之大不韙，將一百多萬無辜維吾爾、哈薩克等當地突厥民族，關押在高牆大院集中營的殘暴政權，不說這些話，還有什麼能說的？還能說什麼？

海外維吾爾人要堅強

　　女兒想喊爺爺、奶奶，想認識一下她的叔叔舅舅、姑姑姨

姨、表兄弟姊妹；我們遠離家鄉的兒女，想和家人親戚朋友打個電話，問候一下，這不都是人之常情嗎？這不都是最基本的家庭生活之需嗎？世界上有哪個民族，在今天，在科技發達的二十一世紀，如我們維吾爾人一樣，被活生生地剝奪了和父母親人聯繫的權利！被生離死別，妻離子散、家破人亡！

悲傷、痛苦、憤怒、絕望、失望、無助、內疚、無奈，工作無法安心，學習不能聚精會神，在家沒有安寧，這大概是現在國外每一個維吾爾家庭，每一個人，每天，每時每刻都在經歷的心理創傷。

但是，作爲東突厥斯坦身陷集中營的一百多萬無辜、弱勢維吾爾人唯一的希望，作爲那些失去父母、孤苦伶仃的維吾爾孤兒的親人，作爲那些死於集中營、酷刑折磨的維吾爾人最後的寄託，我們海外維吾爾人還得堅強，擦乾淚水繼續抗爭。既是爲了民族的自由，爲自己的親人，也是爲了我們海外漂泊的維吾爾人，能有一個落葉歸根的歸宿，更是爲了在海外出生的下一代維吾爾兒女，能有一個尋根的家園。

所以，我們悲傷、痛苦，不能失去希望。憤怒、絕望，不能失去理智。失望、無助，不能放棄理想。內疚、無奈，不能失去鬥志。儘管現在似乎是黑暗籠罩一切，太陽也似乎被宇宙黑洞吞噬，但要相信，太陽如果被宇宙黑洞吞噬，地球也將不復存在。因而，這只是黎明前最後的黑暗，太陽的光亮一定會衝破黑暗，照亮東突厥斯坦。

（本文發表於 2018 年 12 月 5 日維吾爾人權項目部落格）

21 ┃ 不想回顧的2018，
不敢展望的2019

不知家人是否被抓去集中營

今天是2018年的最後一天，明天將是2019年。

活了五十多年，自上小學開始，直到去年的年底為止，自願或不自願，我都會在即將過去一年的最後一天，組織、參加辭舊迎新的新年聚會，和同學、朋友、和維吾爾社區老小，一起倒數著10、9、8、7……迎接新年的到來；也都會對過去的一年，或多或少，有所留戀，有所回憶，有所感歎，對即將到來的新的一年會有所期盼、有所展望、有所夢想。

然而，今天，2018年的12月31日，第一次，我對過去的一年，既無回憶、回顧、感歎的心思，對新的一年，也失去了期盼、展望和夢想的心境，更遑論組織、參加新年聚會了。

地球的另一端，我的家鄉——東突厥斯坦，應該已經是進入了新的一年2019年，至少是官方的，日曆上的。

我不知道我的母親，在孤獨中，是否注意到了新年的到來，前提是如果她還活著，或者非常幸運的、還在家的話。我也不知道，我的三個妹妹以及他們的丈夫、兒女，是否也注意到了新年

伊利夏提大妹妹的兒子，目前沒有任何
消息。

伊利夏提舅舅的大兒子，2014年年初
因伊利夏提寄給他一些衣服等服裝而被
拘押一個月左右，被酷刑過。現在叔叔
和他兩個兒子、三個女兒，及家人都不
知下落。

的到來，如果他們還非常幸運的還在家，沒有被抓走，不在集中
營或監獄，還能每天正常的回到家的話。我更不知道我的叔叔、
舅舅及他們的家人是否也注意到了新年的到來，如果他們也還幸
運的沒有被關進集中營、或監獄。

　　我難於想像那些已經在集中營裡的、超過2百多萬的維吾
爾、哈薩克、柯爾克孜人，他們是否注意到了新年的到來。

　　他們當中有我的親戚、有我過去的鄰里、朋友和同學，有我
從未謀面、但久聞大名的維吾爾各界菁英。

久聞大名的維吾爾各界菁英

　　其中，有我久已慕名的：

東突厥斯坦（新疆）教育廳廳長：沙塔爾·沙烏提

維吾爾自治區社科院副院長：阿不都熱紮克·沙伊姆

維吾爾自治區人民出版社社長：阿布都熱合曼·艾拜

維吾爾自治區教育出版社社長：塔依爾·納斯爾

維吾爾自治區語言文字委員會主任：麥麥提艾力·阿布都熱依木

維吾爾自治區社科院語言研究所副所長：艾拉提·阿布都熱合曼

維吾爾自治區《新疆日報》維吾爾文編輯部主任：依力哈木·外力

烏魯木齊人民廣播電台維吾爾編輯部主任：艾賽提·艾則孜

《新疆文化》雜誌總編：庫爾班·馬木提

《塔里木》雜誌總編：亞森·孜拉力

良心法官、烏魯木齊中級法院副院長：哈利浦·庫爾班⋯⋯

　　有我有久仰大名的各大中小學校長：

新疆大學校長：塔西普拉提·特依拜

副校長：地木拉提·烏普爾

新疆醫科大學校長：哈姆拉提·烏普爾

新疆師範大學前校長、維吾爾自治區文聯主席、作家協會主席：阿紮提·蘇力坦

喀什噶爾大學校長：艾爾肯·烏麥爾

和田師範專科校長：巴拉提

烏魯木齊職業大學教育學院院長：卡米力・熱依木

烏魯木齊實驗中學前校長：吐爾地・圖尼亞孜

喀什噶爾疏附縣第一中學副校長：阿迪力・吐爾遜

烏魯木齊第十小學校長：阿巴斯・布林汗

昌吉市第三中學副校長：艾克熱木・斯拉木……

有我敬仰的學識淵博的伊斯蘭學者：穆罕默德・薩利・阿吉、阿不都乃哈德・麥合蘇姆……；有我敬佩的、孜孜不倦以求還原歷史真相的維吾爾史學家：阿布力米提、祖力皮卡爾・巴拉提……；有獻身維吾爾・突厥古籍，以求傳承延續維吾爾語言傳統的維吾爾・突厥語專家：塔依爾・依米提、阿不都克尤木・米吉提……；獻身科學技術，以求向世界展示維吾爾人也是一個現代民族的各行各業專家學者：阿布拉江・阿不都瓦柯（數學家）、阿里木・艾海提（電腦）……；維吾爾自治區各大學的學科帶頭教授、副教授、講師：熱依拉・達吾提（女，民俗學教授）、古麗娜爾・烏布利（女，教授）、努爾比亞・雅迪卡爾（女，教授）……

被迫害菁英名單多到數不清

有我長期追尋跟蹤的維吾爾詩人、作家、書評家：帕爾哈提・吐爾遜、阿巴斯・穆尼亞孜、塔依爾・塔里普、亞麗坤・茹孜、其曼姑麗・阿吾提（女詩人）……

有我深愛的民歌歌唱家：塞努拜爾‧吐爾遜（女民歌手）、愛提拉‧艾拉（女歌唱家）、帕麗達‧馬木提（女歌手）、阿布都熱依木‧海提……

有我喜愛的說唱演員、喜劇小品演員、主持人：阿布拉江‧阿吾提‧艾尤普、阿迪力‧米吉提、柯優木‧麥麥提、努爾夏‧提米吉提……

有我敬仰敬佩的、夾縫中求生存的維吾爾企事業家：克里木‧馬木提、麥提亞森‧麥托赫提、迪力夏提‧帕爾哈提……

還有那些傾其家財辦學校、孤兒院的維吾爾慈善家：奴爾泰‧阿吉、阿不都哈巴爾‧阿卜杜茹蘇力……

以及擁有眾多粉絲的、在世界體壇展現維吾爾人身影的足球運動員：伊爾凡‧哈茲木江、阿不都熱西提‧帕裡萬、納比江……

當然我也沒有忘記，還有那當初道貌岸然、義正辭嚴的指斥過伊力哈木‧土赫提教授和我們自由事業的、前維吾爾自治區主席努爾‧白克力，自治區政法委副書記西爾繁提‧巴烏東……

名單還可以繼續下去，可以是好幾十頁……

他們有的在集中營，有的在監獄，有的已被判刑，有的已被判死緩等重刑，還有的被強制失蹤、人間蒸發，更有已經含冤在集中營、監獄離世；我不知道他們是否有時間、有精力注意到新年的到來。

當然，那些早已含冤離世的，被劊子手們送離了世間的悲歡離合，對他們，也就不存在新年、舊年了，但卻苦了家人，生活

在不知「今夕是何年」的痛苦思念中。

被關被殺的維吾爾人怎展望

那些在集中營、在獄中的老人、小孩、男人、女人；

作父親的擔憂、焦慮妻兒父老，

作母親的思念、憂心兒女家庭，

作兒女的懷念、想念父老家小，

同時也憂慮自己的命運、明天和未知的未來；

他們肯定是既沒有時間，也沒有精力去關注新年、舊年的更替。

更為可憐的是，那些被秘密轉移到遙遠中國各省，監獄裡的維吾爾男女老少，他們既不知道自己身在何處，今夕是何年，更不知道這一生，是否還能回到那個曾經的家，這一生是否還能見到自己摯愛的親人。

維吾爾人，作為一個民族，在人類文明發展到資訊時代的二十一世紀，不幸，整體失去了命運自主權，完全處於被獨裁殖民者，任意屠戮的悲慘境地，無法做主自己的命運。

一個失去了命運自主權的民族，一個成為了殖民者任意宰割的民族，還能對過去有什麼回顧和留戀的呢？回顧失去兒女父母的血淚？沒有屍體、只有冰冷冷的死亡通知書？被強制失蹤維吾爾人的杳無音信？婚禮上掩飾不住痛苦維吾爾姑娘的哭臉？鐵絲網內統一服裝一排排坐著的維吾爾男男女女？鐵皮車廂裡戴黑頭罩不知自己被押向何方的維吾爾人？孤兒院裡維吾爾孩子恐懼、

期盼的雙眼？淹死的維吾爾孩子？凍死的2歲孩子熱合木土拉・錫爾巴克？

不知道，我真的不知道，不知道我們還能回顧什麼？還有什麼可留戀的？說真心話，我個人，對這殘酷、冷漠的世界都已經沒有太多的留戀了（但這絕不意味著我會自殺！），還能對一個人為製造的新年有什麼期待呢？還能展望什麼呢？還能夢想什麼呢？

國際的輿論，需要我們引導

我一直強裝笑臉，一直強裝堅強，希望給予同胞們希望，即便那希望非常渺茫、遙遠。但是，這一年來，眼看著這文明世界只有正義之聲，卻遲遲沒有正義之行動，作為一個知識份子，一個為民族奮鬥了一生的維吾爾人，有時也很沮喪。

但是，沮喪歸沮喪，無心思，新年可以不慶祝，辭去的一年可以不回顧、不留戀，但不能苟活。我絕不希望自己一直生活在沮喪和失望中，讓絕望俘虜我！

作為生活在自由世界的維吾爾人，儘管每天生活在嘔耗與痛苦、憤怒與絕望、沮喪與希望、理想與夢想中，只要我們還活著，還有一口氣，只要我們還能說話，還能做事，就絕不能以苟活浪費時間，浪費生命。

家鄉的父老還寄希望於我們，國際的輿論需要我們引導，真相需要我們揭露。我們一定要將悲痛化作力量，將憤怒化作動力，希望作路標，理想作指南，繼續向前；要嘛和家鄉、民族一

起獲得自由，要嘛和家鄉民族一起昂首挺胸走向死亡！絕不屈服
於邪惡！

　　權以這篇絕望中的思緒，做個新年致辭，獻給絕望中和希望
中的維吾爾人！

（本文發表於 2019 年 1 月 1 日博訊新聞網）

22 ‖ 與書同命運

對文革的燒書印象最深刻

我出生在伊犁一個美麗的山村——曲魯海鄉，離伊寧市大約30公里左右。

伊利夏提出生地，曲魯海鄉的街道。

我出生的年代，正好是中國所謂的「三年自然災害」末期，「文化大革命」的星星之火正準備燎原之時。等我稍微懂事時，文化大革命已進入「轟轟烈烈」、「到處煽風點火」的高潮期。因而，可以說「非常不幸運的」，文化大革命也給我留下一點難忘的印象。

　　那印象裡，最深刻的是「燒書」，或曰「焚書」。

　　一個夏季的晚上，由阿克木別克‧霍加（Hekimbek Hoja）的夏季官邸改造的公社大院裡，像一座山一樣，堆滿了從鄉里的維吾爾、哈薩克知識份子，和宗教人士家裡，收繳來的中亞老突厥文的各類書籍，有《古蘭經》、《古蘭經注釋》、《聖訓》，以及其他宗教書籍，和印刷於蘇聯中亞的歷史文化、小說等類書。大多數都是大部頭的、厚厚的書，這也是我人生第一次看到那麼多的書！

　　書要燒，讀書的人也要批判。凡是家裡被搜出書的知識份子，和宗教人士，都被拉來，沿著書山圍成了半圓，他們胸前都掛著大牌子，被要求低頭站在書堆邊。爺爺和他的朋友──花白鬍鬚的伊斯拉弗拉‧大毛拉（Israpul Damollam）站在一起。

　　不知道是什麼時候，全鄉唯一的漢人──公社李書記喊叫了一陣後，民兵在書山上撒上汽油之後，將點燃的火柴一扔，「轟」的一聲，書山就點燃了。熊熊燃燒大火中，有人開始喊口號，並打罵胸前掛著牌子的那些維吾爾、哈薩克精英，也包括我爺爺。我含著淚水，望著顫顫巍巍站著的爺爺，心裡極為難受。

　　突然，一個民兵，正揪著伊斯拉弗拉‧大毛拉的鬍子並打罵

他，隨後，不知用什麼點燃了大毛拉花白的鬍鬚，「嘶」的一聲，立即，空氣彌漫著一股糊味兒。

爺爺會暗地裡藏書並讀書

人群出現了騷動，大喇叭裡開始廣播著，要求大家回家，說是批判大會結束了。我和只比我大幾歲的舅舅一起，一步一回頭地，看著熊熊火光中，搖搖晃晃站著的爺爺，一萬個不情願地回到了家。我們想等爺爺回家，但睡眠征服了我們。我們不知道爺爺是幾點回到家的。

那個晚上，爺爺大概是因為不留長鬍子而倖免於難。而伊斯拉弗拉大毛拉，據爺爺說，當晚被民兵押解到縣裡去，而後又聽說他被判刑了。後來，我也只是在八十年代見過他一面，人已非常老，弓著腰、拄著拐杖，勉強能走一兩步。

那次燒書之後，本來就沒有書店的曲魯海鄉，家家除了紅寶書[1]之外，就只剩滿篇毛主席像的教科書了，再也找不到任何其他書籍。似乎，人們忘記了書。讀書的人，因抓的抓、殺的殺，也沒剩幾個。

爺爺大概是屬於鄉里有先見之明的幾個菁英之一，他很早就把他大部分的書都藏起來了。那些大部頭的書，爺爺用布裹嚴實之後，埋到了果園牆角。其他一些書，爺爺藏到放農具、家什乾

---

1 **紅寶書**：也叫毛主席語錄，是毛澤東在不同時期不同場合講話的摘錄；文化大革命時人手一本，家家必須有的書。

伊利夏提的爺爺的書。左，外貌；右，內頁。

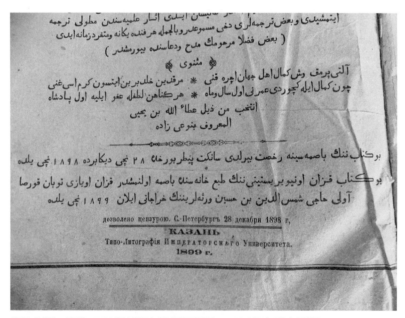

書的內頁，該書1898年首版在彼得堡印刷，1899年在喀山再版。

果[2]的儲藏室裡。因而爺爺的藏書，大都數倖免於難。但他還是非常小心，那時，我一直也沒有搞清楚爺爺的書到底是藏在什麼地方了。

春、夏、秋三季，爺爺一般是坐在果園角落，一棵大梨樹下的木床上讀書。爺爺的書都是一些書皮、書頁都發黃了的、大部頭的書。每次有人來訪，一進院子，奶奶就會要我通知爺爺有人進來，爺爺一看到我，就會把書收起來，藏到床底，或枕頭下面。冬天，爺爺一般是等夜深人靜之後，再把窗戶用棉被捂嚴實，等我們都入睡後，再在煤油燈下讀書。

多讀書才能開闊你的眼界

我有時半夜醒來，會發現爺爺在讀書，在讀那些大部頭的、發黃了的書。

有時，爺爺會給我和舅舅講一些歷史故事，歷史人物。現在想一想，大都是有關中亞那些新式教學（Jediddizm）、宣導民族復興先驅的故事。記憶中有：

伊斯馬伊利・嘎斯普阿里（Ismayil Gharsipali）、
加茹拉耶夫（Jarula）、
穆薩巴耶夫（Musabay）、
阿布都卡地爾・大毛拉（Abduqadir Damollam）、

2　**農具乾果**：儲藏春夏用的農具和乾果、乾肉之類的儲藏室。

艾力汗・圖熱（Ilhan Torem）、

阿合買提江・卡斯木（Ehmet Ependim）、

麥斯武德・瑟比爾（Mesud Ependi）等中亞突厥各民族精英。

偶爾，爺爺也會教我們背誦《古蘭經》經文，和古典維吾爾詩詞。

每次我問爺爺，他那些傳奇故事、歷史軼事都是從哪裡來的時候，爺爺都會鄭重的告訴我：「書，孩子，都是從書裡來的。好好學習，多讀書，走更遠，開闊你的眼界。你的父母上學讀書，走出曲魯海鄉，到了哈密，你要超過他們，比他們走得更遠。你的世界，肯定會比我們的更寬廣，一定要好好讀書。」

我喜歡讀書、嗜書如命的習慣養成，說是因爺爺的影響，既不是誇張，也不是虛構。我第一次聽說列寧、史達林、第二次世界大戰、東突厥斯坦共和國（三區革命），也都是自爺爺聽來的。教科書裡學到的，只有一個毛澤東和林彪。林彪出事後，教科書還被老師們拿去，將有林彪那一頁，用漿糊給粘起來了。這樣，就只剩一個毛澤東了。

爺爺講述的，那些歷史故事、歷史人物的趣聞軼事，激發了我對讀書、學習的欲望。

我上鄉小學之後，在要儘快讀懂爺爺書本之渴望激發下，經過努力，我很快就學會了維吾爾新文字的讀、寫，但卻很失望地發現，我還是讀不懂爺爺的書。因為爺爺的書，是當時中亞通用突厥文的，而且大多是在現俄羅斯韃靼斯坦的喀山印刷的，或是

1944年「三區革命」（東突厥斯坦共和國）時期，在伊寧市印刷的。對爺爺的書而言，我仍然是個文盲。

不只學漢文也學維吾爾文

後來我來到哈密，進入哈密鐵路第一小學學習。經過半年極為艱苦的努力，由完全不懂漢語，到能跟上班裡的同學，再躍居為班裡前幾名。漢語，為我開啓了另一扇讀書的大門，我開始如饑似渴的讀漢語書。

漢語書，我是從讀浩然的《金光大道》開始的。然後我在哈密市，發現了一個租書店，開始了一天兩分錢租書讀的少年時代。為了省下錢，讀更多的書，我白天讀、晚上在被窩裡，打著手電筒讀，還幾次被父親發現訓斥。我開始接觸當時被禁的小說《播火記》、《紅岩》、《鐵道遊擊隊》、《林海雪原》等。

記得第一次看到巴金的《家》、《春》、《秋》三部曲，當時也不知道巴金是誰，只是想要租來讀，向櫃檯後的女士遞過去書名條子，那位女士看看書名，然後看著我說道：「哎呀，你一個小孩子看這書，不合適呀。」當時我羞紅了臉，書也沒有借，就走了。

上初中時，開始了所謂的「改革開放」，鐵路上也開始給「文化大革命」時期，學習新維吾爾文字的維吾爾職工開掃盲班。那正好是假期，老師又是父親的一位好朋友，所以我就找他問，「我能不能參加掃盲班？一塊學習剛恢復的維吾爾老文字？」老師高興的說：「只要你願意來，我任何時候都歡迎你、

孩子！」

　　就這樣，經過一個多月的努力，我又學會了維吾爾老文字的讀、寫。立即，我開始對維吾爾語書籍，如饑似渴地閱讀。這不僅為我開啟讀書瞭解世界的另一扇大門，同時也使我得一機會，重新認識我的民族及其古老的歷史、文化、傳統，並為我人生至今的為維吾爾人鼓與呼事業，打下了堅實的維吾爾人文基礎。

火車上讀完《滾滾的伊犁河》

　　當時，維吾爾人，在其最優秀的知識份子，阿布都熱依木·武鐵庫爾、圖爾貢·阿力馬斯、阿布都拉·塔里布、佐爾東·沙比爾、阿伊賢姆·柯伊姆等的帶領下，由昏昏沉睡到甦醒，由甦醒走向民族復興。

　　維吾爾語的新書大量出版，尤其是有關維吾爾近代史的歷史小說，一本接一本地出版。《抹不去的足跡》、《甦醒了的大地》、《足跡》、《激流漩渦》、《探索》等等。中亞突厥文古籍，也被整理以現代維吾爾語出版，阿布都熱依木·尼繁熱的《艾里甫與賽乃木》、《熱比婭與賽義德》，馬赫穆德喀什噶裡的《突厥語大辭典》、玉素甫哈斯哈吉普的《福樂智慧》；包括波斯詩人薩迪·舍拉茲的《玫瑰園》、《薔薇園》，費爾達維斯的《列王紀》等古典名著。我開始夜以繼日的大量閱讀這些書籍，以瞭解自己民族文化的源泉。

　　記得，為了買到一本作家卡哈爾的《滾滾的伊犁河》歷史小說，我還曾專程坐一晚上的火車，去一趟烏魯木齊。在烏魯木

齊，通過舅舅的關係，我買到了《滾滾的伊犁河》之後，激動異常。未等到家，我在回家的火車上，一晚未睡，讀完了那本書。

《滾滾的伊犁河》，因為是當時第一本寫「三區革命」的書，且版量有限，不僅在維吾爾人中轟動一時，出現了洛陽紙貴的現象；而且可能也使政府審查者的神經緊張。很快，這本書就沒有了，也沒有再版。

再後來，上大學了，大連理工大學圖書館，成了我最喜歡去的地方，我開始讀更多的書。尤其是伴隨當時相對寬鬆的政治環境，我在大學裡，開始大量閱讀一些有英文翻譯、其他地方難於找到的、有關突厥－伊斯蘭歷史文化的書。同時我也大量閱讀羅素、費爾巴哈、斯賓諾莎、佛洛依德、韋伯等西方哲學家、社會學家的書籍。我甚至開始閱讀一些對蘇俄及共產主義頗有微詞西方學者的書。我對馬列共產主義的質疑，也開始越來越強烈。

美國朋友送《維吾爾人》

大學畢業，回到石河子當老師，要讀的書更多了。這期間，石河子、烏魯木齊，都開始出現一些維吾爾人、回族人、漢人開的私人書店。我經常買書，和老闆熟悉以後，每次到書店，老闆自己就開始悄悄告訴我，他有一些禁書。

因為這樣，我讀到了圖爾貢・阿力馬斯的《匈奴簡史》、《維吾爾古典文學》等維吾爾被禁書本；也買到了很多寧夏、甘肅各地出版的中文伊斯蘭書籍，如陳克禮的《塔志（聖訓）》、馬堅的《回教真相》、馬注的《清真指南》等；也幸運的讀到了

《山坳上的中國》、《雪白血紅》、《毛澤東私人醫生回憶錄》等中文禁書。這些禁書儘管很貴，但使我眼界更開闊。

圖爾貢・阿力馬斯的《維吾爾人》一書，出版不久就被禁了。政府的禁令，等於是為《維吾爾人》一書做了最大的廣告。一時，烏魯木齊又出現洛陽紙貴的現象，愛書的維吾爾人，總是到處打聽哪裡能找到《維吾爾人》。

石河子沒有維吾爾語書店，我更是不知道該怎麼才能買到《維吾爾人》。在我幾乎要放棄時，有一天，一位在石河子醫學院教英語的美國朋友湯瑪斯來找我，他說他向國外郵寄《維吾爾人》一書，被郵局拒絕了。我一聽心裡暗自高興，問他準備怎麼辦，他說沒有辦法了。我說：「湯瑪斯，既然你寄不出去了，能否把書賣給我？」湯瑪斯看看我，拿出《維吾爾人》對我說：「好吧，伊利夏提，我們是朋友，我當禮物送給你。」我高興地抱著書跳起來了。

幫兒子辦市圖兒童借閱證

我不僅自己讀書，而且也教育兒子讀書。慢慢的，在我影響下，兒子也開始嗜書如命。當時因為工資不高，買書錢有限，對一般書籍閱讀，我不得不依賴石河子唯一的、藏書有限的市圖書館。在借閱當中，我發現市圖書館還有兒童閱覽部分，這樣，我就給兒子也辦了一個市圖書館的借閱證。兒子到學校，給同學和老師講，他在市圖書館辦借書證的事。

學期末，我去參加兒子的家長會。那天，班主任老師當著全

班學生及家長的面說：「我們班唯一一個維族學生，在他父親的幫助下，辦了市圖書館的借書證，你們知道嗎？他可是一個維族學生啊，你們呢，哪位辦借書證了？沒有吧？還不如一個維族！」我當時眞的不知道是該高興呢、還是生氣。班主任看似在讚美，但仔細琢磨，話裡有話。

後來，因爲民族壓迫、政治迫害，我不得不倉促離家出走，淪落異國他鄉，但無論走到哪裡，我還是繼續買書、讀書。但臨走之前，又經歷了一次購買禁書的經驗。佐爾東·沙比爾描寫三區革命前後背景的歷史小說《家園》三部曲，出版發行不久，就被查禁。又是洛陽紙貴。好在我已經積累足夠的經驗，所以書一出版，我就通過書店的朋友，把書買回家。

在馬來西亞時，吉隆坡雙子塔四層樓有一家書店，也有中文書籍。那家書店是我在國外接觸的第一家書店，裡面各類書籍的豐富多彩，是我意想不到的。我如獲至寶，但對當時的我來說，那家書店的書極其昂貴。所以，我基本上在書店裡讀書，不買書。好在國外書店，就算不買書，也不趕人。我有時一坐，就是一天。

黑人朋友送《切·格瓦拉生平》

當時，一本有關切·格瓦拉生平的英文書，剛進貨到該書店時，我因對格瓦拉的興趣，特別想買那本書，但又因爲當時的經濟困境，不得不每天下班後，到書店去讀那本書。

一位認識不久的美國黑人朋友，在書店裡遇到我，看到我坐

在地上，拿著電子詞典正在讀書，他好奇的問我，是哪一本書使我如此著迷？我告訴他是有關格瓦拉的，我特別喜歡，但書太貴，所以就每天來書店讀，他笑著說：「佩服你，伊利夏提！」

書店要關門了，我戀戀不捨把書放下，走到門口，卻驚訝地看到那位美國黑人朋友，就站在書店門口，手裡還拿著一本《切‧格瓦拉生平》。他走過來，對我說：「伊利夏提，我很高興認識你，作為朋友，這是我送你的一點小禮物，請你接受。」我含著眼淚接受了這珍貴的禮物，嘴裡喃喃細語「謝謝、謝謝。」

維吾爾書與人再被燒被抓

來到美國後，我發現這裡不僅書便宜，而且什麼書都能找得到。與中國最大的不同是，這裡沒有禁書。我找到了一直想讀一讀的，包括希特勒的《我的奮鬥》、賽義德‧庫特布的《路標》等，在中國想都不敢想的書。

我又開始重新建立，並擴充我的家庭小圖書館，一邊不停地自亞馬遜、二手書店購買各類感興趣的書籍，收集任何有關維吾爾人的歷史文化地理書籍；還通過朋友，將留在石河子的一些維吾爾文、中文書籍帶出來。當然，那些被中共禁了的書，一本都未能帶出來。在馬來西亞搜集的中英文書籍，本來就隨身帶過來了的。

然而，沒有想到的是，就如維吾爾人十二屬相[3]的輪回，燒書、禁書，在我進入我爺爺當年目睹他的藏書被焚燒的年齡[4]的

今天，我又手揣[5]維吾爾歷史上史無前例的中共禁書名單，又目睹維吾爾人書籍再一次被禁、被焚燒；目睹維吾爾知識菁英再一次被強制失蹤、抓捕；再一次見證維吾爾文化、歷史、傳統、信仰被摧殘。

似乎，對維吾爾人而言，近代的歷史，不停地在原地打轉。黑暗，一次比一次更沉重，似乎看不到一點光亮！但是，我讀過的那些維吾爾、中西方思想先賢的書，明確告訴我：焚書、燒書、禁書，都無法阻擋真理和思想的自由傳播，也不可能改變歷史的真相；黑暗不可能永遠，黑暗之後必然是光明。

（本文發表於 2019 年 4 月 30 日自由亞洲電台）

3　**維吾爾十二屬相**：鼠、牛、虎、兔子、魚、蛇、馬、羊、猴、雞、狗、野豬。
4　當時爺爺應該也是五十多歲，快六十了。
5　揣：拿的意思。

23 ‖ 母親節，我的母親在哪兒？

節日，可享受家庭的溫馨和快樂

2020年5月5日，星期二早晨，小女兒一起床就問我：「大大，今天是節日，你知道嗎？」我有點驚訝，實在想不起來是什麼節日，只好說不知道。女兒讓我拿手機看日曆。打開手機日曆一看，哎，還真是個不知名的節日，原來是墨西哥人打敗法國人的紀念日。看了看維基百科，才知道美國靠近墨西哥邊界的一些州，也會慶祝這個節日。

我和女兒一樣，小時候，我也喜歡過節日，盼望過節日。過節有好吃的食物，有新衣服穿，偶爾還能有一點錢。最重要的是全家團聚，熱熱鬧鬧的。

長大了，伴隨著年輕時的傲慢與目空一切，我開始選擇性過節。我總記住自己喜歡的節日，準備充分；對自己不喜歡的節日，找理由躲避，或敷衍一下。我對父母期盼的家庭團聚，也只是蜻蜓點水般滿足一下，就以百般理由逃跑。

再大一點了，自己有了家，開始品嚐社會的甜酸苦辣，我又開始喜歡節日了。因為節假日來了，就可以和父母兄弟姐妹歡聚

一堂、談笑風生，聽父母講述他們在艱難歲月裡的辛苦掙扎，姊妹間可以回憶共同嬉戲的童年歲月。在那一刻，在那一天，我們都可以忘掉社會、工作和家庭的壓力、煩惱和瑣碎，享受一點家庭的溫馨和快樂。

伴隨年齡的增長，節日也開始多起來了。儘管大多數新來的節假日，被商家們包裝得找不到原味了，但節假日對我們維吾爾人，一個必須每天直面無處不在的民族歧視，時時刻刻尋找逃脫令人窒息政治環境的維吾爾人，成了一個暫時忘掉世間痛苦的快樂時刻。

所以，我也和大多數我那一代維吾爾人一樣，伴隨政治壓力的黑雲壓境，尋找著節日，期盼著節日。這樣，就在自己傳統的古爾邦節、開齋節、諾茹孜節等的基礎上，又加上了母親節、父親節等等。當然，年輕人更喜歡情人節。

母親毫無保留地支持我追求理想

我更喜歡母親節。因為相對我和父親的互動，我和母親一直是更親近，共同語言多。我和母親可以談很多。母親文學修養很好，自50年代，她就開始收藏書了。我們家裡，有很多發黃的維吾爾語書籍，是前蘇聯中亞幾個共和國出版的。

她讀的書很多。我最早知道高爾基、萊蒙托夫、馬雅可夫斯基、阿不都拉・卡德爾（Abdullah Qadiri，烏茲別克斯坦作家）、阿拜・庫南拜（Abay Kunanbay，哈薩克斯坦作家）等，都是自母親聽來的。母親也和我一樣，喜歡詩歌；而且母親對我

的理想追求，一直是毫無保留的支持，從不拒絕。

　　大概是九○年代末期，「母親節」的節日，剛剛開始進入東突厥斯坦維吾爾知識分子的家庭，大家也就是隨意地過一下。但九○年代末期，「伊犁97大屠殺」之後，中共政府在東突厥斯坦，開始展開對維吾爾人的政治迫害，東突厥斯坦進入了政治審查的刺骨寒冬期。

　　我記得，大概是在2000或2001年，弟弟在烏魯木齊上學，惹了一點事，母親被請到學校去，母親希望我能陪她去。

　　我請了幾天假，中午急忙趕到了烏魯木齊，然後就和母親、弟弟一起，和校方見面談話。我們聽完了校領導訓話，已經是下午了。在走出弟弟學校的辦公樓時，我第一次注意到，走在前面的母親，蒼老了許多，白頭髮也多了，而且，走路也沒有那麼順了。

　　我們找了個旅社住下來。晚上，我們出去吃飯，偶然發覺那一天是母親節。我想送個什麼東西給媽媽，但既找不到花，又找不到其他什麼合適的禮物。我急得團團轉，弟弟看到了，問我什麼事。我告訴他，是母親節，想給母親一個驚喜，弟弟說：「哥，你等一會兒。」然後，他走了。

　　好長一段時間後，弟弟回來了，他手裡拿著明顯是從哪個花圃裡摘來的一把花。儘管花束長短不齊，但中間幾支玫瑰特別紅、特別艷。我接過弟弟拿來的花，遞給母親說：「媽媽，我們才知道今天是母親節，沒有準備什麼，我們兩兄弟送你這束花，祝你節日愉快，希望媽媽像這些玫瑰花一樣，永遠青春靚麗。」

這一生是否還能再見到我的雄鷹

　　母親沒有準備，一時也有點驚訝。但她看到花，特別激動。她眼含淚水，嘴唇顫抖著，一句話也沒有能說出來。母親默默地接過花，深情地看了我們兩兄弟一眼，然後低頭，吻那玫瑰花，任憑眼淚順著臉頰流下來，滋潤玫瑰花瓣。

　　我說：「媽媽，這次匆匆忙忙，我沒有什麼禮物給你。我發誓，下次母親節，我會回家為你祝賀，送你特別的禮物。」

　　母親看看我說：「兒子，我只希望你們兩兄弟有出息，有個好工作，安定的生活。但你們倆都太要強，都不安分。我發自內心的希望，你們倆像天上的雄鷹，在藍天自由飛翔。但心裡總是怕失去了你們。我不需要母親節禮物，只希望你們經常來看看我，還和以前一樣，和我聊聊新書詩歌等什麼的，好嗎？」

　　當時，我和弟弟一邊擦拭著母親臉上的淚水，一邊安慰著母親，並發誓一定會經常看望母親。但事實是，第二天晚上，我留下母親和弟弟，又急匆匆地趕回了石河子。

　　後面的幾個母親節，我也沒能像承諾的回家給母親過節，也沒有能送她什麼特別禮物。我總以為會有機會，但不幸，2003年我被迫去國。

　　記得那天，2003年11月16日，我急匆匆來到哈密和父母告別。儘管我心裡知道這一去可能是永別，但我還是極力安慰父母說，我過幾年就會回來。母親很敏感，她知道我這一去回來的可能微乎其微。

17日晚上，臨上火車，母親緊緊地摟著我，親吻著我的前額，說道：「兒子，我爲你高興，你要高飛了，你是雄鷹。是雄鷹就該高飛，飛的遠遠的。石河子不是你應該待的地方，委屈了你幾十年，我高興你能離開。但我捨不得，兒子，我捨不得。我不知道這一生，是否還能再見到我的雄鷹。祝福你兒子，願眞主保佑你高飛！」

母親在電話裡的話也越來越少了

再往後，我流亡馬來西亞，到美國安頓，顛簸窮困地闖蕩中，也沒有來得及給母親買什麼特別的禮物。只是每年母親節到來時，想起來了，就打個電話祝賀一下母親。但我心裡一直有個願望，就是一定要給母親正式地過個母親節，給她送個特別的禮物，回家、或在美國。

但我不曾想到，弟弟的被殺、妹妹的被抓，家鄉不斷的血腥鎮壓，使我一邊忙於生存，一邊忙中偷閒爲民族發聲。我總是幼稚地以爲還會有機會，似乎父母親永遠會等著我，似乎邪惡的中國殖民政府不會比這還邪惡。

2016年父親去世後，大概是5、6月份，在一次電話中，我問母親，能否試試辦個護照？母親在電話那頭說：「兒子，你那麼聰明的人，還說這話？這裡有你父親和弟弟的墳墓，我必須每週去看他們。我走了，誰來看他們呢？再說，這裡這麼好，人們對我也特別好；兒子，你知道嗎？這裡派出所的警察可好了，他們幾乎每周至少來看我一次。我去奎屯看你妹妹，他們把我送到火

車站；回來，他們把我送回家，我能離開嗎？」

我沒有告訴母親，我知道護照可能辦不成，但我不就是抱個僥倖心理罷了。就這樣，只剩電話聯繫了，但慢慢的，母親在電話裡的話也越來越少了。

你是我的雄鷹，高飛吧！兒子！

最後，大約是2016年8月的某一天，當我打電話時，母親拿起電話問候完之後，沉默了一會兒，說道：「兒子，以後不要再給我打電話了，請你向眞主祈禱我們平安，祈禱眞主保佑你妹妹們家庭平安。我也祈求眞主保佑你，求主使你家庭幸福。兒子，記住，我們永遠愛你。你是我的雄鷹，願你繼續高飛。」我拿著電話，還沒有來得及反應，母親似乎在電話那頭說了句「再見！」電話裡只剩「嘟嘟、嘟嘟。」的忙音了。

那是我和母親最後一次的通話，到今天爲止，算起來已經4年多了。四個母親節，在不知母親和三個妹妹死活的煎熬中過去了。和大多數海外維吾爾人一樣，這幾年，每天，我都在不知道父母親人是否還活著的焦慮中度過的；每天，都在不知父母親人在哪兒的憂慮中度過的。

但作爲兒子，我的心願還在，只要還沒有聽到母親走了的確切消息，我還是希望能在有生之年，爲母親過一個母親節，向她送上一大把玫瑰花，給她一個特別的禮物，讓她高興一下。我想再看一次，母親手拿花束，眼含淚水，低頭親吻玫瑰的那一幕。儘管我知道弟弟不在了，那一幕永遠不會再現了，但也可以算是

告慰一下弟弟在天之靈，彌補一下我的遺憾。

這不，星期天，5月10日，將是我和母親失聯後的第四個母親節。現在，我不敢奢望能給母親過個母親節，祝福她，給她送個特別禮物了。我只希望能聽到她還活著的確切消息！希望知道她在哪兒？希望能再聽聽母親的聲音！希望能再聽母親說一次「你是我的雄鷹，高飛兒子！」這，不應該算是過分的要求吧！

（本文發表於 2020 年 5 月 8 日維吾爾人權項目部落格）

24 ‖ 父親與我

流亡中的近幾年，我陸續寫了幾篇思念家人的文章。我寫下我被迫離家去國的經歷；寫母親失去她的幼子（我的幼弟）之後的精神崩潰，及我本人失去弟弟之後永遠的遺憾；寫大妹妹因我而被抓捕、拘押之後，我的心傷；及再後來，和全家人失去聯繫，和成千上萬海外維吾爾人一樣，生活在不知親人死活的無盡痛苦深淵。

在一些回憶母親和弟妹的文章裡，我也連帶談了父親，但從來沒有專文寫過父親。現在借此機會，談談我的父親，Hesen Turap艾山·土拉普，也算是我對父親的一種紀念方式吧。

（一）父親去世

父親是2016年4月5日去世的。我和父親生前最後幾天的連繫，可能，是我人生中最痛苦煎熬的幾天，也是讓我倍感無助的幾天。

命運無情，尤其對我，有時還非常的殘酷。父親去世前後那幾天，命運似乎有意考驗我的意志力，讓我這個長子，這個走上了有去無回之路的、遠離家園卻又回不去的長子，遠在美國，用

電話，陪伴父親走完他人生的最後幾天，並做出攸關父親生死的最後決定。

當時，小妹夫在電話裡告訴我，父親已經非常微弱，藥物似乎沒有任何作用，心臟也時停時跳。幾天來的電擊搶救，已經使父親精疲力盡。搶救已經變成了折磨。而且，父親在清醒時，也告訴他們「他想回家」。他們問我什麼意見。我猶豫了一下，問：「醫生怎麼說？」小妹夫回答：「醫生認為恢復的希望不大，但只要人在醫院，他們就會盡力搶救。」我沉思了一會兒，告訴小妹夫：「讓父親回家吧，告訴醫生停止搶救。」

我不知道我還能再說什麼，我剛準備放下電話，突然，電話那頭傳來了二妹帶著哭腔的憤怒話音：「哥哥，你怎麼能這樣？爸爸在看著我們呢，你如果看到爸爸那期待的眼光，你還會要我們放棄搶救嗎？哥哥，你知道嗎？父親在等著你呢！他在等你回來！你怎們能這麼冷酷，為什麼要停止搶救？不，哥哥，你無權做決定！我們要搶救！他想最後再看你一眼，他在等你呀，哥哥，父親在等你！」

我喃喃自語，放下了電話。後來我想和二妹再談談，但她沒有接電話。自大妹一年前被抓捕後，這是我第一次聽到二妹的聲音。儘管通話沒有那麼愉快，但畢竟我還是聽到了二妹的聲音。然而，這也是我和二妹迄今為止的最後一次通話。

過了一個多小時，我自己的情緒穩定一點之後，我撥通了母親的電話，告訴母親勸勸二妹，我建議，「還是讓父親回家吧。」，母親也同意。

大概是第二天，父親回了家，在昏迷與短暫清醒中，他在家又堅持了兩天。那兩天，是我在電話這頭大喊大叫，父親在那頭含含糊糊的應聲中結束的，我不確定父親是否知道，是我在電話這頭喊叫的。

　　直到父親離開人世前的那幾天為止，我從沒有當著父親的面，喊過他「爸爸！」。因而，母親希望我能滿足一下父親的願望，喊他一下父親。在母親的堅持下，我在電話這頭艱難地呼喊著、訴說著一些並不很自然的話語：「爸爸，爸爸，你聽見了嗎？我是伊利夏提，是你兒子。你好嗎？堅持住，爸爸，你會好起來，我去看你。」

　　我不確定，父親是否聽到了？或者意識到是我在電話那頭，在聲嘶力竭的喊著？但令我感到安慰的一點是，他畢竟模模糊糊地說了些什麼，我權當他是在和我告別。

　　4月5日凌晨，我睡不著。大約三、四點鐘，我按捺不住焦慮，撥打了母親的電話。母親拿起電話，很沉重地告訴我，父親走了。似乎是預料中的，但還是讓我失魂落魄。恍惚中，我深深地嘆了一口氣，「喔」了一聲，語無倫次地安慰了母親幾句，匆匆把電話掛了。

　　這回，我失去了我生理意義上的父親，我沒有了父親！我的親生父親走了！以後我再也見不到他那不苟言笑的面容了，聽不到他那威嚴略帶沙啞的聲音了。那個既是我父親，然而又非常地陌生，讓我既恨又愛，爭吵了半輩子多的父親。他走了，也帶走了我們兩人近半個世紀多的相互猜忌，和對彼此的遺憾。我在遙

遠的異國他鄉，在電話裡，送走了父親。

（二）去國前的告別

記得大約是在2003年11月18日下午，我從烏魯木齊給父親打電話，告訴他第二天早上我會回到家，我有重要之事要告訴他們，我待一天之後就走。電話那頭，父親有點懵，不知道我發生了什麼大事。我沒有給父親提問機會，只簡單告訴他，「見面再說。」就匆匆掛斷了電話。

第二天凌晨我回到家。我有一段時間沒有見到父親，他看起來明顯地衰老了。自我們見面起，父親一直在焦急地等待我，告訴他我匆匆到來的原因。稍事安頓後，我看著父親忐忑不安的眼睛。我告訴他我要出國離開，並用父親一貫對我的不容置疑態度，告訴他我必須走。

父親臉上的焦慮，變成了悲涼和憤怒，但他極力控制自己。他無法接受這個事實，他站起來，在狹小的客廳裡，不停地轉著圈走著。最後，他在我面前停下，直視著我的眼睛問道：「你必須走嗎？」我堅定地回答：「是的，必須走！」他看看母親，再看看我，無奈地嘆了一口氣，說道：「好吧，那就準備準備吧。」

一整天，父親除了偶爾默默地看看我，基本上沒有說話。晚上，我和父母吃完最後一頓飯。我要走了，要離家去火車站了，突然，父親走到我面前，緊緊握著我的手，老淚縱橫：「兒子，我祈禱真主保你平安！祈禱真主，能讓我們在有生之年再見一

面。兒子，我一直祈禱真主，在我死的時候，能讓我的兒子，尤其是作爲長子的你，能在我身邊料理後事，親手埋葬我。看樣子，我要落到女婿們來埋葬了。」

我心裡很清楚，這次一走，基本上是有去無回。此一別，就是永別。但無論如何，我不能讓父母親絕望，就安慰父親說：「別傷心，我會回來的。再說，萬一我一時半時回不來，還有弟弟照顧你們呢，不用擔心。」但父親似乎知道我這一去，就是永別。他像個突然失去記憶的老人，不停的重複著「你不應該走，兒子。」，並且握著我的手不放。

我竭力安慰他，但我這突如其來、匆匆忙忙的短暫告別，使父親已猜到，我可能就此再也回不來了，他猜到我是在拋家離子逃亡，這不言而喻的現實，使得我安慰父母的話，顯得極其蒼白無力。

就這樣，在悲哀與毫無選擇的無奈中，我在哈密火車站，最後一次擁抱了父親，和他永遠的告別了！在火車啓動的一刹那，我和父親四目相遇，我看到他目送我的、帶有一種深沉悲哀與祈求的目光。

不幸，父親一語成讖。我走一年後，弟弟不幸被兵團暴徒殺害，使我寄望弟弟能伴隨父親走完人生最後時刻的一線希望，也被無情擊碎。還真的如父親所說，到父親告別人生時，身邊只有兩個女婿了。兩個兒子卻一個都不在身邊。

父親剛走時，有一段時間，我與父親告別的那一幕場景，時不時地浮現在我眼前。父親緊緊抓著我的手，希望我留下的祈求

目光，歷歷在目。內疚和自責，時時刻刻折磨著我，而且，我總覺得，父親走的太突然太快了。但自從集中營及中共大規模抓捕維吾爾人的消息浮出水面後，我偶爾也會產生一種慶幸感，慶幸父親走的是時候，避免他進集中營被折磨的苦難。

這，大概是弱者被強權蹂躪時，在無助的困境中，尋找心靈慰藉的現象吧。

（三）父親的家世

我和父親的關係，坦率地講，和大多數父子不太一樣。直到父親2016年4月5日去世的前一天，我從來沒有當著他的面，叫他過一聲「爸爸」，或「父親」。我一直是以「大哥」直呼父親。聽媽媽講，他對此事一直耿耿於懷。但終其一生，他沒有和我直面這一問題。而我呢，直到他去世前那段時間為止，也沒有想過我是否應該叫他一聲「父親」，安慰他一下。

我們父子倆，從來沒有過一般人那種，令人羨慕的慈父孝子般的熱烈親情，也沒有過父子朋友般的平等交流。

我小時候，他是父親，他身強力壯，我怕他，他對我擁有無上權力，對我任意打罵。我大學畢業回來，有了工作之後，我和父親終於平等了；但他是父親，我還得尊重他。因而我們倆，如同被迫生活在一個屋簷下的兩個陌生人，見面都非常小心翼翼地躲避對方的直視，只有禮貌性地打招呼。特別是我，謹慎小心，不想在無意中冒犯他的自尊；也不想讓我們父子倆，傷了那好不容易建立起來的、極脆弱的感情。

說實話，有一段時間，我甚至恨過他，覺得他就像個繼父、後爸，極其霸道、蠻橫、暴虐無情，我感覺他還特別吝嗇愛財。

　　後來，我離家上大學，再到工作成家，我自己開始體驗生活的艱難，體驗做一個維吾爾人的困苦掙扎，使我慢慢地開始對父親，對他那一代人及他們的生活態度、想法、做法，稍有一點理性的理解，我才開始改變我對父親的看法。但我始終也沒有能像弟妹那樣，和父親走到如父子朋友，嬉笑打鬧、親密無間的程度。

　　似乎，伴隨年齡的增長，生活的艱辛，我們倆都開始遠距離、暗暗地相互觀察，並試圖去彼此理解，盡力去容忍彼此的生活方式和想法、愛好。

　　父親平時不苟言笑，總是一臉嚴肅，脾氣暴躁、易怒。他對兒女過分嚴厲，短視。在家裡，他是個暴君，說一不二。除了二妹，可能我們都怕他，包括母親。他最喜歡、寵溺二妹，但生氣起來，連她也打，從不手軟。

　　維吾爾人有一說法，說從事烤饢的人，因為一天到晚，和火打交道，在熾熱烤人的火焰中工作，因而大多變得脾氣暴躁易怒。我不知道這說法是否有科學道理，但我父親確實以其暴躁脾氣，驗證維吾爾人這一說法。

　　父親於1930年代初，出生在東突厥斯坦喀什噶爾市郊的疏附縣。準確的出生年月日，父親自己也不知道。

　　據父親偶爾的講述，祖父先後娶過兩個老婆，和第一個老婆有三男一女，四個孩子。父親是祖父和第二個老婆所生的四個孩

子中的老大。

大約在父親7歲左右時，祖母去世了。又過了一兩年，年老體弱、積勞成疾的祖父，留下9歲左右的父親和其三個幼小弟弟也撒手而去。父親和他的三個弟弟都成了孤兒，而且，作為四兄弟當中的老大，照顧三個年幼小弟的重擔，就落在9歲左右父親身上。

後來，父親同父異母的大哥，將他送到喀什噶爾一家烤饢店當學徒，把父親的大弟弟送到了另一家烤饢店做學徒。兩個小弟，由同父異母的姐姐帶回家照顧。他和大弟一起，一邊當學徒養活自己，偶爾補貼姐姐家，以照顧年幼的兩個弟弟。

聽父親講，烤饢店裡當學徒的日子，非常艱辛。每天都得起早，摸黑和麵、打饢、賣饢。師傅稍微不高興，就拿做徒弟的父親出氣，打罵是常事。似乎，父親為躲避師傅的打罵，也曾有幾次逃跑。但他無依無靠，流落街頭、忍饑挨餓幾天後，不得已，又回到烤饢店。

就這樣，在艱辛中，作為過早失去父母的孤兒，父親和他的三個弟弟，在喀什噶爾的街頭摸爬滾打，慢慢都長大了。

（四）短暫當兵

1949年底，中國共產黨在蘇俄幫助下，「和平解放新疆」，侵佔了東突厥斯坦。

大約在1950年年初，被改編為「中國人民解放軍」第5軍的前東突厥斯坦國民軍13師，在師長伊敏諾夫‧麥麥提敏（Iminup

Memtimin）帶領下，師部及所屬38團駐紮喀什噶爾。

38團在團長庫爾班・麥麥托夫（Kurban Memetop）帶領下，在喀什噶爾招新兵、父親報名參了軍，成為東突厥斯坦國民軍被解散前的最後一批戰士。大概是因為父親烤過饢，他被安排當炊事員，負責一個連士兵的吃喝。

根據父親回憶時的臉部表情，可以確定，他當兵那段生活，是他人生最為自豪、快樂的一段人生經歷。他經常講起，他們軍事訓練的趣聞軼事，他們那些參加過東突厥斯坦獨立戰爭軍官的騎馬射擊，槍槍中靶的威武、勇敢，他們叱吒風雲的豪邁。

約在1950年代末1960年代初，中國共產黨自認已經紮下了根，便開始清洗東突厥斯坦國民軍剩餘整建制各部隊。父親所在的部隊也被調離喀什噶爾，來到烏魯木齊，駐紮在現烏魯木齊八一鋼鐵廠附近。

據父親講，他們部隊的一些維吾爾軍官，眼看大批漢人湧入東突厥斯坦，逐漸滲透維吾爾自治區各級政府、排擠前國民軍軍官，強化對東突厥斯坦的殖民政策，這些維吾爾軍官感到自己被騙，意識到自己用生命和鮮血換來的自由，正在被中國共產黨蠶食，便開始組織起來。

當時，父親所在部隊的一部分軍官，建立了秘密組織，也有一部分士兵加入，他們準備帶部隊在烏魯木齊舉行武裝起義，打響反抗新殖民者的第一槍。但不幸地，因內部出了叛徒，消息洩露，大批軍官被抓捕，參與組織士兵的骨幹被抓捕，整個部隊被繳械。

很快，殖民政權將父親所在的部隊，宣佈整體解散，士兵就地分散安置。

聽父親口氣，他似乎沒有加入當時軍中的秘密組織，所以倖免於被抓捕。但父親，作為一個曾以東突厥斯坦國民軍士兵而自豪的維吾爾人，當然進入中國政府的監控黑名單。

（五）轉業成家、來到伊犁

1961年，背負著曾參加計畫暴動的、企圖改變東突厥斯坦的國民軍軍人之原罪，父親和幾個戰友，一起被安排進入即將到達烏魯木齊的蘭新鐵路公安局。

父親在烏魯木齊接受鐵路員警培訓，學習中文期間，遇到正在學習護士專業、來自伊犁的母親，然後他們倆就是戀愛結婚。父親培訓完後作了乘警[1]，母親也轉到鐵路上當列車員，然後，他們被分配到哈密鐵路地區安家落戶。

父親和母親，作為第一代見證鐵路進入東突厥斯坦的維吾爾人，也見證了鐵路，作為殖民者的控制工具，給東突厥斯坦帶來的災難和掠奪。

當時，正逢中國處於共產黨製造「三年自然災害」的人為饑荒，大批中國人，特別是中國西部、緊鄰東突厥斯坦的甘肅、河南等地的難民，開始大批湧入東突厥斯坦，和當地人搶食。再加

1　**乘警**：火車上的警察，處理長途旅行期間旅客之間糾紛等。

上東突厥斯坦的糧食，又大批量被徵調入口內[2]，東突厥斯坦，也開始出現食物短缺和饑荒，開始有人餓死，尤其是號稱糧倉的伊犁地區，也出現了饑荒。

一批又一批饑餓的中國難民，在政府鼓勵和支持下，洶湧而入東突厥斯坦，被安置到兵團、地方等各地。他們搶佔水源、霸佔土地，如蝗蟲般蠶食著眼前的一切。這些行徑，使東突厥斯坦各民族的人民意識到，他們流血犧牲換來的一切，正在被悄然地剝奪掉。

人們開始醒悟，儘管遲了點。醒悟帶來的反抗之火，以星火燎原之勢，席捲整個東突厥斯坦。各地秘密組織，如雨後春筍般紛紛成立，準備反抗中國的新民族壓迫。而且，伴隨中蘇關係的惡化，各地參加過東突厥斯坦獨立建國的維吾爾、哈薩克軍政官員、知識份子，似乎又看到希望；又一輪新的反抗之火，開始在天山南北興起。

1962年，身懷第一個孩子的母親，和父親商量後，決定回伊犁，在爺爺奶奶[3]家生下他們的第一個孩子，也就是我。

當時的伊犁，正處在維吾爾、哈薩克人反抗中國殖民者，烽煙再起的高潮之中。維吾爾、哈薩克等當地民族普通百姓，因中國殖民政策導致饑荒，正每天上街遊行示威，要求保障民眾糧食供應，保障遷徙自由。

---

2 **徵調入口內**：玉門關外被稱之為「口外」，玉門關內中國被稱為「口內」。此處指東突厥斯坦的糧食被徵調入中國解飢荒。

3 此處的爺爺奶奶，是指「外公外婆」。

同時，也有一些仁人志士，在前東突厥斯坦共和國政府官員，及國民軍將領的引領下，勇敢地站出來，提出要求恢復東突厥斯坦共和國獨立，結束中國殖民佔領的口號。

父母在1962年5月初到達伊犁。一到伊犁，父母就看到伊犁街頭的遊行示威，也見到從部隊被遣散回伊犁的戰友。父親大概很激動，想加入，但因母親即將臨產，他還是決定先回伊寧縣曲魯海鄉，去爺爺奶奶家，安頓母親。

伊犁的遊行示威，遭到中國殖民政府血腥鎮壓。據父親講，伊犁州政府調來的軍隊，在政府大門，向前來和平請願的伊犁民眾直接開槍，打死了很多人。據另一位當時在伊犁的親戚講述，將近一周，伊犁市內、河邊、橋下，到處是屍體。

伊犁、塔城的維吾爾、哈薩克人，開始向蘇聯大逃亡。據父親講，當時，大約一周，幾乎每天都有伊犁周邊的維吾爾、哈薩克人，攜家帶口，有的甚至趕著牛羊，徒步逃亡蘇聯。不僅是伊犁、塔城兩地，甚至也有維吾爾、哈薩克人自烏魯木齊等其他城市，來到伊犁向蘇聯逃亡。

（六）父親的弟弟

父親有三個弟弟，大弟侯賽因（Hoseyin），自逃往蘇聯至今杳無音訊；二弟海沙穆丁（Hesamudin）住在喀什噶爾，我離開時還活著；最小的阿布都卡德爾（Abduqadir），生前住在喀什噶爾附近巴楚縣。

父親的二弟海沙穆丁，如果他還幸運，這次的大抓捕，沒有

被關進集中營、或監獄的話，他應該還健在。但我懷疑，他可能第一批就被抓進去了。

我和父親二弟海沙穆丁的最後一次通話，我記得是在2014年大妹被抓走之前。大妹被抓走之後，除了父母還接我的電話，其他任何親戚朋友都不接我的電話了，父親的親人也一樣，和我斷絕了任何的聯繫，包括父親的二弟，因不知道他是否還健在。

父親的小弟阿布都卡德爾，體弱多病，但是在父親四兄弟當中，是最為和藹可親的一個。

父親的幾個弟弟當中，他的大弟我從未見過，我不了解他的脾氣；小弟性格隨和，和我最要好，也是我最喜歡、最敬重的一個叔叔。他原來是住在喀什噶爾巴楚縣鎮上。父親二弟的性格和父親一樣，暴躁、沒有耐心。

父親的小弟，八〇年代初，在一次闌尾炎手術中，因為醫生的疏忽，縫合時留下後遺症，手術不到一年就去世了。儘管我只見過他兩次，但他是給我留下印象最深刻，和我感情非常深的一個叔叔，我非常遺憾他年紀輕輕就走了。他來看望我們時，有幾次父親生氣打罵我時，他每次都毫不猶豫地站出來，指責父親粗暴，並保護我。

當父親隨部隊離開喀什噶爾，駐紮烏魯木齊時，他將其大弟侯賽因，也設法帶到了烏魯木齊。後來，父親在朋友的幫助下，安排侯賽因在烏魯木齊新近成立的八一鋼鐵廠上班。

父親和母親到達伊犁不久，父親的弟弟侯賽因也自烏魯木齊來到伊犁，他明顯是準備加入逃亡蘇聯的隊伍。

父親得知他大弟到伊犁的消息後，很快自曲魯海鄉來到伊犁，和弟弟見面，同時也見到其他一些部隊老戰友。據父親講，他的戰友和弟弟一起，動員父親和他們一起走。但父親捨不得新婚妻兒，最後，父親依依不捨的和弟弟、戰友告別，留了下來。

　　據父親講，在父親告別弟弟之後，他當兵時的一位維吾爾軍官告訴他，如果他不打算逃亡蘇聯的話，最好儘快離開伊寧市。伊寧市，一兩天之內，可能會有大事發生。父親覺得既然決定留下，還是返回曲魯海吧，因此他就回到了母親身邊。

　　父親和他的弟弟侯賽因，伊犁的一別，成了永遠的告別。他們再也沒有見過面，也沒能再建立任何音訊聯絡。

　　父親一直不知道，他弟弟是否活著跨越了邊境，也不知道他是否安全到了蘇聯。父親想當然地以為，他弟弟安全跨越了邊境，肯定在蘇聯，可能在什麼地方。當時因中蘇衝突，蘇聯已經由老大哥，變成了十惡不赦的蘇修社會帝國主義，所以書信來往，想都不敢想，更遑論打聽他弟弟的消息了。

　　上世紀八〇年代，中蘇關係解凍，邊境開放之後，有大批維吾爾人，從中亞幾個共和國回來探親訪友，訴說思念之情。但父親的弟弟始終沒有出現，也沒有任何消息！

　　邊境開放初始，父親看到很多維吾爾人的親人出現，他也抱著希望，等待過他弟弟。偶爾父親也會談起他的弟弟，並抱著我們家裡唯一的一張他弟弟留下的照片，訴說著他的故事。他期盼著哪天他弟弟可能就會來找他，但他弟弟始終未出現，也沒有來找我們。

後來我也打聽過父親弟弟的消息。九○年代末，我在伊犁碰到來自哈薩克斯坦的親人時，我向他們打聽，讓他們回去尋找一下，但都石沉大海，沒有任何消息。我到美國後，認識很多中亞各界的維吾爾人，我再繼續向他們打聽，還是沒有任何消息。

可以肯定，父親的弟弟要嘛是在伊犁被打死了，要嘛是在跨越邊境時被打死了，或者是還未跨越邊境，就被中國軍警抓捕，死在監獄。因為，如果他還活著，或者活著跨越了邊境，他應該會來聯繫我們的，哪怕是讓人帶個口信。如果他活著跨越了邊境，就算他病死在蘇聯，也應該有維吾爾人知道他的下落。

當時，中國政府不僅開槍血腥鎮壓伊犁、塔城的示威群眾，而且還以保護邊境農牧民安全為由，強迫中蘇邊境十多公里範圍內的維吾爾、哈薩克民眾，搬出他們世代居住的家園，讓兵團進駐接管。當然，中國政府目的，是要將邊境兩邊同民族的突厥人隔離。

至於那些並沒有逃亡，而是留在家裡的、邊境十公里內的維吾爾、哈薩克農牧民下落，沒有人知道。很多維吾爾、哈薩克人，就如我父親一樣，幼稚地以為那些人也跨越了邊境，兵團進駐的都是空房子。

1962年，在伊犁的維吾爾、哈薩克人大逃亡，死亡、失蹤人數應該是一個大數目。但因為逃亡之後，中蘇兩國關係的敵對，中國殖民政府的掩蓋，這話題，一直是個禁忌。大多數維吾爾、哈薩克人，只好以幼稚想法愚弄自己，設想著親人安全跨越了邊境，待在蘇聯的什麼地方。

（七）我的出生、父親回哈密

長話短說，當時因動盪，伊犁的交通基本處於癱瘓狀態。父親送走他弟弟之後，馬車、徒步，30多公里的路，走了兩天，最終輾轉安全地回到曲魯海鄉。

為避免不必要的麻煩，父親在曲魯海鄉待了一周多，就又徒步、馬車回到伊犁，然後坐大巴到烏魯木齊，再由烏魯木齊返回哈密。

父親回到哈密，剛開始工作，大約一個月左右，就被單位隔離審查。有人懷疑他假借老婆生孩子，別有目的去到伊犁；有人懷疑他可能是蘇修[4]留下的特工。

就這樣，他被審查關押了幾個月，來回調查、審查，儘管最後也沒有發現什麼問題，但他還是被歸入了「不放心」人員的行列。他被認為不宜在公安部門工作，就從公安隊伍發配一線當鐵路工人，被安置到哈密鐵路機務段，開始在火車機頭當司爐工。

話分兩頭說，父親走後，在曲魯海鄉，母親和奶奶（即外婆，母親的母親）幾乎是同時臨產。因為曲魯海鄉唯一的醫生，也逃亡了，所以沒有醫生。若要去縣醫院生產，當時交通基本癱瘓，再說又是動盪不安，爺爺也不放心。所以爺爺決定，就找個接生婆，在家生產。

先是奶奶臨產，生下了我最小的姨姨 —— 阿爾孜古麗

4　**蘇修**：蘇聯修正主義。

（Arzugul）。兩天後，也就是1962年6月17日，母親臨產，生下了我。

但不幸，小姨姨在我出生一天後夭折。當時，大概因為我是母親的第一個孩子，母親不知道如何餵奶，據母親說我不停地哭，但就是不知道如何吃母親的奶。正在喪女之痛的奶奶，看著心痛焦急，就把我抱到她懷裡餵奶，我居然停止了哭泣，開始如狼似虎地吮吸奶奶的奶。

這樣，我就在不知不覺中，接替了小姨的位置。媽媽則是剛生第一個孩子，身體虛弱，還不是完全瞭解一個母親的全部責任，她似乎也放心奶奶照顧我。因喪女之痛而煎熬的奶奶，更是把我當作小姨養了。

母親大概看到我已經跟了奶奶，再加上年輕單純，可能也沒有想太多，做完月子之後，產假時間結束了，就把我留給爺爺奶奶，自己急急忙忙地回哈密上班去了。

就這樣，我在一個動亂的時代出生了。父親因工作之故，而未能見證自己大兒子的出生，母親因工作又匆匆忙忙離開了。好在爺爺、奶奶給予我一個孩子需要的全部的愛。我在不知不覺中，把奶奶當母親，爺爺當父親，姨姨、舅舅當姐姐、哥哥，在這樣的環境下長大了。

當然，當時的我，根本不知道這一切。我無憂無慮地享受著：爺爺奶奶無限的寵愛，姨舅們兄弟姐妹般的關懷。我在曲魯海鄉，那有山有水，到處是果園、泉水的碧草綠地，歡樂地成長。儘管當時的農村生活拮据，但我在爺奶姨舅們的呵護愛撫

伊利夏提出生地，曲魯海鄉的街道。

伊利夏提成長的地方，爺爺的果園，後面有房子。

曲魯海鄉，伊利夏提的舅舅的家。

舅舅屋前的葡萄架，也是典型伊犁農村維吾爾人的庭院。

下，度過了一個幸福的童年。

（八）再認父母

我6、7歲時，父母來伊犁探親訪友，但時間也很短。我只知道自遙遠的哈密，來了個哥哥、姐姐，給我帶來了一些特別的禮物，但我沒有發現他們是我親生父母，似乎也沒有人認真的和我談過這事。父親和母親，想不起來他們和我有過特別親熱的單獨交流。

我9歲左右，在曲魯海的維吾爾小學上三年級時，父母又來了。這回我知道了，他們是我的親生父母。我既驚喜又有點不知所措，也有點抵觸。我聽說父母要把我帶回哈密，一開始，我堅決不同意。但經爺爺、奶奶勸說，姨姨、舅舅安慰，父母也以城市教育有前途等的觀點來勸說，最後，經不住父母的糖衣炮彈誘惑，我勉強同意了。

這樣，我第一次離開我出生長大的曲魯海鄉，哭別爺爺、奶奶，和父母一起，馬車、巴士輾轉幾天，來到了哈密。

一路上的景色和新鮮感，使我沒有注意到父親的不苟言笑和嚴厲，以及偶爾的粗暴。母親似乎要補償感情債，對我特別好。因而，我一路歡樂愉快地來到哈密。

父母當時住在哈密鐵路局的員工家屬區。我們家是在一個十字路口，在一個連棟平房的最末一間，父親自己加蓋了一間小房子，和一個簡易廚房。院子也就巴掌大一點，父母幾乎是那個區裡唯一的維吾爾人！

那個十字路口，一個角落，一個公共廁所。那種沒有隔離牆的一大溜蹲位廁所，糞坑大多數時候都沒有蓋子蓋住。冬天時，裡外到處是結冰的尿坨子，一不小心就會滑倒；夏天時，裡外到處是尿漬，臭氣薰天。那些糞坑可以說是慘不忍睹，有時，臭得連眼睛都睜不開。

　　這些現象，讓我這個在曲魯海碧水青山、河水長流，一年四季空氣清新的廣闊天地裡長大，沒有見過幾個漢人的維吾爾兒童，如從天堂墜入了地獄，不僅無所適從，而且極不快樂。我一句漢語也聽不懂，無法和其他漢人兒童交流，父母又是一天到晚，上班、下班。

　　當時，除了父母，家裡只有大妹伊利努爾（Ilnur）一人。我和她因為在各自的環境長大，一時還無法玩在一起，我們總是吵架，而一吵架，父母不由青紅皂白訓斥我，這更讓我受不了。我越是苦悶、痛苦，越覺得親生父母，似乎更像是後爸後媽。

　　不到幾個月，我想念曲魯海了，想念爺爺奶奶、姨姨舅舅。父親和母親也覺得我這農村長大的孩子不懂事，也不聽話，不停地訓斥我。我偷偷寫了一封信，寄給了爺爺奶奶。

　　收到信後，爺爺、奶奶如自天而降，突然來到了哈密，我就如被長久隔離的孩子見到父母似的，撲到爺爺、奶奶懷裡哭個夠。父親非常不高興，但似乎也不在意我回去。我和爺爺奶奶回到我盼望已久的曲魯海後，又投入了農村自由自在的童年生活。

　　一年後，母親又來了。對我甜言蜜語、訴說美好前程等，好說歹說了將近一個月，爺爺、奶奶儘管不捨得我離開，但也覺得

我在農村沒有任何前途，所以還是勸我和母親回去。我又被說服了。我和母親再一次來到了哈密。

這一次，我成功了。大約半年時間，我克服了語言障礙，和左鄰右舍的漢人孩子們，開始交朋友一起玩，開始適應哈密鐵路地區那髒亂參差的城市生活。但我和父親，還是隔著一層無法言喻的隔閡。他似乎看不上我，也沒有像爺爺一樣那麼親切對我，也從不和我交流。他對我，只有命令和訓斥。母親極力在我和父親間進行調和，但不是很成功。

我進入了我家附近的「鐵路第一子弟小學」去學習。一切從頭開始，我因為漢語言不過關，被迫從一年級、從頭開始。我的第一個學期非常困難，漢語我聽不懂、跟不上。但好在我交了一群漢人小朋友。我因年齡比同班同學都大，顯得人高馬大，再加上典型維吾爾人的長相，似乎大家都有點怕，這樣，我自然成了這個年級的「老大」。

（九）領袖像

父親儘管在家裡對我們，叱吒風雲、暴跳如雷；但在單位裡，見到漢人領導、同事，又顯得特別拘謹，有時簡直是戰戰兢兢，極其恭順，這讓我特別不理解。

當時我剛來哈密，再加上年幼無知，根本不知道父親經歷過的政治風波，也不知道他被清除公安隊伍的遭遇，所以，我對他在單位和在漢人領導面前的謹小慎微特別驚奇。

我到哈密不久，一天，家裡突然來了三、四個漢人。父母忙

不迭的招呼他們，把他們引領到客廳，這是家裡唯一的一間像樣的房間，唯一一間有著維吾爾擺設的房間。房間的地是紅磚，母親幾乎每週要洗一次，因而清涼透紅。

平時，客廳是母親的專屬領地，她自己打掃清理。窗簾是母親自伊犁帶來的，屬於那時稀有的維吾爾裝飾，窗台上是母親養的花草。說實在話，當時母親那種精心裝飾的房屋，可能在整個哈密鐵路地區都是屈指可數的。

客廳靠裡邊是一個單人床，用於擺放被子、褥子、枕頭。枕頭套也是從伊犁帶來的，維吾爾人工繡花套子，極具民族特色。床邊是一個半高的櫃子，上面擺放的是精緻的小碗，和父母結婚照，及父親逃亡蘇聯弟弟的照片，以及幾本維吾爾文書籍。

牆上，只有一面牆掛著一個大鏡框，裡面全是父母及家人親戚的黑白照片。

一進門，是一張蓋有漂亮維吾爾特色桌布的桌子，桌子上總是擺著來自伊犁的乾果，旁邊幾把木椅子。

客人進到客廳，坐下，一邊和父親說著什麼，一邊東張西望。其中一人站起來，走到櫃子邊，似乎在查看照片和書籍。然後他不請自來地走出客廳，來到小廚房和加蓋的小房間，在裡面也轉了一圈，直到母親泡了一壺茶，拿幾個碗倒上茶，招呼他們喝茶時，那個人才走回客廳坐下。

當時我聽不懂漢語，也不知道他們來幹什麼，在說什麼，但我可以感覺到，父親很緊張，有點手忙腳亂。相比之下，母親似乎比父親要鎮定得多。

幾個人待了大概有一個多小時，然後就走了。父親恭恭敬敬地把他們送到門口，才鬆了一口氣，但明顯地，他的心情不是很好。我問了一下母親，母親只說，是父親單位的領導，也沒有講太多，似乎心情也不好。

第二天，父親回來時，帶回了幾幅圖。我打開一看，都是領袖像——毛澤東的大幅照片。我覺得有點奇怪，問說這是幹什麼，母親才告訴我，昨天父親單位的領導來後，認為我們家沒有掛領袖像，批評父親思想有問題。所以父親今天抽空，趕緊買了幾幅領袖像。

這樣，我們家每間房間，也不得不掛上幾幅領袖像。母親儘管很不高興這幾幅畫破壞了她精心設計佈置的客廳，但也不得不接受偉大領袖的侵入。

（十）和父親的第一次衝突

我在哈密安頓下來不久，有一天，父親對我說：「準備一下毛巾、肥皂，我帶你去洗澡。」我帶上毛巾、肥皂，和父親出發了。

大約半小時，我們來到了父親上班的哈密機務段。跨越了幾道鐵路，我們來到了一個很大的平房前，門口進出很多人，非常擁擠。我有點不習慣，忐忑不安地跟著父親進入裡面。哇！我驚呆了！我根本不敢抬頭。

裡面一個大房間，沿著兩面牆，擺放著一大溜的長條凳，長條凳後面是隔成四方盒子的大櫃子。長條凳子上，站滿了人們，

大多赤條條的，還有一些人在穿衣服，一些人正在脫衣服。

父親似乎見怪不怪，看看局促不安的我，以命令口氣說道：「脫衣服，跟我到裡面洗澡！」

我鼓足勇氣說：「我不想洗，我要回家！」父親可能看人多，不好發火，低頭對我說：「笨蛋，這是單位的澡堂，是免費的，讓你進來洗澡，你就進來洗！」

這時，我聽到另一個方向，傳來了一個維吾爾人的說話聲：「艾山江你好！是你兒子啊，都這麼大了，來洗澡啊。」我偷偷抬頭看了一下，是父親的一個維吾爾同事朋友，正在穿褲子。我

曲魯海鄉新清真寺。

害羞地低下了頭。

父親：「是，是我兒子，剛從伊犁農村帶回來，還不太習慣我們這兒。」

父親，以及他的同事們，似乎已經習慣這種赤身裸體的大眾浴場。

然而，我生長在伊犁的農村，在一個完全是按維吾爾人傳統生活的社區。因為任何穆斯林社區，都有清眞寺，而清眞寺都有專門的附屬洗漱間。維吾爾農村的一般人，都是在清眞寺裡洗漱的。

我長大後，儘管清眞寺都關閉了，洗漱間也沒有了，但維吾爾人還是按照伊斯蘭教規生活，伊斯蘭教非常注重隱私，即便是男人之間也不能露羞體。

那時，夏天，我們一般是在河水裡，找個沒有人的地方洗澡；冬天，自己燒水在果園角落裡的廁所，或者是在儲藏室裡洗澡。我從來不會在幾十人面前，當眾赤身裸體。赤條條地在渾濁不堪的大浴池裡，一邊高談闊論，一邊洗澡，我一時無法適應。

我堅決不脫衣服，拒絕服從父親。父親大概是因為在公眾場合，也沒有辦法，就讓我出去等他。我走出來，坐在門口等他。

大約半個多小時，父親洗完了澡出來，滿臉不高興帶著我回家。一進家門，他就對著母親說：「這孩子，在農村待的時間太長了，什麼都不懂。讓他洗澡，他就是不聽，這不，沒有洗澡就回來了。」

母親問我為什麼，我告訴母親，「大家都赤身裸體，我不

習慣。更何況那是我父親，我怎麼能在父親面前赤身裸體洗澡呢？」母親沒有說其他，只是問我洗澡怎麼辦，我說，「晚上我自己在院子裡洗。」她同意了。但明顯地，父親不是很高興。

後來，因冬天在院子裡洗澡太冷，而且極為不方便，再加上，每次燒水洗澡，父親總是絮絮叨叨，找理由訓斥我，最後，我還是被迫去鐵路公共澡堂，但我從不去父親單位澡堂，而且盡可能躲開維吾爾人，進澡堂只洗淋浴，不下池子。

父親對此一直耿耿於懷。直到「改革開放」後，父親認識了哈密一位著名的伊斯蘭學者，並開始系統學習之後，他也才開始放棄去公共澡堂洗澡的習慣。當然，那時候清真寺基本上都開放了，附屬洗漱間也修繕、開放了。

而且，也有很多維吾爾人，開始經營那種一人一間的洗澡堂，確保維吾爾等穆斯林社團，擁有符合教規對隱私要求的生活設施。

（十一）請假照看妹妹

我到哈密大概一年後，家裡又添了一個妹妹索菲亞（Zulpiye），我的二妹出生了。當時，我剛開始擺脫漢語學習的困境，開始追趕班裡的漢人同學，每天如饑似渴地學習、學習、再學習，見到什麼書都想讀。

二妹的出生，使我和大妹不得不多承擔家務。兩年後，最小的妹妹韻再（Unzire）也出生了。因父母還要工作，我和大妹不得不擔負起照看兩個小妹的任務。

這樣，衝突就來了。父親總是要我和大妹，輪流請病假看顧妹妹，而且要求我請假的次數多一點。而我又特別想上學，我不想撒謊，但又怕父親的暴躁脾氣，只好忍氣吞聲地答應，待在家裡照看妹妹。久了，學校班主任老師發現，我是請假在看顧妹妹，而不是生病什麼的。

一次，我請了大概兩天假之後，來到學校，老師直接當著同學的面，問我是不是在家在照看妹妹，我低頭不回答，好在老師沒有繼續質問我。但我沒有想到，老師下課後，找到了家裡，把父母狠狠地訓了一頓。

我下午回家，父親劈頭就問我，是不是告訴了老師請假看妹妹的事，我說沒有，不是我告訴老師的。父親沒有等我說完，掄起巴掌就搧過來，打的我眼冒金星，滿臉火辣辣的。

我哭著走進屋裡，父親還在罵罵咧咧[5]，指責我吃裡扒外，把家裡的事告訴外面的人，我知道我如何辯解也都無濟於事，就乾脆不吭聲，坐著哭。

但老師的家訪，也沒有改變父親太多，父親還是一如既往，不是要求我請假，就是要求大妹請假，待在家裡照看兩個妹妹。我請假多一點，大妹少一點，父親的命令是不容置疑的，要我留下，我就留下看妹妹。

學校因為我的學習狀況好，在班裡是前幾名，請假後再到課堂，老師也不再當著同學的面訓斥我了。老師們也感覺說服不了

5　說話中夾雜罵人的話。

我父親，也放棄再到家裡和我父親談，任由我請假，老師最多是生氣了，訓斥我一下。

最讓我失望的是，父親對我的學習也很少過問，幾乎是不關心。大概是因為父母的漢語不行，他們從來不去參加我們兄妹倆的家長會，基本上是我參加大妹妹的家長會，後來是我和大妹妹輪流參加兩個小妹妹的家長會。

每次，輪到我的家長會，就沒有人參加了。起初老師還問一問，訓斥我父母為什麼不來，後來老師也知道情況，就不再問了。偶爾，老師生氣了，就數落一兩句我父親，他們都知道，我父母是不會來參加家長會的。

時間久了，我感覺，父母親把我從農村接回來的目的，似乎不是要我學習，而是要在家幫忙照看妹妹。因而，在我心裡，總感覺父親像是個後爸，對我非常的不公。母親儘管也保護我，但也不是堅決地站在我一邊，多數時候她是要求我順從父親的。

大概是看到我對父親的不敬，記得一次母親教育我說：「兒子，當你父親拿著白碗說，這是黑碗，你就必須說那是黑碗。」我質問母親：「為什麼？白碗就是白碗，我為什麼要說是那是黑碗呢？」母親說：「因為他是你父親，你必須服從。」

我不服氣，但也不敢反抗脾氣暴躁的父親。因而，為躲避父親，我做完他交待的事之後，一個人讀自己的書，做自己的事，表達我對父親的抗議。

我幾乎不和父親進行任何交流，有事只和母親談，再由母親轉達父親。我要錢買書等事，都是由母親轉達，母親再轉交

給我。

記得後來我工作後，我去哈密看望父母時，母親告訴我說，父親一直不理解我爲何從未直接向他要過零花錢，從未和他談心交流過。我很驚訝，父親居然不知道爲何？但當時我也沒有想過要和父親談，我以爲以後會有時間。

（十二）養羊，拔草撿瓜皮

當時儘管父母在鐵路局的工資，和一般人比起來，相對高一點，但一切食物都是政府定量供應，白麵、清油、羊肉也都是憑票定量供應，飯食油水少，總是讓人覺得餓。

因此，鐵路上，很多漢人都在家裡偷偷養雞，而維吾爾人則在院子裡偷偷養羊。我父親也是每年偷偷養一隻羊。自我到哈密來，我就增加了一項任務，每天放學後，第一件事就是騎著自行車去拔草。

當時，鐵路地區都是光禿禿的，路邊，連個樹都沒有，更遑論草木了。我要每天騎大約半個多到一個小時的自行車，後面夾著個麻袋，來到哈密城郊的農村田間地頭，找有草的地方，偷偷拔草。

偶爾我被農村的民兵抓住了，還要被打罵，麻袋沒收，更讓我委屈的是，回家還要被父親責罵，說沒能拔草回來，還丟了麻袋。很多時候，我下午一出去，天黑了才能拔滿一麻袋的草回到家。我一個人騎著自行車，走在農村田間地頭，很是害怕。

我回到家，先給羊餵草，再趕快吃飯，然後就是挑燈做

作業。

　　夏天到了，父親就會要求我，挑個籃子，帶一把刀，去哈密鐵路地區市場，那裡有賣瓜果的，特別是賣哈密瓜的。一旦有人買了哈密瓜、或西瓜要吃，我給他們提供刀子，他們將吃完的瓜皮扔到我的籃子裡。

　　籃子滿了，瓜皮拿回家，切成塊兒餵羊。

　　我上四年級左右，一天，大早晨，父親讓我拿了籃子和刀子，到市場去撿瓜皮，我帶了兩個朋友一起去。

　　那是個週末，市場裡人特別多。賣瓜的車也有幾輛。我拿著籃子和刀子，和朋友們一起站著。突然來了幾個比我們大的孩子，我們也都認識。他們買了幾個瓜，然後用我的刀子切割吃，瓜皮當然放我籃子裡。

　　我感覺到，他們似乎買了一、兩個瓜，但偷了四、五個瓜，但我沒有說什麼。又不是我偷的，我何必要管閒事。再說，那時，大人、小孩子，或多或少都偷，偷單位的東西，偷瓜、偷水果。人們似乎也已習慣這種小偷小摸。

　　所以，他們圍坐在我的籃子前，切瓜吃，也分給我們幾牙[6]。我沒有太在意，也分享了他們的瓜。大家嘻嘻哈哈，邊說邊鬧，邊吃邊偷，不一會兒我的籃子就滿了。但我沒有急於回家，和他們又玩了一會兒，到下午才回家。

　　一回家，我就感覺氣氛不對，父親滿臉鐵青，氣呼呼的。我

6　切開以後的瓜，稱牙，如一牙瓜、兩牙瓜等等。幾牙，幾個牙片瓜。

剛放下籃子，還沒有明白發生了什麼，父親一個巴掌，把我打得摸不著東南西北，我沒有反應過來，也來不及跑到外面，就被父親揪住了頭髮。

然後，父親揪著我的兩個耳朵，開始拽著我的頭向牆上撞，一下、兩下、三下、四下……，我的臉上是血，耳朵也開始出血，我開始暈了。

這時，剛從伊犁來看望父母的姨姨和姨父正好在家，他們實在看不下去了，尤其是姨姨。我是在她眼前長大的，就像是她最小的弟弟。據說她當時氣得發抖，要求姨父站起來阻止父親。姨父走到父親面前，把我拉開，質問父親：「你是想要我們走嗎？你是要拿伊利夏提出氣嗎？這孩子到底做錯了什麼，有這樣打孩子的嗎？」

父親似乎理直氣壯：「他和一些孩子偷瓜，他們偷了別人的瓜！我要教訓他！」這時，姨姨一邊擦拭著我臉上的血，一邊很生氣地對父親說：「那好，如果你這個家容不下這孩子，我們明天走人，也把他帶走。」

這時候，我才明白我的錯。我哭著告訴姨姨和姨父，我沒有偷，是別的孩子偷的，我只是給了他們我的刀子，用於切瓜，吃了幾牙。姨姨和姨父想要帶我去醫院檢查，父親和母親覺得那將會非常丟人，所以堅決不同意。

姨姨和姨父非常生氣，也很傷心。那天，是他們救了我。我無意吃晚飯，姨姨和姨父也沒有吃，他們默默無語地陪我坐著。姨姨安慰著我，把我抱在懷裡。我哭著、哭著，就迷迷糊糊地在

姨姨和姨父身邊睡著了。第二天起來，我的臉、頭、耳朵都還疼。

我躲著父親，起床洗刷完畢，就背上書包，去了學校。中午回來，姨姨和姨父真的把行李包裹整理好了，要回去。父母很尷尬地挽留，我哭著要他們留下，他們堅決不肯。當然，我想和他們一起走，但他們也沒有提，我也沒有敢提。

自那以後，姨姨和姨父再也沒有來過我們家。每次我去姨姨家，她都會關切地問我，父親又打過我沒有？似乎，姨姨到死，也沒有原諒父親。

自那以後，我和父親的關係更冷淡了。我幾乎不想和他說任何話，我害怕他，躲著他，說心裡話，我也恨他，不想看到他。當時，他對我更像是一個暴虐的後爸。

（十三）一巴掌毀了我的畫家夢

我忘了是在上四年級時、還是五年級，那時剛改革開放，學校裡開始有一些興趣小組，我參加了畫畫組，在一個叫王學瑞的老師帶領下學畫畫。

王老師特別前鋒，在當時的哈密鐵路地區，顯得怪異另類。他幾乎是第一個穿喇叭褲、留長髮的老師。他大大咧咧[7]，不僅畫畫好，而且有思想；經常跟我們講一些國內外的新鮮事，偶爾也罵罵共產黨中國。

7　**大大咧咧**：生活隨隨便便、不修邊幅，說話口無遮攔。

王老師特別喜歡我，因此帶著我參加他那一幫哈密另類朋友的畫畫聚會。他們會喝一點酒，高談闊論。當時，對我來說，所見到的和聽到的，全是新鮮事，新思想。我為了不辜負王老師的期望，每天學畫畫、臨摹，畫技大有長進。

記得我畫的一幅列寧畫像，還被選去參加競賽，我特別高興。

然而，我的班主任、語文課的林老師是保守派，她認為王學瑞老師那類穿喇叭褲、留長髮的，都是流氓，我們不應該跟他太親近。她特別不高興我跟著王老師跑。

當時，我是班裡學習最好的幾個學生之一，各科成績都出類拔萃，也是班主任林老師引以為豪的好學生，所以她決定拯救我。

林老師找到了我父母，告訴他們，我在跟著一個穿喇叭褲、留長髮，生活邋裡邋遢的一個另類老師學畫畫，那可是一點沒有都前途的事，必須阻止我繼續跟著王學瑞老師學畫畫，必須立即拯救我於水深火熱中。

那一天，我根本不知道林老師去過我家。放學後，我又照常去王老師辦公室，畫完畫才回家。我回到家，才發現有變化。

我一進院子門，就見院子裡的烤饢坑裡，煙火繚繞、濃煙滾滾。只見父親怒目圓睜，正在把我畫的畫，和其他畫畫書籍，往饢坑裡，一頁一頁地撕下扔入。我跑過去試圖阻擋。看到我衝過來，父親舉手，一個大巴掌，我眼冒火星，倒在地上。

父親，站在饢坑前，一邊繼續一頁一頁撕扯燒我的畫和書

籍，一邊義正詞嚴地訓斥著我：「聽著，以後再不許你畫畫，不許再跟著那個王老師。如果我再聽到你和王老師在一起的消息，我打斷你的腿，記住了！」

我一句話也沒有回，只是默默地哭泣，看著自己最心愛的畫和書籍被焚燒，不是因為那一巴掌，而是我那些臨摹畫作，我那些畫畫的書，那可都是我的心血呀！那是我的愛好！更何況畫畫並沒有影響我學習。

他又走過來，拿起我掉在地上的、我自己做的簡易畫板，抽出裡面的畫，有我畫的魯迅、列寧等，他更是大發雷霆：「閒著沒事幹，不好好學習，畫這些共產主義無神論者？我們是穆斯林，不畫這些人！」我什麼也沒有說。

父親沒有上過學，他的維吾爾文讀寫，是在部隊裡學會的，他書也沒有讀過幾本。但他是一個虔誠的傳統穆斯林，一直對人物畫像有抵觸。

就這樣，我被迫放棄了畫畫，也沒有再跟王老師聯繫。父親一氣之下，蠻不講理的一巴掌和一把火，燒掉了我的畫家夢，也使維吾爾人少了一個未來畫家，多了一個人權鬥士！塞翁失馬焉知非福！

（十四）做傢俱

剛「改革開放」不久，鐵路上興起了一股做傢俱的風潮，每家都在請木匠做傢俱。

一天，父親說，我們也要做傢俱，要請木匠做大立櫃、高低

櫃等全套傢俱。

父親和我開始從房頂，及院子裡養羊的小圈裡，拿出一些板子、圓木，放到院子裡。但我一看就知道，這些木頭不足於做傢俱，肯定不夠。我不知道父親要怎麼解決木頭問題。我猜得到，父親肯定是不會花錢買木頭的。

果然不出我所料，晚上天剛黑，父親對我說：「趕快吃飯，吃完飯我們倆去拿木頭。」我不知道要從什麼地方拿木頭，但猜測是要到父親哪位朋友家拿。

天黑了，父親帶著我出發。走著走著，我就知道，父親在往單位走。我猜到了，父親和我要偷單位的木頭。儘管我知道，當時單位裡每個人都在偷，有本事的大偷，沒本事的小偷，但我還是害怕被抓住。

我膽戰心驚地跟著父親走著，很快我們來到了父親單位。單位裡，鐵路上，到處都是枕木，那裡燈也很亮，並不黑，但好在沒有人看管。父親像是在市場裡挑商品，還細心地挑著，最後選中了一根，示意我抬另一頭。我非常吃力地將那塊枕木，拿到我肩膀上，和父親一起扛回家。

那一晚，我們扛三根枕木回家。每次來回，我都是膽戰心驚，那枕木沉重得讓我氣喘吁吁，肩膀腫痛；但懼於父親的說一不二，我一聲不吭地跟著父親來回地扛。

木匠做了一周，大立櫃和高低櫃做好了，但桌子做到一半，木頭又不夠了。父親說，「晚上，再去扛一根枕木回來。」，我鼓起勇氣說我不想去，父親不高興我頂嘴，開始指責我懶惰，不

幫忙。我辯解說這是偷，他做父親的不應該帶著我去偷枕木。

正在幫著木匠用斧頭清理木頭的父親，手拿斧頭向我衝過來。我眼見父親要打我，一下子準備衝出院子，但在我開門時，轉頭看到了父親扔過來的斧頭，我一手拉著門，頭一低，斧頭從我頭上飄過，哐噹一聲撞到門而掉到地下了。

我拉開門，一下子衝出了院子。我一路不停，跑到學校才歇了一口氣，然後坐在操場上，回想發生的一切。我好害怕。如果父親那斧子打到我頭上……，我覺得自己撿了一條命。

我一直等到天很黑了，才走到家門口觀察。大妹正在外面找我。我問大妹父親是否還在生氣，妹妹說是，但好一點了。我告訴她我不想進家，我害怕。但母親也出來找我，母親保證說父親不會再打我了。

說實在話，我也沒有地方去，不回家還能去哪呢？想著父親可能好點了，就回家了。父親也沒有說什麼，我悄悄進我房間睡覺了。

到今天，想起父親那一刻的暴怒，我總在想，如果不是我躲得快，如果那斧頭砸到我頭上的話，會怎麼樣？父親會後悔嗎？

後來，大妹說，她有一次問過父親，為什麼他總是打我，對我和大妹粗暴。父親回答是因為他太愛我們，想讓我們成為好人，有用之人。我不敢苟同父親的這一狡辯，但也無心和他辯論澄清他的目的，權當父親認為「棍棒出孝子」！

（十五）父親想讓我接班

初中快畢業時，我和父親的另一場衝突，又拉開了序幕。

當時的鐵路系統，出了個新政策，工齡到一定年限的工人可以退休，單位安排一位其子女就業，就叫接班。

父親希望我初中畢業即停止學業，接他的班，或者接我母親的班。父親覺得這更有保障，而且鐵路工資高，掙錢多。萬一等上完高中，政策一變，「過了這村，就沒有那個店了！」。

我要上高中，我根本不想接班，不想進鐵路系統；更不想在鐵路上，當一輩子被人歧視、欺負的維吾爾工人。幾年下來，我對鐵路系統，只有厭惡，沒有一點好感。

我自來到哈密，一直在以漢人爲主的鐵路區長大。我從一個完全維吾爾的文化環境，來到一個完全漢人的文化環境；從維吾爾的廣闊天地，來到一個將維吾爾家園變成了狹窄擁擠，臭氣薰天、垃圾滿天飛的漢人居住區；從一個始終將寬容、善良，鄰里和睦作爲人生準則的維吾爾農村，來到一個相互排斥、鄰里勾心鬥角，經常爲雞毛蒜皮之事吵架打架的鐵路區。

這幾年，我在鐵路小學、中學所遇到的，來自老師和同學的，有意無意的歧視、侮辱，已使我對鐵路系統沒有什麼好感。而我幾乎每天還在見證，父母在這個漢人世界生存的艱難不易。

父母及其他鐵路上的維吾爾人，因語言交流困難，而經常被領導和同事辱罵、欺辱。我從那些漢人領導眼中，看到的是，殖

民者對被殖民者的高傲和蔑視，是一種自以為是的救世主姿態。平時對我咆哮如虎的父親，在單位領導面前唯唯諾諾；善良、好客的母親，在領導和同事面前忍辱負重。這，不是我這個在曲魯海的高山流水中長大的維吾爾人要尋求的天地！

我告訴父親，不，我不要接班，我要上高中，還要上大學！我不想回到鐵路，我要當老師或者醫生！

父親非常不高興，軟硬兼施、恩威並施，還動員母親做工作。我最後抵擋不住父母的絮絮叨叨，把我和父親的矛盾，告訴我的班主任老師，一位姓王的北京人。王老師當晚就來到我們家，對父母親幾乎是一頓訓斥。王老師以不容置疑的口氣告訴父親：我必須上高中！

維吾爾人，和世界上大多數民族一樣，對老師，是非常尊重的。在維吾爾人社會，老師的地位是非常高的，所以父親就此放棄了要我接班的想法。

但是，父親只是換了個對象。當時，我大妹和我是同一個年級的。我的學習在全校排名前十幾名，當時我的班也是學校重點班的。大妹的學習也不錯，但她沒有進入重點班。她也面臨初中畢業上高中的問題，父親看到動搖不了我的決心，就開始施壓大妹，要她接班。

但她也不想接班，結果她也把老師搬來了，但沒有我那麼成功。大妹在父親壓力下，決定初中畢業考中專（二年制），以儘快參加工作，加入父母掙錢行列，減輕家裡負擔。

我通過母親，想說服父親，讓我們倆都上高中，但不成功。

似乎要我或妹妹接班的這個觀念上，母親也和父親站在一起。最後，我考上了高中，大妹考上了哈密衛校護士班。這是我第一次欠我大妹一個很大很大的人生債！

2014年，大妹因我在美國寫文章，揭露共產黨對維吾爾人的民族迫害，而被員警抓捕，自此失蹤。大妹的失蹤，讓我終生內疚，我永遠都無法彌補大妹這一人生債！

（十四）不想學化學工程

高考完後，等待分數，等待錄取是最漫長的。

在高中時，我想學文科，我喜歡地理、歷史和文學。但班主任老師認為，我應該報考理科。當時到處是「學好數理化，走遍天下都不怕」的說法，父親聽說之後，以命令的口氣，告訴我必須選理科。

不得已，我選了理科。但理科裡，我最討厭的是化學課，因而也沒有太用心學習。

我在填志願時，在老師指導下，第一志願選了幾所醫科大學，我想學醫；而且，父母對我學醫也是支持的。

我第二志願填的是，北京師範大學和長春地質學院。若當不了醫生，當老師也是我的願望。我最後一個志願，才是大連工學院。

等待中，高考分數下來了，我考了三百多分，那個年代也算是高分。我滿心指望能被那一所醫學院錄取，最差也應該有北京師範大學或長春地質學院。但突然傳來的消息是，大連工學院優

先錄取民考漢[8]學生，從最高分一直到招夠爲止，剩下的民考漢學生，再由其他院校錄取。

我期盼大連工學院不要錄取我，因爲我聽說，大連工學院可能是學化學工程專業，民考漢還要加一年的預科學習。

但不幸的消息終於傳來了。一個早上，學校送來大連工學院的錄取通知書，老師同學都爲我高興，到處是祝賀之聲。但我卻高興不起來。當然，父母是樂得合不攏嘴了。

那時候，大學生還是比較稀罕的時期，還是號稱「天之驕子」的時期，所以我考上大連工學院的消息，在哈密也算是榮登紅榜了，做父母的當然高興、榮耀。

晚上，全家坐在飯桌上，我看父親臉上也是笑容滿面，我就斗膽跟父親說，我不想去大連工學院學化學，我想再補習一年，重新參加高考，去醫學院學醫，也可以滿足父母期望。

父親沒等我解釋完我的想法，就打斷說：「要去，就今年去上大學；不去，就接班，在鐵路上參加工作掙錢。我沒有錢再供你上學！」口氣是斬釘截鐵的。

我看看母親，期盼她能幫幫我，但母親似乎也和父親一個想法。無奈，我只好放棄再讀一年的想法，硬著頭皮去上大連理工學院。

8　民考漢，是指非漢族的各民族，自小上漢語學校，用漢語參加高考的學生。在維吾爾自治區，民考漢以維吾爾人爲主，包括哈薩克、克爾克孜、烏茲別克等其他民族。

就這樣，在家沒有選擇權的我，到大連理工大學，多讀一年預科不說，還被政府安排學習化學工程專業——我最不喜歡的一門專業。最後，我勉強混個畢業，回到家鄉，又被分派到學校，教了15年化學工程類的課程。

我到美國後，在應聘我目前的公司時，記得當時面談，老闆還特地問了我一句說：「你在大學，學了5年化學工程專業，也當老師教了15年化學工程類課程。在美國，化學工程類的工作掙錢還多，你不想搞你的專業嗎？」我笑著回答說：「我不喜歡化學，被迫學了5年化學，又教了15年化學，已經是見化學要厭惡的程度了，我一直想換個專業，做點什麼我喜歡的，現在是機會，如果你給予我這機會，我會全身心投入學習。」

這樣，老闆相信了我，給予我重新開始的機會。我在美國，開始了我「資訊檔案管理」的新專業，經過幾年的辛勤努力工作學習，我現在不僅是這方面的專家，而且我還拿有該專業的行業結業證書，和聯邦政府專科證書。

（十六）大學畢業

1988年，我大學畢業回到家鄉。我在大學期間，在大連組織1986年的維吾爾學生遊行，而且還經常發表批評中國政府民族政策的其他言論，因此我被列入了黑名單。

離開大連理工大學前，我懷疑我可能上了黑名單，因為第一次組織遊行之後，我就被找去談話，被要求辭去班長、班級團支部書記職位。但我想那些輔導員老師，一個個慈眉善目、諄諄教

導，我還是以僥倖心理，期盼著他們不會這麼做。

回到哈密後，父親想讓我立即參加工作，能夠自立；如果可能，再支援家裡一點。但我在烏魯木齊，轉悠[9]了幾個月，工作還是一點線索都沒有。

我每次去一個單位應聘，訪談的漢人領導，聽到我一口流利的漢語，旁徵博引、侃侃而談，都會大加讚賞，顯出極大興趣，但過兩天再去，就是吞吞吐吐，婉言謝絕。

直到我叔叔，他在烏魯木齊一家很有名的大單位當過領導，出面介紹應聘之後，我上了黑名單的事才被洩露出來。該單位負責人事管理的幹部，悄悄告訴我叔叔，我的檔案有問題，上了黑名單，基本上無法在烏魯木齊找到工作。

我垂頭喪氣地回到哈密，父親早已經知道了。叔叔告訴了母親，母親又告訴了父親。

我一進家門，父親就氣乎乎地看著我，然後他就是在家裡，轉著圈，尋找爆發突破口。我小心翼翼避免和父親對視，避免直接衝突。最後，父親似乎受不了我的沉默，明知故問：「工作之事有進展嗎？」我實話實說告訴他，還沒有，還得繼續找。

父親強壓著怒火，看著我說道：「我明天找一下我們鐵路的單位領導，現在正好鐵路上在招工，鐵路工人的工資也比地方幹部的工資高，你就在這鐵路上工作吧，我們大家都在一起，相互有個依靠。」父親沒有說完的話是：「工資上交他管理。」

9　轉悠，閒逛之意。

我一直的想法就是遠離家，離父親遠一點，使自己能夠獨立生活。

　　我抬頭看了父親一眼，不留絲毫餘地、堅定地說道：「不，我不會在鐵路上工作，也不想回到哈密，不必麻煩你了，給我幾個月時間，我會自己找到工作的。」

　　父親再也控制不住自己了，他暴跳如雷，開始嚴厲訓斥我不聽他的話，浪費了他的錢，辜負了他的希望。什麼早告訴你了，不要和政府作對，你就是不聽。最後，他下了最後通牒，一個月之內，要嘛找到工作，要嘛滾蛋！

　　第二天，我默默地拿起背包，帶著大妹偷偷塞給我的錢，和母親以父親名義給的錢，又坐上火車，離開了哈密，我實在不想看到父親那鄙視的目光。

　　我在烏魯木齊遊蕩了一個多月，大約是在9月份，有朋友建議我，去試一試石河子技工教師進修學校，一個新成立不久的學校，專門給職業培訓學校培養老師。

　　石河子是兵團城市，儘管城市整潔、漂亮，但我不喜歡的另一個原因，和鐵路系統一樣，是漢人一統天下的地方。

　　但我沒有其他選擇，我不想繼續到處流浪。我去了石河子，和校領導見了面，他們很爽快地答應要聘用我。

　　後來在工作的過程中，我才發現，這個學校成立之初，大多數領導，從中層到高層，都是被北大、清華、復旦打成右派遣送西北的中國知識份子。儘管「改革開放」後得到平反，但大多數對中共的政策耿耿於懷、極端厭惡，所以也不嫌棄像我這樣，上

了共產黨黑名單的維吾爾人。

這樣，我逃脫了中國在東突厥斯坦國中之國的「鐵路系統」之後，又被迫進入中國在東突厥斯坦的更為邪惡、更是國中之國的殖民開拓團——「兵團」。

儘管父親不滿意，我找了一個月，才拿百十塊錢的教師工作，但至少我還是找到工作了，這似乎稍稍讓他放心了一點。

再後來，我成家，但還是繼續捲入更多的政治，還是繼續到處表達我的不滿，繼續批評、批判中國的殖民政策，我還是一點都不收斂，還是不停地從一個麻煩進入另一個麻煩。父親不僅覺得，我沒有能升官發財，使他光宗耀祖，還一直是一個到處找麻煩的窮教師。這使父親極度失望，覺得我不明事理，不識時務。

一直到我離開家鄉之前，我們父子倆走在一起時，總出現話不投機、尷尬局面；有時，還爭得面紅耳赤。

最後，當2003年11月17日，我突然回到哈密，與父母告別時，他更是不滿意，不滿意我作為長子，拋下已進入高齡的父母離開，更不滿意我作為父親，拋下年幼兒子流亡國外。但他也知道，我必須離開，所以，儘管沒有像以往一樣訓斥我，但還是委婉地表達，他對我這個總是麻煩不離身的、不爭氣兒子的不滿！

回顧我和父親互動的幾十年歲月，我們倆之間，一直是關係緊張，衝突不斷；他不滿意我，我覺得他不理解我。

但現實無情，維吾爾人的現實更是殘酷。我和父親一直沒有機會去直面彼此，放下對彼此的隔閡成見，交流談心、相互交心。我在維吾爾人的悲慘世界裡，跌跌撞撞，試圖為自己、為民

族找出一條路，而父親則是被家庭、工作的磨難，壓迫得喘不過氣來。

我們父子倆都以為會有時間，但世事變幻無常，中國共產黨的殖民政策更是如川劇的變臉術，分分秒秒都在變。曾經落在父親頭上的隔離審查、降職，也同樣在我這一輩維吾爾人的人生中重複。今天，中國共產黨更是以史無前例的種族屠殺在對付維吾爾人民。這不再是我或者幾個人的人生悲劇，而是已演變成了我們整個維吾爾民族的悲劇。

如果父親還活著，那他，作為我伊利夏提的父親，作為一個歷史上曾經是東突厥斯坦國民軍最後一批戰士的維吾爾人，一個被隔離審查、清理出公安隊伍的維吾爾人，今天他可能就在集中營，或者在監獄。

我非常遺憾，無法在父親人生的最後時刻，在他身邊，和他告別，像他當年握著我的手，將我送上不歸的火車一樣，也握著他的手，將他送上人生最後的告別之旅。

這將是折磨我終身的遺憾！可能，在父親看來，是「我」給家裡帶來了災難！但殘酷的現實，又使我慶幸，父親走的是時候，使父親不至於在體弱多病的八十多歲高齡，再經歷一次維吾爾人的苦難！

（伊利夏提寫於 2020 年 9 月 9 日本書編輯之際，未曾發表。）

25 ‖ 我在馬來西亞的庇護歲月

（一）被迫逃亡時刻

我逃亡的時候，已經是四十出頭了。

我四十多歲被迫開始一種全新的生活。我在語言文化差異很大的異國他鄉，身無分文地流浪、躲藏，只有同樣遭遇過的人，才知道這樣的情況有多難。

更何況，像我這樣，被迫逃亡的政治避難者，保命生存是第一要務，根本談不上前途，一切都是走一步算一步。除了茫然地等待命運的安排之外，我不知道，我最終的歸屬在哪裡。

我選擇馬來西亞，作爲逃亡的第一站，不是因爲其他什麼特別原因，只是因爲拿中國護照，辦馬來西亞簽證，是最容易的。

逃亡前，我對國外的瞭解，就是書本上、電影裡，走馬看花瞭解到的那一點點。再加上我是匆忙離開，對馬來西亞的瞭解，也是臨時抱佛腳。我簡單地流覽網路上對馬來西亞的介紹，知道馬來西亞是個以穆斯林爲主要人口的國家，官方用語是英語。

我當時的英語水準，是知道二十六個英文字母，和在大學裡

學的簡單會話，把著字典讀一點簡單的短文還行，但聽、說能力，幾乎爲零。

但我也沒有其他的辦法，被迫的選擇，只能往前走，沒有回頭路。

北京機場，曾是我最爲擔心的。我不知道等待我的是什麼，我憂心忡忡地走向海關。

當輪到我通關時，一位年輕員警拿起我的護照，看看我，很仔細地看了我的護照，問我道：「去馬來西亞？準備做什麼？」我猶豫了一下：「看看馬來西亞，可能的話，再學點英語，提高一下外語能力。」我已經開始冒汗了。

員警看看我：「你沒有事吧，穿得太厚了？看你汗流浹背的，馬來西亞更熱！」我趕緊解釋：「第一次出國，馬不停蹄的，有點累。」員警：「嗯，這麼大年紀還要學外語，不錯。」然後就是蓋章，把護照還給了我。

我鬆了一口氣，看著員警，說了聲：「謝謝！」我快速地離開了。

上飛機前，我回頭看看北京機場，對我身邊的小兄弟說：「我眞想吐一口痰，終於要離開這塊邪惡之地了。」小兄弟回答說：「大哥，飛機還沒有起飛呢，別急。」

最終，我沒有能吐一口惡痰，發洩一下我對中國政府的厭惡和仇恨。但起飛前，我坐在飛機艙裡，心理的感受卻是五味雜陳。我將要離開這塊土地，但不知道我這人生之途，要在哪裡結束？將把我帶向世界的哪一個角落？

我很清楚，這一走，不知何時再能回來；這一走，不僅是離開中國北京，也是在和我的祖國——東突厥斯坦及親人，做最後的告別！

飛機起飛了，我能確認的只有一件——我踏上了一條不歸之路。

（二）到達馬來西亞

六個多小時後，飛機降落在馬來西亞。儘管我疲憊不堪，但第一次出國的新鮮感，感覺一切都很新奇。機場裡，看著到處說中文的遊客，我有點懷疑，自己是否真的已到馬來西亞？但頭戴穆斯林蓋頭的馬來女警，使我確認，我已經在異國他鄉了。

和我一起來的維吾爾小兄弟，他的表哥在馬來西亞，所以他表哥帶著幾個維吾爾年輕人，到機場來接我們。在馬來西亞的海關，我們通關時花費了一些時間，然後我們找到來接我們的年輕人，和他們一起走出飛機場，進入停車場。潮濕熱浪混合著海腥味，迎面撲鼻而來，我默默地對自己說：「馬來西亞，我來了。」

車駛出機場，不一會兒，變天了，雷聲滾滾，昏天黑地，緊接是瓢潑大雨從天而降。我第一次見識熱帶陣雨，一會兒不到，到處是潺潺流水。

一路上看著兩邊的綠色景致，想著不知前途的未來，不知不覺地，天黑了。外面到處是燈火輝煌。一路上，我答非所問的、被動參與著幾個維吾爾年輕人的談笑風生，大約一個多小時之

後，我們到達他們的住處。

年輕人似乎不知道累。跟我來的小夥子，和他表哥及其朋友，分享著我們帶來的家鄉風味，說笑描繪著未來的夢想。而我，身心都覺得極度疲憊，吃了一點東西，我要求休息，他們安排我在另一間房裡先睡。

第二天，記得是古爾邦節，我早早起來，輕手輕腳地出了門，想看看馬來西亞，這個以穆斯林人口為主的國家，過節前的氣氛。一出門，迎面撲來的是海鮮腥味，和令人壓抑的悶熱，使我稍感不適。我順著門前小路，再往前走一點，四處張望，這裡沒有一點過節的氛圍。街上，除了幾隻流浪貓外，人很少。

令我驚訝的是，路的兩邊，到處是中文牌匾的商店，怎麼越看越像還在中國，我有點不敢相信，自己是否真的已離開中國？

我失望之餘，慢慢地走回屋裡，陷入沉思中。幾個年輕人很快也都起床了。他們似乎永遠沒有憂愁，一起床就開始歡歌笑語。

禮拜時間到了，在房主人帶領下，大家一起走向清真寺，去禮「古爾邦節」聚禮。我本是抱著要融入穆斯林兄弟之情，而進到清真寺的。但不知為何，進到清真寺，左看、右看，儘管來禮拜的馬來人都笑臉致意，但我和他們語言不通。對我而言，一切都很陌生，陌生的面孔，陌生的穿著。突然，我感到了一種孤獨和淒涼。

禮拜結束後，除了我們幾個維吾爾人之間的問候和擁抱之外，聽不到維吾爾人的嗩吶、手鼓之聲，也聽不到維吾爾人歡快

的夏迪婭娜[1]旋律；當然，也沒有粗獷豪邁的薩瑪舞[2]。我對異國他鄉的新奇感，被一種悲涼替代，深深的思鄉之情油然而生。

我走出清眞寺，回到臨時住宿房間，喝了一點早茶，就出來給家裡打電話。聽到父母親人的聲音，似乎回到了家鄉。但看看周圍，一切又是那麼的陌生。眼淚在眼眶裡打轉，聲音哽咽，畢竟是人生第一次在一個遙遠的異國他鄉，我控制著自己，告訴父母，一切都很好，我已經安頓下來了。

放下電話，擦乾眼淚，我安慰自己：「沒有回頭路，只有勇往直前，一定能找到出路。」

（三）進入英語學校

過了幾天，在維吾爾年輕人的幫助下，我先把從家裡由父母弟妹贊助湊來的，三萬多元人民幣，換成馬幣。這一換，我的錢，一多半沒有了（當時一馬幣換二・五元左右人民幣）。然後，我在吉隆坡附近，以三百多元馬幣，租了一間屋子住下來。然後，爲了保證簽證有效，我又找了個英語學校登記，結果，學校要我一下子交出六個月的學費。

這住宿加學費交完，我馬上就成了窮光蛋！租來的房子裡，

1　**夏迪婭娜**：維吾爾樂曲的名字，是一種歡快旋律，一般在節假日、歡慶時演奏，伴隨旋律，維吾爾男女會跳起舞蹈。

2　**薩瑪舞**：維吾爾傳統舞蹈；動作簡潔、粗獷有力，伴隨跳舞男士的呼號非常震撼，一般在節假日，在手鼓、嗩吶演奏下，禮拜完的男人們聚集在清眞寺前廣場，即興演出。

除了四面牆和爐子，什麼都沒有。睡慣了床的我，不得不打地鋪。幾個月後，我從外面撿了幾個板子，再撿幾個破磚，搭了個簡易床，算是好一點了。第一次，在我的生活中，床，成了可望而不可及的奢侈品。

好在，馬來西亞吃的費用不算太貴，平時買點食物自己做，省錢。但去英語學校的日子就沒辦法了。我忍痛買最便宜的米飯吃。學校裡好多維吾爾孩子，他們總是問我為何不喝水，我告訴他們我不渴，實際上我是想剩下飲料錢。

馬來西亞的水龍頭水，喝不得，連燒開泡茶，都很難喝，但沒有辦法，我慢慢的也習慣了水龍頭水。逃亡生活，還能要求什麼呢？

英文學校裡的老師，大多是馬來西亞的華人，少數是馬來人和印度人。老師都非常好，教學非常有耐心、細緻。他們大概是看我這麼大年紀來學英語，一定不容易，每位老師都對我關懷有加。

作為教過幾十年中文的老師，我一邊學習，一邊觀察他們教英文的教學方法。我發現，他們並不像我們過分注重語法的教學。他們的教學，專注於發音和聽、說，到較高級別時，才開始強調寫作和語法，但還是以閱讀基礎上培養語感為重點。

老師們不停地強調，學習語言，一定要多讀，特別是要放聲朗誦。因此我開始每天大早晨起來朗讀英文課本。自此之後，朗讀英文的習慣，我一直保持到現在。可以這麼說，我英文的快速進步，完全是在馬來西亞養成朗讀的習慣使然。

一位華人老師送了我一本英文的《聖經》，要我閱讀。他說，這將有助於提高我的英文水準。我以前讀過中文《聖經》，正好，既能學英語，又能瞭解基督教，何樂而不爲。我開始借助字典，每天一點一點地讀英文《聖經》。大約一個多月，我把《聖經》新舊約全書通讀了一遍。後來，我又讀了一遍。

一天，一位印度裔老師，看到我在用英漢電子詞典查單詞閱讀，他告訴我，最好不要用英漢詞典。在學校問老師，老師會竭盡全力解釋詞意；回家閱讀，要用，就用英語詞典。過了兩天，這位好心老師還送了我一本牛津大辭典。

英語學校的學生，絕大多數都是來自中國的學生，東北人居多，除了我們維吾爾人之外，還有少數的阿拉伯人。

我們維吾爾人有大約十幾名，就我一個四十多歲，其他都是十幾、二十歲左右的年輕人。學生的目標，是完成英語基本會話的學習，然後申請英國的大學，去英國讀書。

剛開始，申請英國學校簽證的學生，基本上容易獲得批准。維吾爾人幾乎是申請一個，就批准一個。所以大家都躍躍欲試，希望很快完成英語基本會話的學習，申請英國簽證走人。也因此，該學校的生源[3]也非常好，維吾爾人源源不斷地到來。

但學校附近似乎是盜賊之窩，經常有學生被搶劫。我本人也被搶劫過一次。回想那雪上加霜的一幕，至今仍心有餘悸。

那是一個下午，爲了省錢，那天我沒有吃午飯，下午特別

3　**生源**：學生來源充足。

餓，所以一下課，我就往住宿趕，想回家做點吃的。

和我同住的孩子要和其他年輕人一起踢足球，因此就我一個人往回走。我走到一條僻靜的小巷子，突然一個騎摩托車的印度裔人，停在我前面。我以為他要問路，就停下來。他逕自走過來，突然拔出一把特別細長的刀子，頂到我的脖子上，然後，就是一把搶走了我的手機和口袋裡的錢包。

還沒有等我緩過來，他和另一個同夥騎上摩托車，就一溜煙跑了。我驚魂甫定，一位馬來人走過來說，他看到了一切，要我去報告員警。儘管我知道，去警察局沒有什麼用，但還是和他走到警察局，做了記錄，然後身心疲憊地回到家。

當時，我一個窮光蛋，錢包裡本來就沒有多少錢。我唯一珍貴的是那部手機。那是一個最好的知心朋友，送我作為告別禮物的摩托羅拉手機；也是我和家人、家鄉僅有的聯繫。為此，我難過了很久。

（四）為謀生找工作

我開始焦急地打聽，我是否能打工。我急於想找到一份工作，解一時之需。同時，我盡可能一天只吃一、兩頓飯、喝水龍頭水，減少一切不必要的開支。我這樣堅持了幾個月，在這過程中，我開始對馬來西亞有所瞭解，也認識了幾個當地人。

大約一兩個月後，我認識了一位維吾爾前輩，他是早幾年逃亡至馬拉西亞的。在這位前輩的引介下，我又認識了馬來西亞華人穆斯林協會的一位朋友。這樣，我的人際關係網開始鋪開。

這段期間，那位華人穆斯林朋友，開始為我找臨時一、兩天的工作。他每次來找我，就說有一點活，問我願不願意幫他？我立馬跟他走。他給錢，我就拿；不給錢，我混個飯吃。慢慢的，我們倆越來越好，成了好朋友；他不停地為我找工作，每個月都能保障我有一、兩百的馬幣收入。

同時，我到馬來西亞一個月不到的時間，在那位維吾爾前輩的指導下，我找到聯合國駐馬來西亞難民署，立即向難民署遞交政治庇護申請。大約幾個月下來，我拿到聯合國難民署頒發的難民證書。但我的經濟問題還是未能解決，生活處於勉強度日。

有一天，那位華人穆斯林協會朋友拿來一本英文書，問我能不能譯成中文？他說有錢可賺。我說：「沒問題，我來翻譯。」大概有一個多月，我白天學習，晚上就靠英漢詞典幫助，來翻譯那本書，最後我總算把書翻譯完成，把稿子交給他。他先自掏腰包，給我一點翻譯費，說是要讓別人看看，如果可以再付全部翻譯費。

過幾天，華人穆斯林協會朋友來了。他說，對方非常滿意我的翻譯，然後給我將近八百馬幣。出國以來，我第一次拿到這麼多錢，還真是激動到不行，說熱淚盈眶還真不誇張。

華人穆斯林協會的朋友，看我高興的像個小孩子，笑了笑說，還有一個好消息。華人穆斯林協會的主席Mustafa馬前輩想要見我，有可能的話，還能安排個臨時工作。他要我準備一下，他帶我去馬來西亞華人穆斯林協會辦公室。

我趕緊找個好一點的襯衫穿上，和這位朋友一起去華人穆斯林協會。

Mustafa馬先生，是前國民黨政府駐馬來西亞領事馬天寅先生的兒子。Mustafa馬先生在馬來西亞，是個極受人尊重的社團領袖，屬於馬來西亞的知名人士，有相當的影響力。當時，他還擔任馬來西亞華人穆斯林協會主席的職務。

我們在華人穆斯林協會的辦公室見到馬先生，致意寒暄之後，馬先生非常關切地問一下我的情況，然後他告訴我，我可以在華人穆斯林協會，幫他們做一些中文宣教工作，他們可以給我每月付幾百馬幣工資。那一刻，說真的，我真的是熱淚盈眶。

就這樣，我接下在馬來西亞的第一份工作，這也是我在海外逃亡生涯中的第一份工作。我心裡很清楚，Mustafa馬先生也好，那位華人穆斯林朋友也好，與其說他們需要我，不如說他們以這種形式幫助我，幫我度過難關。當然，我也以我的真誠、努力，和廣博的知識，贏得他們的信任和尊重。

（五）華人穆斯林協會

馬來西亞華人穆斯林協會，屬於非政府機構，其主要的工作是，幫助新入教的華人穆斯林，融入當地穆斯林社會，克服生活困難，同時也進行宣教工作。協會會員分佈極廣，遍佈馬來西亞各州；當時大約有會員五萬人左右，各州還有分支機構。

馬來西亞華人穆斯林來源，一部分是因興趣而觀察、研究伊斯蘭入教的，也有因華人穆斯林協會、或其他宣教機構宣教而入

教的，大部分則是因婚姻而入教的。

　　馬來西亞法律規定，凡是和穆斯林結婚，非穆斯林的一方，必須信仰伊斯蘭才能成婚。因此，華人要和馬來人結婚，首先必須改信伊斯蘭。這樣，華人穆斯林協會，不僅成為馬來民族和其他民族之間的橋樑，而且還成為學習、瞭解伊斯蘭教的一個場所。

　　在馬來西亞，任何一個非穆斯林改信伊斯蘭教之後，他們的身份證也需要更換，因為馬來西亞的身份證註明信仰，特別是伊斯蘭信仰。也有一部分人改信伊斯蘭教之後，也希望改取帶有伊斯蘭意義的名字。因而，多數時候，改信伊斯蘭教之後，需要更換身份證一些證件。

　　我們一般負責的工作是，教導改信者念誦伊斯蘭教，作證詞「萬物非主，唯有真主；默罕默德是真主的使者。」然後出具證明信函，以便改信者可以更換身份證及其他證件。

　　同時，華人穆斯林協會有自己的圖書館，有定期的伊斯蘭教基礎知識課堂，由在沙烏地阿拉伯麥迪那等，伊斯蘭世界著名高校，受過教育的華人穆斯林學者來授課，講解伊斯蘭宗教信仰學，還翻譯出版伊斯蘭教中文書籍。

　　華人穆斯林協會還利用華人優勢，和馬來西亞的國際伊斯蘭大學合作，通過在馬來西亞學習的回族人士共同努力，為陝、甘、寧、青[4]等地，培訓回族伊斯蘭教界人士，學期大約是一年

4　此處，陝甘寧青等地，指的是中國的陝甘寧青，即陝西、甘肅、寧夏、青海等。

左右。我在協會工作的時候，辦了兩屆。

當時，我也曾想過，利用我在馬來西亞華人穆斯林協會工作的優勢，聯繫維吾爾的伊斯蘭學者，來參加培訓。我通過不同管道的呼籲、努力，甚至通過我的私人管道，聯繫自治區的伊斯蘭學校，但都因中國政府的阻撓，及對東突厥斯坦維吾爾人的壓迫政策，而毫無結果，沒有任何一個維吾爾人，能來參加培訓、學習研討。

華人穆斯林協會在幫助新改信伊斯蘭的群體時，也曾遇到一些意想不到的、令人哭笑不得的難題。

一個下午，我們接到一位華人女士的電話。她說，她有困難，需要我們的幫忙，但她不想來我們的辦公室。她問我們能不能去她那裡，聽聽她的故事，我們答應了。

當天下班，我和一位吉隆坡分部的、中文很好的主任一起，開車去那位女士給的地址。我們在一家咖啡店碰面，然後開始聽她講她的困境。

這位女士大概是因為個子不太高，看起來胖了一點，大眼睛稍顯焦慮，打扮非常時髦。我們坐下後，她似乎在想該如何解釋說明。

她說，她幾年前認識一位伊朗人，和他成為好朋友。這位女士特別強調，他們不是戀人。後來，這位伊朗人提議，兩人合夥做生意。他們左思右想，決定開一個洗腳按摩店，但伊朗人建議一起去伊朗開店，生意一定會比在馬來西亞好。

根據女士的敘述，他們去了一趟伊朗，發現在伊朗，一個單

身女士和單身男士想一起開店，根本不可能，結果他們返回馬來西亞。後來，他們不甘心這麼放棄做生意機會，兩人決定假結婚。女士特別聲明，結婚只是為了能在伊朗開店，兩人並不是相互愛戀。

但根據馬來西亞法律，這位女士必須改信伊斯蘭教，才能和這位伊朗男士結婚。所以她為了達到目的，根據她的說法，她違心地履行改信伊斯蘭教的程序，也就是說，她的身份證改了，註明她是穆斯林。

她們結婚後又去了一趟伊朗，洗腳按摩店還是沒有能開成。他們大約待了一段時間，又返回馬來西亞。大約一年前，伊朗人突然說，他父親病了。他走後，就再也沒有音訊了。這位女士怎麼打聽，也找不到他。

現在，她想再戀愛、結婚，建立家庭，但她發現，她面臨的一大難題，幾乎是無法逾越的難題。因為她已經是改信伊斯蘭教的穆斯林，根據馬來西亞法律，她找的男士，必須改信伊斯蘭教。

她一再強調，她當時根本就是為了生意，她無意改信伊斯蘭教，她也不知道任何有關伊斯蘭教的知識，問我們她該怎麼辦。

根據馬來西亞的法律體系，她的問題，當時根本無解。在馬來西亞，伊斯蘭信仰問題，屬於宗教法庭所負責，她肯定不敢去，也不想去。而世俗法庭不受理信仰案件。她自己做的選擇，必須吞下這苦果，再找一個穆斯林結婚，或者找一個願意改信伊斯蘭的男士結婚。

聽完她的說明，分部主任滿臉疑惑地看著女士，說：「你不

應該這麼輕率，但是呢，這是一個機會，你既然自願地選擇改信伊斯蘭教，無論你是真心的，還是為了其他目的，這一切都是真主的安排，真主一定會引導你進入正道。你不懂伊斯蘭教沒有關係，我們華人穆斯林協會就是幫助你的，我們每週都有課，有華語的、英語的，你來聽課，真主意願，你會瞭解伊斯蘭，成為一個真正的穆斯林！」

我知道這些話，她肯定是不愛聽的。我稍微猶豫了一下，告訴她：「女士，我說心裡話，我很同情你的處境。但你要記住，人生在世，有些事可以糊塗，可以虛情假意，但不要拿信仰、法律，和自己的人生大事開玩笑，這代價太大了。」

我不知道，這位女士後來怎麼樣了，但她的故事，我一直難忘！按她的說法，她本來是想占個便宜，最後卻把自己困住了。

（六）工作中的趣事

我有了一份體面的工作，我開始每天早上來上班，下午下班，這樣，我的吃住就不發愁了。我努力工作，和同事們友好相處，很快我就變成辦公室裡不可或缺的一個人。

這中間還有個插曲。有一天，馬先生派我送檔案去一個政府部門，我拿上一疊檔案就出發了。我來到政府部門，正好是午飯時間，辦公室幾乎沒有人，只有辦公室門口坐著一個老頭。我把材料交給老頭，告訴他轉交給部門老闆。

老頭看看我，問我哪裡人。我有點不耐煩，告訴他，把檔案轉交給他的老闆就行了。老頭似乎不放棄，要看我的護照。我更

是有點惱怒，就告訴他，我沒有帶護照。

老頭更是不依不饒了，問我沒有帶護照，還到處亂竄？問我是不是非法打工？這下我有點緊張了，我不說話就要走，他一把抓住我，說要讓我進到辦公室，問我要我辦公室的電話號碼。我給他電話號碼，我有點忐忑不安，不知會發生什麼。

老頭讓我坐下，然後他走到老闆椅坐下，拿起電話，開始打電話。當然，他說的全是馬來語，我一句也聽不懂。他大概說了十幾分鐘，然後放下電話，看看我，走過來對我說：「對不起，我不知道你是維吾爾人。我聽說過維吾爾人，知道中國政府禁止你們進清真寺禮拜、封齋。你是流亡者，是我們的客人。以後你有什麼事，有困難可以找我。」

我似乎從地獄，突然被拽出來，扔回人世間。我鬆了一口氣。我恍恍惚惚中，拿了老頭塞給我的名片，急匆匆地回到辦公室。馬先生笑瞇瞇地看著我：「伊利夏提，你今天和部長認識了，成了部長的朋友啊！」

「什麼？那位是部長？」

「是的，那位問你話的老人，是部長。」

之後我才知道，馬先生在電話裡，跟那位部長講了我的故事，講了維吾爾人的故事，感動了他，使我得以平安回來。當時，我是屬於非法打工，按馬來西亞法律，是可以關起來遣返的。

後來，在馬華穆斯林協會的年會上，我再一次見到那位部

長。他和前首相馬哈地一起來，參加我們的會議並致詞。會議開始前，他笑嘻嘻地來到我面前，和我親切握手問寒問暖，讓我極其感動。

往後，我接到幾次中國方面的騷擾電話之後，馬來西亞華人穆斯林協會高層，覺得我住在外面不安全，乾脆就讓我搬進馬華穆斯林協會的辦公樓裡住。這，不僅保障我的安全，而且實際上等於漲工資給我，因為我不用交房租了！當然，工資後來也真的漲了。

（七）其他打工生活

我離家時匆匆忙忙，11歲的兒子完全不知道我已走向不歸之路，他以為我如往常去烏魯木齊，大概幾天後就會回來。等他真正意識到父親已經走遠時，大約半年已經過去了。

我記得，在一次電話裡，我聽著兒子一邊啜泣，一邊訴說著，在學校裡受到欺辱的遭遇，我作為父親的那種無助和悲傷，是無法用語言描述的。所以，我一直想要努力工作，多掙點錢，盡父親的職責，資助家裡，再買些禮物送給兒子，以補償未能陪伴身邊之內疚。

我在華人穆斯林協會找到工作以後，吃飯和住宿的問題無憂了，但這僅能解決我個人的溫飽問題，我若要資助家裡，這些錢還是遠不夠的，所以我沒有放棄其他打工機會，我還是會幫忙朋友，做一些工作，掙一點小錢。

這當中，從德國來了一位維吾爾朋友。他已經是德國公民，

被一家德國汽車配件公司，派駐馬來西亞，擔任東南亞銷售經理。他看到我生活非常拮据，問我願不願意做一些體力活。我說沒有問題，我能做做。

這樣，每次他的公司來貨，他就打電話給我，我就過去卸貨。有時整個一集裝箱的貨很多，等全部卸完，我已滿頭是汗，累得幾乎要癱倒在地。好在大多數時候，集裝箱並不滿，卸起來還好一點，偶爾，朋友看我累得氣喘吁吁的，也過來幫忙。

大概朋友照顧我，錢給的特別好，有時一次卸完，掙的錢，夠我給兒子買好多東西。我也能資助家裡一點錢了。

再後來，通過馬來西亞華人穆斯林協會的牽線，我又找到，在一個馬來中學，和一個馬來小學，教學生中文的工作。這樣，我的收入開始穩定了，我開始能定期資助家裡的經濟了。

教中文的過程中，我認識了很多馬來朋友，其中印象最深的，是一位做生意的馬來朋友，和一位馬來亞大學的阿拉伯語教授。

那位做生意的馬來朋友，後來乾脆把他全部三個孩子及他鄰居家的兩個孩子，週末帶到我的辦公室，要我教他們中文，等於是為我提供了一份方便、固定的工作。

那位阿拉伯語教授幫我，在馬來亞大學開了一個中文成人班，一周兩個晚上去教課。

馬來西亞的社交用語是英語，所以幾乎每一個受過教育的馬來西亞人，都會英語。因此，我在教授中文時，需要用英語去解釋詞語。因而，我在教授中文時，實際上也在學習提升我的英語

能力。我即使在掙錢、改善生活之際，同時也在提升我的英語能力，更重要的是，我在觀察、瞭解馬來西亞的社會，以穆斯林人口為主的多民族，其和諧共處的民主制度。

（八）馬來西亞的民主

馬來西亞，是一個多民族、多宗教的國家。像我這樣，一個受迫害，而不得不逃亡的維吾爾知識份子，既然來到馬來西亞，既然逃亡提供了這麼一個機會，我也就隨遇而安，我開始觀察、研究馬來西亞，他們是如何解決這一問題的。

馬來西亞政府對民族問題特別重視，尤其是當牽涉不同民族、信仰問題時，他們非常小心。我經常在報紙上，讀到有關民族、信仰問題不當言論（侮辱性）時，員警很快介入的報導。

出現問題最多的是，街頭非法寺廟的問題。有印度人的、有華人的，一般都能協商解決，當然也有不盡如人意的，相互之間的敵意和不理解也還是存在。華人大概是因對馬來人掌權不甘心吧，他們的意見總是比較多一點，但總體上，政府對民族的問題處理得相當好。

但我所認識的大多數華人，還是很清醒。我記得，我和一位華人醫生相識，後來成為朋友後，一次聊天時，他對我說：「很多華人看不上馬來人，稱馬來人為『馬來豬』，華人不自省，如果馬來人是豬？那我們華人是什麼？還不如豬！為什麼？因為馬來人管理著這個國家，如果馬來人作為豬在管理這個國家，那我們就連豬都不如，不是嗎？」我笑而不答。

我也觀察馬來西亞的選舉，競選、宣傳、造勢等。當時，儘管巫統聯合馬華公會和印裔國大黨一統天下，只有在野的馬來西亞伊斯蘭黨，有實力和其抗衡。那時候，馬來西亞伊斯蘭黨控制著馬來西亞的四個州。

一天，一位馬來華人穆斯林朋友說，伊斯蘭黨有一個造勢晚會，問我去不去？我知道他是伊斯蘭黨的支持者，我更不想錯過一個近距離觀察伊斯蘭黨領袖，聽取他們理念的好機會。

我發現辦公室另一位同事也要去，我就問她，能否帶我去，她答應了。當晚，我和辦公室同事，及她丈夫一起，開車差不多半個多小時，來到了會場。

進入會場，同事把我領到一張位置較邊緣的桌子坐下。我發現她認識坐在桌子上的幾位，她和他們打過招呼之後，和丈夫一起挪到另一張桌子上。

會議開始，伊斯蘭黨領袖，哈迪阿旺，一位花白鬍子的老人，非常有精神地站到前面，開始講話，解釋他們的競選綱領，令我極感興趣。會場還有很多華人，一些也是反對現任執政黨的華人小黨派領袖，場面熱鬧、和諧。

我感到有點驚訝的是，坐我旁邊的兩人，不停地在寫著什麼，似乎是在記錄伊斯蘭黨領袖的講話，我偶爾掃一眼，他們馬上把記錄用手遮住。他們大概不知道我不懂馬來文，但他們的神神秘秘，使我開始懷疑，他們是不是有特別使命的什麼人。

會議進行了一個多小時，然後散會。我在那位邀請我來的華人穆斯林朋友引薦下，和伊斯蘭黨領袖哈迪阿旺認識了。我稍微

介紹一下我自己，我說我是維吾爾人，哈迪阿旺馬上就說，他知道維吾爾人，並告訴我說，中國共產黨不應該限制維吾爾人的信仰，馬來西亞政府應該為維吾爾人發聲等等，我當然很高興有人關心我們。

伊斯蘭黨的領袖哈迪阿旺，給了我一張他的名片，告訴我有事可找他。和他告別後，我返回我坐的那張桌子，找我的辦公室同事，她和丈夫正和那兩位在聊天。當我們上車後，我同事笑著問我道：「Ilshat，你知道那兩人是幹什麼的嗎？」她不問還好，一問，我馬上明白了，那兩人是馬來西亞的秘密員警。

我聽我的這位同事講過，她和其丈夫，以前都是馬來西亞警察局特別部門的，幾年前退休後，來馬來西亞華人穆斯林協會幫忙。

這使我認識到：民主社會，如果沒有獨立新聞媒體的監督，執政黨完全有可能，控制政府機構為自己的黨服務的。這也是當時馬來西亞民眾，一直不滿意政府的一個焦點，巫統聯盟一黨獨大，腐敗，再加上對媒體的控制，使得民主不能夠完全落實。

我的幸運就在於，我從一個血腥極權的共產黨暴政，逃亡來到一個半民主的馬來西亞，然後，又來到民主燈塔的美國，我的逃亡人生，給予我一個可以做理性對比的機會！

（九）馬來西亞的華文教育

馬來西亞，給我留下印象最深的是，華人社團和其文化的保留延續。說中國傳統文化只存在於馬來西亞，可能不為過。

我一直留意觀察，馬來西亞華人何以能完整保存其傳統文化？那是因為他們不僅有各種社會團體，而且還有一個完整的華文教育系統，和一群熱愛華文教育的仁人志士。

　　馬來西亞獨立之後，馬來西亞政府允許華人保留其教育系統，但政府不予任何支持，完全靠華人社團自己的力量，繼續推動華文教育。

　　據說，計劃開始時，非常困難，但華人社團堅持不放棄華文教育，並且和馬來西亞政府據理力爭自己的權利，最後一點一點地，不僅保障華文教育的數量，也保障華文教育的質量。一路辦下來，華人社區不僅有初具規模的華文中小學教育，而且還有大學——拉曼大學！

　　華人知識份子，為保障華文教育的持續推廣，努力動員社區參與。企業名人也捐款支援華文教育。這樣一代又一代的，伴隨著華人社會地位的提高，華人參與政治熱情的高漲，華文教育也獲得馬來西亞政府的關注，政府也開始給予一些支持。後來，華文教育越辦越興旺，漸漸成為馬來西亞私立學校的佼佼者；甚至，有一些馬來人，也喜歡把孩子送到華人學校來學習。

　　僅一個吉隆坡地區，就有四、五個華文教育獨立中學，外加拉曼大學。如果再加上每一個州的獨立中、小學，全馬來西亞可能有上百所華文教育中小學。這樣的華文教育，實際上不僅幫政府節省教育投資，而且也幫政府培養多種語言人才；更不用說這些中小學、大學所雇用人員，又為政府製造多少個就業崗位，包括馬來人的就業崗位。

我關注馬來西亞華文教育，是因為，中國政府在高歌讚頌馬來西亞華文教育，讚美馬來西亞華人關心華文教育，以及肯定馬來西亞政府對華文教育的寬容政策時，卻在東突厥斯坦破壞和遏制維吾爾語教育。

　　我作為維吾爾人，並經歷過中國政府對維吾爾教育摧殘的一位維吾爾老師，當然想要作比較。更何況我們維吾爾人，是在自己的家園，被剝奪自己母語教育的權利，而馬來西亞的華人，卻是作為僑居他國者，而被允許發展自己的教育。

　　當然，華人能夠在馬來西亞發展自己的教育，既有他們奔走呼籲、爭取自己權利而堅持的一面，但也不能忽視馬來西亞政府追求民族平等、尊重人權之寬容的一面，兩者是相輔相成的，缺一不可。

　　維吾爾教育，本來在八十年代的相對寬鬆期，曾獲得一定的發展，但後來很快被中國殖民政府將其邊緣化，因而遭到系統性的破壞。今天，維吾爾教育已經被中共政府明令禁止，這和馬來西亞華人教育相比，根本是地獄與天堂之別了。

　　我看著馬來西亞華人教育的興旺發達，對比維吾爾人教育的「被消失」，及今天維吾爾人面臨的種族滅絕之危機，我只能感歎：馬來西亞華人的幸運，和我們維吾爾人的不幸。

　　馬來西亞華人的幸運，是因為他們生活在一個，由英國影響下建立的民主政府，儘管不是那麼完善完美，但至少以法律形式，保障華人文化傳統的傳承不受阻礙。維吾爾人的不幸，是因為我們被迫生活在一個，馬列主義和千年帝王霸權相結合的極權

中國統治下，法律只是一紙空文，不說享受信仰教育、語言、文化權利，甚至連民族生存都已經岌岌可危。

（十）被安置到美國

我記得，大概是2005年8至9月份的某一天，我的手機鈴響了，看看號碼似乎是聯合國難民署打來的，我趕緊接電話。果真是聯合國難民署來電，告訴我第二天去一趟難民署，我的「安置」有消息了。

我激動了一晚上，總算等到安置的消息了。

獲得聯合國難民署難民身份鑑別批准之後，我發現，最煎熬人的是，無限期的等待。我的難民身份是2004年6至7月份獲得認可的，但自此之後就杳無音訊。我不停地打電話問詢，對方總是同樣的答覆：「耐心等待。」

我總算等到安置的消息了。第二天，我起了個大早，坐上電車，來到聯合國難民署附近的車站下車，然後徒步半個多小時，走到難民署大門口。我一進大門，向登記工作人員出示我的難民證書，那位先生看看我的名字，然後對我說：「去美國的，到那邊排隊。」我不敢相信自己的耳朵，我又問了一遍：「我去哪排隊？」

「去美國的，到那邊排隊！」那人用手，指了一下早已經有幾個人的隊伍。

我揉揉眼睛，一邊走到「去美國」的那個隊伍去排隊，一邊還在繼續琢磨「去美國的，到那邊排隊！」這句話，我要去美

國，這是真的嗎？要去美國，沒有搞錯吧？

自我獲得難民身份認可後，我知道我要去第三國安置，但從來就沒有想過到美國安置的可能性。我當時的想法，可能是澳大利亞、或紐西蘭，也可能是加拿大，但沒有敢想美國，總覺得去美國可能不太現實、太遙遠。

但現在似乎是在做夢一樣，要去美國，這是夢想成真。我真想跳起來大喊，想擁抱身邊的每一個人，想和每一個認識不認識的人，分享這人生突如其來的夢想成真！

很快，輪到官員和我談話了。難民署官員告訴我，我可能要被安置到美國，但美國官員需要和我們進行面對面訪談，然後確認接受安置，所以要我準備好談話。

在比平時更為漫長的一個多月的等待之後，我終於和來自美國的、駐泰國大使館的「國土安全部」的官員進行面談。官員非常平和，但問題問得極其詳細細緻。他特別著重問我在華人穆斯林協會的工作，又詳細地問我的專業——化學工程，以及我逃亡的原因等。最後，官員問我，「有沒有什麼問題？」我問，「多長時間，我可以得到確認或否決的答案？」美國官員笑著告訴我，「最多一個月！」

我興奮無比，如果他是我稍微熟悉點的人，我可能會跑過去熱情地擁抱他一下，但我還是鼓足勇氣走過去，雙手握著他的手，說了無數個「謝謝。」

但事情並沒有像美國官員承諾的那樣，一個月就有答案。我數著過了一個月，沒有消息；又過了一個月，還是沒有消息。

我打電話問難民署，答案一如既往，「耐心等待美國方面的消息。」我在焦慮、焦躁中，又過了幾個月，大約六個月後，難民署打來電話，「美國方面還要再進行一次面談。」我還能說什麼呢？好吧，總算有說話的機會了！

來面談我的，還是駐泰國的美國大使館「國土安全部」的官員，但換了一個人，同樣和藹可親。他又是例行公事般地，問了一遍我個人身份等問題之後，這回他直接多了，聚焦兩個問題：我在華人穆斯林協會的工作和化學工程專業。

我也很直接地告訴官員：「我一直想成為一個好穆斯林，但始終也沒有能成為一個恪守教規的穆斯林，原因大概是因為共產黨的無神論洗腦教育還有殘存，我在華人穆斯林協會的工作，說實話是為了生活、混一口飯吃而在盡職盡責。

至於我的化學工程專業，我是學化學的，理論上知道如何製作炸藥，但從來沒有想過要做炸藥或其他什麼的。因而，實際上，我還真的不知道如何製作炸藥。」

官員笑了，繼續問了一些問題，然後告訴我，面談結束了。我問說多長時間會有結果，他說一個月左右。我說：「求你們，請在一個月內做出決定，接受或拒絕都行。」他看看我，問道：「難道你不想去美國？」我說：「我想，做夢都想。但我已經是四十多歲的人了，我受不了這種上不著天、下不著地的生活，我需要確定，以便規劃我的未來。」

官員還是微笑著回答：「一個月左右，請耐心一點。」馬來西亞的熱帶氣候，似乎已經使我習慣了這種懶洋洋的不確定，我

帶著一點遺憾與忐忑不安，離開了難民署，不確定一個月後是否會有結果。

但這回又出乎我的意料，不到一個月，傳來了消息，要我準備參加為期一周的美國文化培訓。我激動得一夜未能入睡，這回是真的了！我要去美國了！但我還得保密，這麼激動人心的消息，還不能和他人分享，當然，也無法和家人親朋好友分享。

一周的文化培訓結束了。那一周過得如此之快，幾乎是轉瞬即逝。然後是焦急的等待，再往後，我就被通知6月9日中午前，帶上全部家當，趕到難民署，準備飛往美國。

我告訴華人穆斯林協會的領導，我要前往美國的日期，辦公室同事為我辦了一個簡短的告別活動，拿督Mustafa馬親自來到辦公室為我送行，還給我多一個月的工資，獎勵我。

說實話，要離開此處，我還真有點捨不得，畢竟我們在一起工作了幾年。馬來西亞華人穆斯林協會，在我最困難的時刻，給我一個生存的機會；而且，順帶給我一個更好的學習、觀察馬來西亞社會、民族關係的機會！

我把幾年來蒐集的書籍裝好。其他東西，能送人的，都送人。然後，在那位介紹我進入華人穆斯林協會工作的朋友的陪同下，我告別了辦公室的同事，坐上他的車，離開了華人穆斯林協會辦公樓——那個我工作、吃住了將近兩年多的辦公樓，再一次踏上新的征程，前往下一個目的地！

（伊利夏提寫於2020年10月21日本書編輯之際，於本書首度發表。）

26 ‖ 我的美國夢

（一）對美國的第一印象

2006年6月9日，在聯合國難民署安排下，我和一行緬甸難民一起，離開等待了三年的馬來西亞，經日本東京轉機，6月11日飛到美國，在芝加哥完成通關手續之後，又飛了兩個多小時，到達紐約州的布法羅市[1]。

我們一行有五人，被美國難民接受機構，安排到紐約布法羅市安家。

6月11日我到達布法羅時，已經很晚了。儘管我又餓又累，還是想看一看我夢中的美國。但接機者的麵包車太小，我們五個人加上接機者稍顯擁擠。一路，我也只看到了星星點點的燈火，沒有燈火闌珊的霓虹燈，也沒有見到鱗次櫛比的高樓大廈，有點失望。

大約半個多小時，我們來到安置機構為我和另一位緬甸難民

1　水牛城（Buffalo），中國譯為「布法羅」，是美國紐約州西部的一座城市，為紐約州第二大城市，僅次於紐約市。

事先安排好的房子，一個獨門獨院的房子，兩個臥室，我們兩一人一個。屋內有單獨的廚房、飯廳，冰箱裡滿是食物。我稍微簡單吃了一點麵包後，倒頭就睡。

第二天一早起來，洗刷一下，想看一看自己居住區域，也看看自己安家的美國。出門是一條街，很寂靜，兩邊都是差不多一樣的獨門獨院房屋，門前花園，百花爭艷，甚是美麗。再走一點，到了一條大街，大街兩邊都是梧桐樹，一下子讓我恍惚中似乎回到了故鄉伊犁。

慢慢走回來，發現鄰居一家在門口站著，是一家黑人。男主人一見到我，就很熱情地打招呼，又對我說了很多話。憑我當時的英語程度，一知半解，只好點頭敷衍。

下午，安置機構的人帶著我們，到布法羅市的社會福利機構去登記、拿社安號[2]。我驚訝地發現那裡人很多，都是來申請社會福利的。我們每人拿到每月一百多美元的食品卡和健康保險。工作人員告訴我們，儘快學好英語，找工作，自食其力，福利每六個月更新一次。

然後，工作人員帶我們，去看學習英語的布法羅國際研究所，也順便帶我們轉了一下布法羅市區。市區裡有高樓，但不是

---

2 社會安全號碼（英語：Social Security number, SSN）是美國聯邦政府發給本國公民、永久居民、臨時（工作）居民的一組九位數字號碼，是依據美國社會安全法案205條C2中的記載。這組數字由聯邦政府社會安全局針對個人發行。社會安全號碼主要的目的是為了追蹤個人的賦稅資料，但近年來已經成為實際上的身分證。

我在中國見慣了的那種現代火柴盒式，更有點像電影裡看過的古羅馬風格，宏偉壯觀。

第二天，我開始上英語課。老師是一位墨西哥裔的美國人，非常熱情。班上，除了我和那幾位緬甸人之外，還有幾位來自阿富汗、敘利亞的難民，以及幾位來學英語的中國人。我發現，我的英語程度，還算是班上比較好的一個。

第三天，我決定自己「走」回家，希望熟悉一下環境，就不和大家一起坐公車。下了課，我讓同屋的緬甸人先走，我自己看了一會兒書之後，慢慢琢磨著回家的方向。但我走了一個多小時，還到不了家。天也開始黑了，我越著急、越是找不到回家的路。

最後，我只能問路了。一個高大的黑人走過來，我猶豫了一下，但街上沒有其他人，我不得不鼓足勇氣向他問路。他看一下我寫在紙上的地址，先是向我解釋如何走，然後看看我茫然的眼光，對我說：「跟我走。」說老實話，我有點害怕，但也沒有其他選擇。他一邊走，一邊問我的情況，不一會兒，我發現，自己已經回到家門口了。

在萬分感謝那位黑人領路者的同時，我為自己對這位無私熱心幫助我的黑人，一開始的意識性猶豫和無端的害怕，一種潛在的種族主義意識，而感到極度羞愧。

初到美國的一周內，我對美國的第一印象基本建立，這確實是一個真正令人嚮往的、令人驕傲的，人美、景美的國家！儘管有很多不足，但瑕不掩瑜。我暗下決心，要儘快學好英語，找到

工作，實現自己的美國夢！

（二）第一輛自行車

第一次迷路之後，我又幾次徒步去學校，很快熟悉了周邊環境。然後我又發現，週末早上，很多美國人家庭，喜歡把自己不用的東西放到街邊，讓需要之人自由拿取。

我開始在週末一大早出去尋寶，最令我興奮的是書，偶爾會在街邊，發現整箱的書。我每次都是十幾本、十幾本的拿回家裡。晚上，我就靠著字典，讀著這些撿來的英文書，這對提高我的英文程度，擴大英語的詞彙量，起了很大作用。

後來，有一個早上，在另一條街邊，我又意外地發現一輛廢棄的自行車。車子不算太舊，自行車後輪的內外胎都破了，但其他完好無損。我如獲至寶，把自行車推回家，然後到商店買了外胎和內胎、打氣筒。我記得全部加起來，也就十幾美元。

我自己動手將內外輪胎換了，然後打氣，擦拭一下。哈哈，我有了一輛新的自行車——我自己的交通工具。我每天開始騎自行車上學。學校發給我們的公共車票，我不需要了。我猶如長了翅膀的飛鳥，開始借助自行車，擴大我發現新大陸的範圍。

很快，我找到了布法羅市圖書館、博物館、藝術市場等。

歷史上，布法羅曾是美國第一個使用水電的城市，也曾是美國鋼鐵、船舶運輸業基地。但我去的時侯，大概是布法羅市最破敗的時期。據說，過去的布法羅鋼鐵運輸業富翁雲集，因而，各類博物館特別多，而且都是免費的。

我發現，圖書館裡有很多DVD，都是老的電視連續劇、老電影。那一段時間，我每天下課騎上自行車，要嘛去博物館，要嘛去圖書館。我偶爾也去參觀一些建築宏偉的老教堂，那些教堂，大多是大理石建築物，宏偉壯觀。

　　我每天下課回家，做完作業，就用我的電腦，看著借來的連續劇和電影。這些連續劇和電影，大多是有關美國歷史的；這不僅提高了我的英語聽力，而且對美國歷史和民主制度、政治運作等，都有了比較深刻的認識。

　　最令我難忘的是，描寫美國印第安人悲壯歷史的電視連續劇《西部風雲史》。它留給我極其深刻的印象，大概因為我是正在經歷悲壯歷史的維吾爾人之緣故吧，而且我和連續劇主人翁的共鳴極為強烈。至今，我仍強烈推薦每一個維吾爾人，最好都把那部連續劇看過一遍。

　　那輛自行車，伴隨我走過了我在布法羅的美國夢開創歲月。幾個月後，我找到我在美國的第一份工作，每天騎一個小時的自行車上下班。直到我拿到我的駕駛執照，買了我人生的第一輛車為止，那輛自行車都是我主要的交通工具。

　　在我離開布法羅，前往維吉尼亞安家為止，我一直捨不得放棄那輛自行車，週末經常還是喜歡騎著自行車到處轉轉。臨離開布法羅前，我找到我英語班的阿富汗同學，問她要不要那輛自行車，她可高興了，我就把自行車留給了她。

（三）第一份工作

我的生活安定了，也有了自行車，但作為一個健康的人，依靠政府福利一事，總是讓我不舒服。我想儘快找到一份工作，達到生活完全獨立。但因為英語口語尚不甚流利，再加上布法羅市經濟的不景氣，我找工作的事，一直不是很順利。

9月初的某一天，英語課課間休息，有的同學在教室裡坐著休息，有的出來在院子裡聊天，我也走出教室，來到院子裡。院子的角落，停著一輛半掛車，車上有一個白人正在卸傢俱，往一個大倉庫裡搬。

我走過去問他到：「先生，你需要幫助嗎？」那位正在卸貨的白人看了我一眼，很熱情地說道：「好啊，如果你不介意，那就過來幫我卸吧！」我爬到車上，開始和他一起卸傢俱，大約十幾分鐘，我們卸完了全部，然後又全部搬進了倉庫。

那位白人一邊整理車廂，一邊看著我說道：「你想工作嗎？」我毫不猶豫地說道：「當然，我一直在找工作。」他走過來，拿出一張名片，在背面寫上一個名字，然後對我說：「你下個星期一早上，按地址，找這個人面試，我會給他打招呼。一切順利的話，你一周內可以開始工作了。」

我高興得要跳起來了，進到教室，我讓老師看那張名片。老師說，名片主人是工廠老闆，並說我的工作有著落了。教室裡立馬是祝賀聲一片。但我還是有點不放心，不知道面試能否通過，更不知道還有哪些手續。

星期一，我騎著自行車騎了一個小時左右，按時找到了位址。我走進公司辦公室，找到名片上的人。面試者只是簡單地問我幾個問題，看樣子主要是測試我的英語會話能力。然後他給我一些要填寫的表格。

　　其間，那位老闆走進辦公室，告訴我好好工作，他會重用我。說老實話，我特別激動，第一次在異國他鄉，一個工廠的老闆，特別在我面試時現身，還不忘鼓勵一下我這個難民，我暗下決心，一定要好好工作，不辜負老闆。

　　大約一個星期之後，經過體檢等一些挺繁瑣的手續之後，我作為我那一批難民當中，第一位求職順利的應徵者，正式到這家製作小型鍋爐及其附屬設備的工廠上班了！

　　這是我在美國的第一份合法正式工作，是實現我美國夢的開始。同時，這第一份工作，也意味著我的獨立生活開始了，我不再需要政府的社會福利了。我告訴福利機構的人士，我已找到工作，可以停掉全部的社會福利了。自此至今，我再也沒有拿過任何政府的社會福利。而且，我一直在工作，從來沒有間斷過。

　　這家工廠不算太大，但也不小，有近千位員工。我們一線工人兩班制上班；我被安排在早班，因而必須在清晨7點之前趕到工廠。

　　直到下第一場大雪為止，我一直騎自行車上下班，儘管有點累，但方便。

　　下雪之後，我騎自行車到市區，把自行車停在市圖書館門口，然後再搭巴士去工廠上班。下班後，我先在圖書館看一會兒

書，再回家。

工資是按小時給付。我記得大概是每小時7-8美元。我的工作一開始是測試閥門，一段時間後，廠方再安排我安裝電路板。

工廠配備給我一個師傅，一個矮小個子的白人，他非常有耐心地、手把手[3]地教會了我如何測試閥門是否漏氣。我的工頭是一個高大個子的白人，他對我也是關愛有加。

上班8個小時，中間有兩次15分鐘的休息時間，中午有半小時的吃飯時間。我發現鈴聲一響，大家立馬放下手中的活，離開工作臺。有一兩次，我想完成手中的活，再休息。師傅告訴我，「工作，可以回來繼續幹，休息時間，沒有人會補給你。」所以，鈴聲一響，全部員工都會立即停止工作，先去休息。

上班不久後的某一天，我很快完成了一大鐵框閥門的測試，上一道程式[4]沒有送來待測閥門；我稍微等了幾分鐘，就決定自己移動鐵框，看能否自己搬來待測閥門；我彎下腰剛準備搬動裝滿已測閥門的鐵框，工頭一下子衝過來，抓住我的手，按住鐵框對我說：「這不是你要做的事，你叫鏟車過來，由他們做；你弄傷了腰，你受苦，你的健康比什麼都重要。」

我說：「我叫鏟車了，但沒有過來，我這邊沒有可做的事了。」工頭說：「鏟車沒有過來，你等著，或你可以清掃一下你的工作臺。但千萬、千萬不能抬鐵框，我們知道你是大力士，但

3　**手把手**：就是師傅先自己一個一個動手做示範，再讓我做。

4　**上一道程式**：生產線上，在我前面的一道程序。

我們不希望你扭傷了腰。」

從那以後，我知道了，美國工廠主並不想讓工人受傷；他們既失去勞力，工廠還要承擔醫療健康費用等，得不償失。我開始慢慢地學會，並適應美國工廠的勞動規則。

有一天，我正在安裝電路板，沒有注意到老闆就站在我身邊。等我發現老闆時，我趕緊向他致意。他問我：「你來自中亞？」我說：「是，我來自中亞的東突厥斯坦，現在被中國佔領。」老闆：「你會中亞的語言？」我回答：「我會烏茲別克語，哈薩克語也能聽懂。」老闆說：「太好了，伊夏，我們在中亞有業務，等你熟悉全部程式之後，你就可以到前面辦公室上班了。前面辦公室裡的人，都是從這裡選拔的，好好工作。」

等老闆走了，工頭和師傅跑過來對我說：「伊夏，你大有前途，老闆很器重你。老闆可是很少和我們交流的，好好幹！」

後來我要辭職離開了，臨走前一天，老闆又來到我的工作臺和我告別，並告訴我說：「伊夏，任何時候你想回來的話，我的工廠大門是向你敞開的。」

我一直忘不了那位老闆，我的師傅和工頭，他們都是非常普通的美國人，但都很善良、熱心、有耐心，他們使我那半年的工廠打工歲月，充滿快樂的回憶。

（四）駕照

工作了幾個月後，我存了一點錢。我想買個車，但我得先有駕照。我去了一趟車輛駕照管理辦公室，他們給我一本開車規則

手冊，並告訴我，可以用中文考筆試。我決定一定要用英語，既然要生活在美國，我就必須要學會英語考試。我讀了幾遍手冊，然後每天下班後，在圖書館，用電腦練習筆試題庫。

等我覺得有把握了，我就在下班後，騎上自行車去參加筆試。但我下午三點下班，等我騎著自行車，趕到車輛駕照管理所時，他們就準備下班了。

這樣，我連續跑了兩次之後，車輛駕照管理所一位女辦事員似乎看不過去了，她告訴我，第二天她會專門為我安排筆試，要我盡可能早點來。

第二天我下了班，就飛也似地騎著自行車，氣喘吁吁地來到車輛駕照管理所。那位女士正在等著我。她看我累得一塌糊塗，告訴我可以休息一會兒。我感謝了她，然後要求開始考試。我很快就完成了測試，一兩分鐘以後，那位女士告訴我通過了！

那一刻，我高興得跳起來了。我感謝完那位女士的幫助之後，我騎著自行車回家，一路上我對每一個笑臉歡快地打著招呼，不知疲倦地就回到了家。

然後是練車。一位新認識的巴哈伊教朋友，每天開著他的車，將我帶到一個空置停車場，教我練習開車。我練習了一個月左右，基本上已經能在社區開車了。

學車期間，那位巴哈伊教朋友的耐心和鼓勵，令我難忘。有幾次，我以為我踩的是煞車，一下卻是踩到油門，我慌得大喊大叫，不知該如何之時，他都臨危不懼，沉穩地指導我。有一次，我幾乎要衝進別人家的院子了，他還是那麼沉著穩重。

上路考駕照前，我付175元，請一個專職教練，先上路教我一個小時，然後用他的車去參加考試。我的考試非常順利，大概半小時就結束。我忐忑不安地在門口等待，一會兒功夫，那位路考的女主考官走出來告訴我，我通過了。

　　教練走過來祝賀我，我那高興呀，真的是溢於言表。這樣，我一次筆試、一次路考，就拿到了我人生第一次的駕照。在美國，它也是身份證！

　　然後，我花了1500元，買了個二手的老式道奇車[5]，車體寬大、裡面空間充足，但就是占地方，停車不方便。

　　道奇開了幾個星期之後，在朋友勸說下，我決定搬到維吉尼亞。我計畫裝上所有東西，主要是書本，開著車子去維吉尼亞。但我從沒有開車上過高速公路，我有點擔憂。一位來自俄羅斯的突厥難民朋友，聽說我要離開，在我出發的前一天來和我告別。他問我在高速上開過車沒有，我說沒有。

　　他不放心了，要我推遲，說我若等幾天的話，他可以陪我開車到維吉尼亞州，然後他再回去。我說，「已經和朋友都說好了，不能推遲。」他說，「那好，你現在開車，我陪你上高速公路練一會兒車。」就這樣，大晚上，我和他開車上高速公路，開了大概一個多小時，我有了一點感覺。

　　第二天一大早，下著雪。我告別房東，把全部家當裝上車，拿著一張地圖上路了。

5　**老式道奇**：老款式的道奇車。

道路上因路滑，我的經驗不足，在高速公路超車時，差一點就翻車，好在老天保佑，車子滑行衝到路邊的雪堆裡停下了。慶幸的是，我自己還好，車子也沒有壞。在幾個過路司機幫助下，我將車推出雪堆，然後又開上高速公路，一路往維吉尼亞走。

　　那一天，下雪，加上幾次的迷路，開了十幾個小時，居然在當天晚上，最終平安地，把車開到了維吉尼亞朋友家的門口。

　　朋友聽我說路上的驚險經歷，都覺得我太冒險。但我覺得，這是人生的一次歷練，我不僅學會了在高速公路上長途開車，還學會了如何看地圖開車。

（五）維吉尼亞的艱難

　　我急急忙忙於2月4日開車趕到維吉尼亞，是因為我想要和維吉尼亞的維吾爾人一起，參加每年為紀念1997年伊犁2.5大屠殺的遊行。而且我在離開布法羅之前，已經和紐約一部分民運漢人講好，他們也來華盛頓特區，參加我們在中國大使館前的抗議。

　　來之前，我也和維吾爾組織的領袖們溝通過了，大家都覺得很好。2月5日那天，天氣極其寒冷，我們維吾爾人，加上從紐約過來的民運漢人，抗議遊行隊伍有大約兩百多人，可以說，中國大使館前，一片旗海，變成了星月藍旗的海洋。

　　我們喊著口號，舉著標語，維吾爾組織的領導講話，我翻譯；然後是漢人民運人士講話，再往後是繼續喊口號，群情激憤，抗議示威極為成功。

　　我為自己能夠加入維吉尼亞維吾爾社區、加入同胞行列而高

興，更為能和維吾爾同胞一起抗議示威而興奮，我揮舞著拳頭，高喊著口號，為我人生第一次的遊行而激動不已。

然而好景不常。第二天有人告訴我，有維吾爾人懷疑我，為什麼領著一幫漢人來遊行？為什麼要讓漢人，舉我們東突厥斯坦的星月藍旗？我是否有什麼其他目的？我一下子愣住，懷疑我？一個為了參加遊行，拿到駕駛執照沒幾天，就冒險長途開車十幾小時，來參加遊行的維吾爾人，我的天哪，我該向誰訴說？我找到維吾爾組織的領導，希望她們能支援我，給予我組織的信任；但結果我發現，領導她卻懷疑我是在下套騙她，因為也有人攻擊她讓漢人參加遊行。

我好失望！這突如其來的攻擊，使我有點措手不及。我第一次在美國，感到了事態的炎涼和人世的艱難；網路上到處是攻擊言論，指斥維吾爾民考漢從來就不可靠等。

但我還得找工作，先站穩腳跟再說。我先是在一家星巴克幹了一周多，因不適應所以辭職了；後來，又找到一家披薩餅店送外賣，也是做了兩周幹不了，又辭職了。

我又在一家精緻洗車行工作，工資雖然較高，但特別辛苦。早晨一去，要為指定的一輛車清洗。我拿著牙刷、毛巾，及各類化學清洗劑，先是鑽進車裡，清洗車子內部各處，必須洗得乾乾淨淨，不留死角，然後是洗車子外部。幾個小時下來，我從車裡爬出來，腰酸背痛，站都站不起來。實在堅持不住就辭職了。

我正在愁眉苦臉、不知所措之時，一家來自巴基斯坦維吾爾人開的書畫裝裱店，要找幫忙的人手。經一位朋友介紹，我被錄

用當學徒。慢慢的，我也開始能獨當一面了。但我發現，這工作時間佔用過長，而工資又不高，除非自己開店，不是長久之計。

我一邊工作，一邊繼續找工作。很快地，經人介紹，我到杜勒斯國際機場面試。面試通過了，進入培訓，然後就是在機場聯航迎送顧客、簽收行李、發放登記卡等。我上班的時間是早班，機場下了班，我就趕到裝裱店上班。

但工作一段時間之後，我發現，這種工作都是掙辛苦錢，很累，但掙的錢，也就剛剛夠自己花用，根本沒有結餘。

在左碰右撞了幾個月後，我發現，如果我不學習新技術，不找一個像樣的工作，我這輩子恐怕就這麼辛苦過去了。什麼美國夢，恐怕就停留在此了。

我開始打聽哪裡能找到便宜的培訓。有一天，我到一個幫忙介紹工作的機構，向一位阿富汗人朋友，訴說工作的辛苦，我提出「希望能找個地方去學習」的想法。他看看我說：「我介紹你去一個地方，今天是他們招生的最後一天，你去試一試。」然後他給了我一份表格，讓我拿著，去找那個培訓學校。

我一路興沖沖地開車，來到了那個學校——「培訓未來」。我進到學校辦公室，告訴他們我想學習，他們安排一位女士和我面談，然後是寫一篇英文短文。

我坐下來，開始沉思，如何寫英文短文，以什麼題目寫英文短文。突然，母親臨別時的話語在我耳邊響起。「兒子，你是雄鷹，你應該飛得更高、更遠！飛吧！兒子，我相信你能飛得很高。」靈感來了，就寫母親吧！寫母親的期盼和鼓勵。我用我僅

有的英文基礎，開始寫我的母親，及母親對兒子的期盼和信任。

寫完交給老師。他們告訴我，回家等消息，如果錄取了，他們就會發信給我。我等了大概一個多月，先是每天查看信箱，後來慢慢淡忘了，以爲自己沒有希望了。

突然，有一天下班回家，房東告訴我，有一封我的信。我拿著信，看發信地址，肯定是那個學校寄來的。我急切地打開來看。哈哈！我被錄取了！那天晚上，我和我的維吾爾房東，一起高高興興地慶賀了一下。

報到那天，我碰到那位面試我的女老師。她一眼認出了我。她走過來對我說：「你應該感謝你母親。你的英語程度還需要加強，但我們被你母親對你的期盼和鼓勵所感動，決定錄取你。」我知道我選對了題目，在遙遠的家鄉，母親又一次通過她的母愛幫助了我，爲我爭取到學習的機會！

於是，我開始了爲期六個月的辦公室工作培訓。該培訓中心接受維吉尼亞州低收入者，我符合條件，所以只需繳納書本費，其他全免。培訓的主要課程爲：電腦基礎，醫學專用語、英語聽說寫，演講技能等；同時，培訓的全程，則以辦公室的職業規範來要求學員。

最讓我滿意的是學校老師，他們的教學方法新穎有效，管理嚴格但不死板；更有一大群退休的老太太前來任教，他們都是大公司前中層官員，不僅經驗豐富，而且特別熱情、有耐心。

爲了集中精力學習，我辭掉了裝裱店工作，只保留機場工作。機場那邊的工作，也讓我換成了下午班。因此，我上午上

課，下課後直接開車去機場工作，基本上兩邊都不耽誤。

我每天起早、摸黑，艱難、辛苦的課程開始了。我拿起書本，才發現需要學習的內容太多了。顯然，六個月的時間太短了。但對我這樣一個年近半百的人來講，六個月的學習既艱難又漫長。然而，培訓結束後再回頭看，六個月似乎轉瞬間就過去了。但我要說，這六個月，改變了我在美國的人生，實現美國夢的新篇章——由「培訓未來」啓航！

（六）從天而降的書本費

培訓是爲了低收入者，因此我不用交學費，但要交書本費。開學初始，我交了一大部分，但無法全部付清，尚欠50元。兩個多月後，學校發了一個通知給我，要我必須在幾天內，把剩下的書本費付清。但我的存款帳戶裡沒有錢，還得等到工資發放之時，那就有點遲了。

和我一起學習的，還有兩個維吾爾人。我決定先向他們借一下。我猶豫了半天，鼓足勇氣向一位來美國近十年的維吾爾人借50元。我向他保證，下周一我拿到工資，會立即還錢。

但出乎我預料，他很認真地告訴我，他在美國的一條生活準則，就是不借錢給他人！他還特別解釋說：「其他什麼都可以借，就是不借錢，所以對不起。」我很尷尬，我也沒有什麼其他東西要向他借。我跟他說了一聲謝謝，就離開了。

我不知道該怎麼辦，心裡想著該如何解決這一難題。下課了，我開著車去機場上班，外面是濛濛細雨，而我滿腦子是如何

找到50元。

車子開著、開著，我突然發現，前面的紅綠燈變成了黃色，我減速準備停車。「哐」一聲，我發現自己的車，被推到了紅綠燈十字路口的正中央。車禍！

我還沒有明白到底發生了什麼事，有一個人跑過來問我說，「你是否還好？」我說，「我沒有問題。」他又問我，是否需要叫救護車？我說，不用。然後我下車，查看我的車。我的車後保險桿已經掉了。而來撞我的車，它的前保險桿也掉了。車主說，「如果不要緊的話，能否把車開到路邊再談？」我同意了。

我們都把車開到了路邊，車主過來又問我一遍，是否需要去醫院？我告訴他，我沒有問題。然後他把他的保險公司資訊，以及他的聯絡資訊給了我。我當場打電話給我的保險公司，跟他們講了大致情況。他們告訴我，只要我身體沒有狀況，車可以開走，剩下的事情交給他們處理。我一再保證我本人毫髮無損，然後我找了一個鐵絲，把保險桿綁到車上，繼續開車去上班。下午，保險公司打電話來，要我去他們指定的修車行評估損失。

第二天，我請了個假，去修車行評估。修車行評估完了後，問我是要他們修車，還是要拿賠償後自己找人修。我問，「如果拿賠償，我能拿到多少錢？」他們告訴我，可以拿到1500元多。我心裡高興得不得了，我趕緊答說，「我要賠償。車，我自己修！」

塞翁失馬，焉知非福。一場車禍，給我送來了我急需的錢，解了我的困境。大約一天後，我的存款帳戶裡，一下子就進了

1500元多。我的書本費不用愁了。我認識了一個真理，造物主要助你，他有你想不到的法子救助你！

車子，我沒有修，我只是把車子的後保險桿，用鐵絲綁得更緊，使它不至於掉下來。那輛車，我一直開到我換新工作、買新車為止。買新車後，我把這輛舊車，捐給救助退伍軍人的一個組織。

（六）停車場的困境

一天，下午下了課，我急急忙忙開著車去機場上班。那一天，雨下得很大大。根據規定，下雨天，車燈必須打開。我的車是舊車，因而車燈要人工手動，我開著車燈向機場飛馳而去。

那天，因為老師拖時間，下課晚了，再加上雨天路滑，路上到處是塞車，等我到機場時，已經遲到了。

我將車快速駛進員工停車場，找空位停好熄火，然後飛快地衝到正準備駛離的員工大巴士，趕著搭去候機廳。

好在上司特別通情達理，只是笑著說了一下：「伊夏，你又遲到了！趕緊換衣服上班，今天下班，你留下加班啊！」那一天旅客特別多，我忙到9點多準備下班，希望上司能讓我走。但不幸，上司走過來對我說：「我需要你加班，留下吧。」我無法反駁，也無意得罪他。我一直很努力工作，他也一直對我很好，我是他最信得過的員工之一。

我留下來加班了，一直工作到大約11點半多時我才下班離開。我拖著疲憊的身體，坐上員工巴士，趕到了停車場。天很

黑，雨停了。我找到自己的車。我坐進車裡，拿出車鑰匙啟動引擎卻沒有聲音。再試，還是沒有聲音。怎麼搞的，車子又壞了？

我又試了幾次，還是發動不起來。一籌莫展之時，我突然想起來，唉，我忘了關掉車燈，車子的電池消耗完了！

這怎麼辦？我打電話給朋友，想找人過來接我。想找我的房東。我拿出手機。怎麼手機也沒有電了？啊，天哪，這怎麼辦？

我找到停車場值班室，一位亞裔值班人員告訴我，車子他也幫不上忙，他善意地拿出他的電話，說：「打個電話給你的朋友，讓他們來接你。」

我不知道我朋友的電話號碼，電話號碼都在電話裡！我只記得家鄉父老鄉鄰的電話，卻不記得美國新認識朋友的電話號碼！

我愁眉苦臉地離開值班室，慢慢地走到車子附近，我不知道該怎麼辦？真想大哭一場，這算是什麼日子呀！我自言自語，坐在停車場邊苦思冥想。

突然，一個高個子的機場安檢官員出現在我面前，問我怎麼了。工作期間，我和他有過幾次交流。我告訴他，我的車子發動不起來，我忘了關車燈，可能是電池沒電了。

他告訴我，他車裡有電池連接線，他可以幫我。然後他就把他的車開過來了。我們一起把我的車子推到他的車子正前方。然後我們打開各自的引擎蓋。接著，他用他的電池連接線，連接兩輛車的電池，他啟動了他的車，稍微幾分鐘後，我啟動我的車，「轟」的一聲，我的車活了！我車子的引擎發動了！

我走下車，走到他面前，不知自己向他說了多少個謝謝。我

的眼裡滿是淚水。他看看我，說：「不客氣，不必謝。已經很晚了，你肯定也很累，回家吧！」我這才鬆開他的手，和他告別，小心翼翼地開著車回家。

等我回到家，早已是凌晨，儘管肚子很餓，但我太累了，實在顧不得吃晚飯了。我連衣服都沒有脫，倒頭就睡。因為第二天，我還得早起趕到學校，下午還要上班！

培訓期間的艱難，現在回想起來，還有著一絲淡淡的苦澀味，但我堅持住了。最終，我以優秀的成績，拿到結業證書。最重要的是，通過這六個月的學習，我改變了自己的人生軌跡，得以進入一家很大的、極其優秀的公司，真正開始我實現美國夢的第一步！

（七）結業

很快，6個月過去了，進入為期兩周的實習。我被分配到北維吉尼亞州醫院系統圖書館，在科技資料部門見習。我感到有點失望，因為實習是一次機會，顯然，醫院圖書館是肯定不會立即招聘人員的。但我還是認真地每天按時上班、下班。圖書館的管理人員要求我，為一部份新書建立目錄卡、把書上架。我認真地在實習結束前，基本完成了交代的任務。我因此獲得了好評，圖書館長還為我寫了一封熱情洋溢的推薦信。

接著，就是畢業典禮。畢業典禮時，學校有意安排學員，和一些贊助學校的大公司特邀嘉賓交叉坐在一起，提供學員一個社交機會。

典禮那天，我穿上了當時僅有的一套西裝，搭配一條非常好的領帶。我早早就坐到了指定的圓桌上。一會兒，嘉賓也開始陸陸續續進來坐下。我和身邊兩位人士交流，並拿到了她們的名片。她們，一位是著名諮詢公司——博思・艾林（Booz Allen）資訊管理部門的員工；另一位是曾在上海工作的一位女士。

　　我們邊吃邊聊天，學校主管一個一個叫著學員的名字，各別頒發結業證書。當然，在頒發證書時，也會介紹每一位學員的簡歷、特長等。

　　好不容易叫到我的名字了。我起身走到主席台前接受結業證書。頒發證書的指導老師介紹我——來自東突厥斯坦，曾是一位教授化學和中文的老師。我接過證書，和指導老師、學校主管合影，並向他們致謝。然後我拿著證書，回到座位。

　　這時，坐我身邊的博思・艾林公司的女士說：「啊，你曾經是老師，我一直在猜想你過去是做什麼的，老師！你會中文？」我說：「是啊，曾經是15年的老師，一直教化學和中文。」

　　「你應該來博思・艾林工作。」

　　「我？能行嗎？」

　　「試一試，公司需要像你這樣的人。」

　　我畢業典禮結束後，晚上回到家，上網查了一下博思・艾林公司的網頁，招聘啟事等，我覺得自己一點信心都沒有。該公司的招聘啟事，他們對求職者的要求很高，我幾乎沾不上邊。我膽怯了，沒有應聘任何職位。

　　畢業典禮結束之後，因學校不停地推薦我們，而且已經開始

有一些公司來學校招聘，根據學校的建議，我告訴我在機場工作的老闆，「我已完成為期六個月的辦公室職位培訓，我在找工作，一旦有別的公司聘用，我將離開這裡。」

在我通知機場老闆後的第三天，我下午到機場上班，主管告訴我，老闆要我去一趟辦公室。我來到老闆辦公室，她正在等我，她很熱情地讓我坐下，問了一些我的情況，然後直接問我，如果讓我升職當主管，我是否會留下。我說我需要想一想。她告訴我工資待遇及福利，並告訴我公司會考慮繼續升職機會。

我在機場工作一年多，和另一位同事一起，被公司選為客戶服務明星，獲得過幾百美元的獎金，及與公司老闆共進晚餐的榮耀。我的客戶服務品質，在公司榜上有名，幾次被顧客稱讚，他們不想放我走，但有點遲了。

學校裡的工作沒有進展。有招聘意向的公司，我不太滿意，不想去；我想去的公司，杳無音訊。我開始有點灰心喪氣。一天，在機場中間休息時，我發現機場計程車公司正在招聘員工。我抱著試試的心態，應聘值班經理職位。沒有想到，一兩天後，他們要我去面試。我去了，面試居然通過了。他們告訴我工資待遇、福利等，並給我一星期的時間，決定是否應聘。

當時，我在機場工作的工資是9元/小時。計程車公司值班經理的工資是14元/小時，而且還一年一套西裝加一雙皮鞋。這可是工資大漲啊！我躍躍欲試。我趕緊打電話給培訓學校的指導教師，告訴她這個好消息。但出乎我預料之外，我的指導教師告訴我，「不要急著做決定，再看看。」

我的指導教師是一位非常熱心的、極富感染力的一個強勢女士，每當我垂頭喪氣、消極悲觀時，她總是用各種方式鼓勵我。畢業典禮之後，有幾次應聘機會，她都告訴我不適合，要我放棄。我信任她的判斷力，但我也不是沒有擔憂。

　　大概過了一天，那位在我的畢業典禮上，和我坐在一起的博思‧艾林公司的女士，打電話給我，她說她的部門需要一個辦公室助理，問我是否有興趣應聘？我立即回答有興趣，想應聘。她告訴我，等她的消息。

　　我告訴指導教師，關於博思‧艾林公司來電話的事，她高興地說：「這才是你應該去的地方。等著，你一定會被聘用。」很快，電話來了，要我第二天去面試。

　　第二天下午，在我去面試之前，我聽說我同班還有兩位同學，也要去應聘那個職位，我心裡又開始沒有底了，因為那兩位都是英語特別好，而且他們可以說是班上的電腦專家。我感覺自己可能要當陪襯了。但我還是做了充分準備。無論成不成，我盡我最大的努力。

　　我的面試，進行得非常順利，大約半個多小時就結束了。我臨走前，部門經理問我：「我看了你的簡歷。你學的是化學工程專業，又教了15年的化學。在美國，化學工程專業能掙大錢，你不想從事你的專業嗎？」我告訴她：「我不喜歡化學，但我上大學那時，中國政府指定學生學什麼專業，我被指定學了5年化學，又教了15年化學，已經足夠了。我想學一點新東西、新專業，再也不想從事與化學有關的行業。」經理說：「只要你願意

學習，我們一定教你。」

我回到學校，把面試經過告訴我的指導教師，她聽完後說，「沒有問題，他們肯定會聘用你。」我還是有點不確定，但也只能抱著希望等了。

過了幾天，機場計程車公司打電話給我，要我第二天中午之前，做出決定。直到那時，博思‧艾林公司還是沒有任何消息。

第二天上午，我來學校找指導教師，問說：「怎麼辦，博思‧艾林公司可能不會要我，我還是答應計程車公司吧。」指導教師想了一會兒說，破規矩[6]，打電話問博思‧艾林到底要不要。說完，她就拿起電話，打電話給部門經理，我在旁邊聽著，心提到了嗓子眼。當我聽到經理說，「讓伊利夏提今天下午過來辦手續，我們要了。」我差一點就跳起來了。

進入博思‧艾林公司，可以說是，我的美國夢邁出了踏實的第一步！我一邊工作，一邊學習專業技術，同時，也觀察、學習美國的公司文化。我工作了一年以後，獲得了第一次的升職，然後拿到幾個專業技術的結業證書。我買了房子，有了新家。最重要的是，這家大公司，使我真正的瞭解了美國，學到了美國民主的運作細節。

至今算起來，我在公司裡，已經工作了將近12年。我先是在公司總部幹了將近10年，從最基層幹起，一直幹到法務部門。然後，又轉到客戶部，從國土安全部幹起，又轉到國防部。

6　**破規矩**：不按習慣辦事。

我在國防部工作時，每次去五角大廈開會辦事，我都會感慨萬千。一個維吾爾人，在自己的家園，東突厥斯坦，工作15年，面臨的卻是歧視、不信任、迫害。而在美國，前後總共十幾年的工作，我不僅被完全信任，而且還被給予在國土安全部、國防部的工作機會。信任，應該是人與人之間平等交流、彼此尊重的基礎。沒有信任，其他一切都是空談！

　　美國，這個國家，不僅信任我，而且給我機會，去追求美國夢；給我安全，去為苦難中的維吾爾人鼓與呼，實現我的人生價值，我能不對美國忠心耿耿嗎？

（伊利夏提寫於 2020 年 12 月 3 日本書編輯之際，於本書首度發表。）

國家圖書館出版品預行編目（CIP）資料

維吾爾雄鷹伊利夏提：從中國出走與在美國重生/伊利夏提
作. -- 初版. -- 臺北市：前衛出版社, 2021.11
　　面；15×21公分

　ISBN 978-957-801-966-9(平裝)

　1. 維吾爾族　2. 自傳

782.887　　　　　　　　　　　　　　　110010503

維吾爾雄鷹伊利夏提 2：
中國出走與在美國重生

作　　　者　伊利夏提
主　　　編　邱斐顯
責任編輯　張笠
封面設計　Lucas
美術編輯　宸遠彩藝

出 版 者　前衛出版社
　　　　　10468 台北市中山區農安街153號4F之3
　　　　　Tel：02-25865708　Fax：02-25863758
　　　　　郵撥帳號：05625551
　　　　　購書・業務信箱：a4791@ms15.hinet.net
　　　　　投稿・代理信箱：avanguardbook@gmail.com
　　　　　官方網站：http://www.avanguard.com.tw
出版總監　林文欽
法律顧問　陽光百合律師事務所
總 經 銷　紅螞蟻圖書有限公司
　　　　　114066台北市內湖區舊宗路二段121巷19號
　　　　　Tel：02-27953656　Fax：02-27954100

出版日期　2021年11月初版一刷
定　　　價　新台幣400元

I S B N　9789578019669（平裝）
　　　　　9789578019683（PDF）
　　　　　9789578019690（E-Pub）

＊請上『前衛出版社』臉書專頁按讚，獲得更多書籍、活動資訊
　https://www.facebook.com/AVANGUARDTaiwan